D1274913

LA SAGA DE LAVAL

Jean-Noël Lavoie
en collaboration avec
Charles Denis

LA SAGA DE LAVAL

FIDES

Données de catalogage avant publication (Canada)

Lavoie, Jean-Noël, 1927-

La saga de Laval

Comprend des réf. bibliogr.

ISBN 2-7621-2051-8

1. Laval (Québec) - Histoire.
2. Aménagement du territoire - Québec (Province) - Montréal, Région de.
3. Communauté urbaine de Montréal (Québec).
I. Denis, Charles.
II. Titre.

FC2949.L397   1998   971.4'271   C98-940836-1
F1054.5.L397L28   1998

Dépôt légal : 2ᵉ trimestre 1998
Bibliothèque nationale du Québec
© Éditions Fides, 1998

Les Éditions Fides remercient le ministère du Patrimoine canadien du soutien qui leur
est accordé dans le cadre du Programme d'aide au développement de l'industrie de l'édition.
Les Éditions Fides remercient également le Conseil des Arts du Canada et la Société
de développement des entreprises culturelles du Québec (SODEC).

À Régine, Martine et Sophie

*la meilleure façon d'imaginer
le futur consiste à s'efforcer
de le créer soi-même*

« Le président Jean-Noël Lavoie pourrait
être un personnage sorti tout droit d'un
roman écrit par Honoré de Balzac. »

Le premier ministre Robert Bourassa
(Propos rapportés par Charles Denis)

PRÉFACE

AU GRAND SIÈCLE, on l'aurait décrit comme étant un honnête homme, c'est-à-dire non seulement comme un homme d'honneur et de probité, mais également comme une personne ayant toutes les qualités propres à le rendre agréable dans ses relations avec autrui. De fait, lorsque l'on connaît bien Jean-Noël Lavoie, on ne peut qu'être impressionné par les différents aspects de sa personnalité. Le dynamisme de l'homme, son courage, sa grande culture, la qualité de son jugement, sa détermination dans l'adversité, son caractère chaleureux, son sens de l'humour et sa grande ouverture d'esprit en font l'un des individus les plus attachants qu'il m'ait été donné de rencontrer.

Je connais Jean-Noël Lavoie depuis mai 1964, alors que le fringant ministre du Revenu de l'époque, Eric Kierans, m'invita à venir à Québec l'aider à dépoussiérer son ministère pour en faire un organisme administratif moderne. Quelle époque c'était ! Il régnait alors dans la Vieille Capitale une atmosphère vibrante, avec l'équipe du tonnerre, comme on appelait alors le cabinet de Jean Lesage, qui faisait reculer chaque jour les limites du possible et de l'imaginable. Et parmi les « battants » de cette époque, il y avait ce jeune député de Laval qui venait de réussir dans l'Île Jésus la fusion de trois gros villages somnolents en devenant maire d'une nouvelle entité municipale dynamique, la ville de Chomedey. Maintenant, il rêvait de faire de sa terre ancestrale, l'Île Jésus, la deuxième ville du Québec, et il dérangeait beaucoup de monde.

Jean-Noël Lavoie est en fait un meneur d'hommes qui a démontré à maintes reprises des qualités de leader peu communes. Ces qualités ont d'ailleurs été d'une certaine façon officiellement reconnues lorsque, dans un rare geste d'estime, le Parti québécois, après qu'il eut pris le pouvoir en novembre 1976, a souhaité qu'il continue de diriger en tant que président les débats de l'Assemblée nationale du Québec.

Contestataire, passionnément épris de liberté, se regimbant dès son adolescence contre l'exercice aveugle de l'autorité, il se retrouva vite, et encore jeune, dans l'entourage de Georges-Émile Lapalme. Le fondateur du *Joliette Journal* menait alors, dans les années cinquante, une lutte difficile et solitaire en faveur de la justice sociale, du progrès et de la démocratie. Ses idées, sa grande culture et ses talents oratoires fascinaient littéralement le jeune Jean-Noël Lavoie. De son côté, Georges-Émile Lapalme éprouvait une certaine sympathie et de l'admiration pour la fougue dont faisait preuve ce jeune homme dans tout ce qu'il entreprenait dans l'Île Jésus, à un point tel qu'il lui confia la défense des couleurs libérales dans l'immense comté de Laval lors des élections de 1956.

Cette première campagne n'était vraiment qu'un début puisque, de 1954 à 1976, Jean-Noël Lavoie a été candidat lors de 14 élections, sept au niveau provincial et sept au niveau municipal. Comme il le reconnaît lui-même, il a toujours été habité par le démon de la politique.

Jean Lesage lui fit à son tour confiance en 1960 et Jean-Noël Lavoie devint député de Laval à Québec. Victime de la médisance d'un de ses «futurs ex-collègues», le premier ministre ne lui confia pas finalement le portefeuille des Affaires municipales, auquel il le destinait tout d'abord, ce qui, par un étrange retournement des choses dont l'Histoire a le secret, laissa Jean-Noël Lavoie les mains libres pour travailler à la réalisation du grand projet de sa vie, la transformation de l'Île Jésus en deuxième ville du Québec, créant ainsi dans la région métropolitaine un certain contrepoids aux visées dominatrices du maire Jean Drapeau.

En effet, si Jean Lesage l'avait effectivement nommé ministre des Affaires municipales, Jean-Noël Lavoie n'aurait pas pu s'occuper de la création de la ville de Laval à cause de l'intense conflit d'intérêt dans lequel il aurait été placé.

Je suis même convaincu que Laval n'aurait jamais vu le jour, car personne n'aurait eu, pour mener à bien ce grand projet, le temps, la détermination, l'entregent et l'énergie dont disposait le jeune député de Laval. L'Île Jésus serait encore le théâtre de guerres de clocher minables et interminables. Elle n'aurait pas vécu le développement phénoménal qu'elle a connu en tant que ville de Laval. Elle vivrait encore la situation actuelle pitoyable de l'Île de Montréal, avec ses 29 municipalités et ses 267 maires et conseillers (oui, vous avez bien lu 267!), dont le souci principal n'est pas toujours la promotion du progrès et de la prospérité de Montréal en tant que moteur de l'économie québécoise.

Pendant ce temps, Laval fonctionne maintenant d'une façon remarquable avec 22 élus au conseil municipal (au lieu de 115 élus en tout dans l'Île Jésus avant la fusion d'août 1965) tandis que Toronto, qui a ravi à Montréal le titre de métropole du Canada, n'a que 56 conseillers depuis la réforme imposée récemment par le premier ministre Mike Harris.

C'est pourquoi les propos de Jean-Noël Lavoie revêtent un intérêt passionnant pour tous les citoyens et, notamment, pour la classe politique, lorsque, fort de son expérience unique et de sa connaissance des hommes et de l'histoire des institutions, il rejoint un sujet d'une grande actualité en proposant, avec objectivité et détachement, ce qu'il appelle «la» solution pour la région de Montréal, c'est-à-dire une formule rationnelle, équitable et efficace.

Écartant pour d'excellentes raisons le modèle de Méga-Toronto, Jean-Noël Lavoie propose de remplacer la CUM actuelle par une Communauté urbaine régionale de Montréal (CURM) composée de sept partenaires, soit cinq nouvelles villes sur l'Île de Montréal, la ville de Laval, ainsi qu'une nouvelle ville regroupant les municipalités les plus proches de Montréal sur la Rive-Sud. Il y aurait ainsi un certain équilibre entre ces sept partenaires. La CURM serait un organisme décisionnel, et non consultatif comme la Commission de développement de Montréal mise de l'avant par le gouvernement Bouchard, et elle serait formée uniquement de gens responsables, c'est-à-dire élus. Elle aurait des ressources autonomes, et non uniquement discrétionnaires comme Québec propose pour le financement de la Commission de développement de Montréal.

Ce projet est exaltant. À bien y penser, seule cette formule serait de nature à mettre fin à ce que Jean-Noël Lavoie dénonce comme étant « le cercle vicieux du gaspillage, du marasme et de la déprime ».

Je pense qu'il faut se féliciter de pouvoir compter sur une personne de l'expérience de Jean-Noël Lavoie. Que nous puissions bénéficier du fruit de sa réflexion, menée d'une façon constructive, courageuse et sereine, est à la fois un atout pour toute la société québécoise et une source stimulante d'inspiration pour ceux qui sont préoccupés par la relance de la grande région de Montréal et son rayonnement dans le monde.

C'est pourquoi je pense que les réflexions que nous livre Jean-Noël Lavoie susciteront un grand intérêt non seulement chez ceux qui veulent en savoir plus sur les origines de la deuxième ville du Québec, mais également dans la classe politique, qu'elle œuvre au niveau municipal, au niveau régional ou à Québec. Ses réflexions sont en fait une contribution unique à la connaissance de notre vie politique et de nos institutions publiques, ainsi qu'à l'élaboration des changements qu'impose nécessairement l'avenir de ces institutions.

Bonne lecture !

CHARLES DENIS

AVANT-PROPOS
Les « cageux » de
l'Abord-à-Plouffe

L ES PEUPLES HEUREUX n'ont pas d'histoire. Cet adage s'applique certainement à l'Île Jésus, du moins pour une bonne partie de son existence. L'Île Jésus, devenue seigneurie en 1632, fait 32 km de long sur 11 km dans sa partie la plus large. C'est la deuxième en superficie de l'archipel d'Hochelaga, après celle de Montréal. Elle a été concédée à des colons dès le XVIIᵉ siècle, notamment dans l'extrémité est de l'Île, à Saint-François de Sales, érigée en paroisse dès 1720. Puis ce furent Saint-Vincent-de-Paul, Sainte-Rose, Saint-Martin et Sainte-Dorothée.

Dès 1830, la liaison avec l'île de Montréal était assurée par un bateau mené par des chevaux. Voici d'ailleurs le texte intégral de l'avis, imprimé par Ludger Duvernay le 2 novembre 1829, concernant une demande à la législature provinciale pour permettre à Pascal Parsillier Lachapelle et à François Kenneville d'établir une traverse sur la rivière des Prairies. (Je respecte l'orthographe utilisée par l'imprimeur.)

Ce document donne une idée des moyens de transport et de l'activité économique de l'époque.

AVIS. Les Soussignés s'adresseront à la Législature Provinciale dans sa prochaine Session, pour en obtenir le privilège d'établir Une Traverse, avec deux ou plusieurs Horseboats, (Bateaux menés par des

Chevaux,) Sur la Rivière des Prairies, entre l'Isle de Montréal et l'Isle Jésus, et vice versâ, à cette partie de la dite Isle de Montréal, dans la Paroisse de Saint-Laurent, communément appellée la Barre-à-Plouff, et à cette partie de la dite Isle Jésus qui en est vis-à-vis.

Ils suppliront la Législature de leur accorder le dit privilège exclusivement pour l'étendue de dix arpents au-dessus et dix arpents au-dessous de l'embarquement de chaque côté de la dite Rivière des Prairies aux lieux susdits.

Ils demanderont pour prix de Traverse les sommes suivantes :
Pour chaque Carosse ou autre Voiture à quatre roues, chargé ou non chargé, avec un Cocher et quatre personnes, ou moins, tiré par deux Chevaux ou autres Bêtes, dix deniers.
Pour chaque Chariot ou autre Voiture à quatre roues, huit deniers.
Pour chaque Chaise, Calèche, Cabriolet à deux roues, Carriole ou autre voiture semblable, avec Cocher et deux Personnes, ou moins, tiré par deux Chevaux ou autres Bêtes, cinq deniers. Et tiré par un Cheval ou autre Bête, quatre deniers. Et trois deniers seulement si la Voiture est chargée de Bois de chauffage pour le Marché de Montréal.
Pour chaque Personne à pied, un denier.
Pour chaque Cheval, Jument, Mule ou autre Bête semblable, deux deniers.
Pour chaque Personne à cheval, trois deniers.
Pour chaque Taureau, Bœuf, Vache et autres Bêtes à cornes de quelque espèce qu'elle soit, un denier et demi.
Pour chaque Cochon, Chèvre, Mouton, Veau ou Agneau, un demi denier.

Aucun événement majeur ne vient troubler la quiétude de cette société rurale, si ce n'est le passage des 2000 soldats de John Colborne en décembre 1837 à Saint-Martin et à Sainte-Dorothée, alors qu'ils étaient en route pour livrer bataille, le 14 décembre, aux patriotes à Saint-Eustache.

Les colons s'employaient à cette époque à défricher l'une des terres les plus fertiles du Québec qui deviendra, dès la fin du XIXe siècle, le potager de Montréal. Cultivateurs et maraîchers prirent dès cette époque l'habitude d'aller vendre leurs produits place Jacques-Cartier ou au marché Bonsecours à Montréal.

En fait, le seul endroit de l'Île Jésus où il y avait une certaine effervescence pendant tout le XIXe siècle était le lieu-dit, l'Abord-à-Plouffe, avec sa traverse de bateaux établie dès 1830, comme nous venons de le voir. Par la suite, un pont de bois à péage y fut construit, créant une certaine activité du côté de l'Île Jésus. C'est notamment à cet endroit qu'habitaient les nombreux «cageux».

L'abbé J. A. Froment, vicaire de Saint-Martin, décrit dans une plaquette publiée en 1920 ce que sont ces «cageux», également appelés «voyageurs forestiers».

Il fut un temps, et ce temps n'est pas des plus reculés, où les voies ferrées étaient excessivement rares en notre pays. Les commerçants devaient alors se servir des routes fluviales pour le transport de leurs marchandises. C'est ainsi qu'à partir de 1775 jusqu'en 1885, à peu près, la rivière des Prairies qui tient son nom au sieur des Prairies, contemporain de Champlain, était devenue populaire à cause du transport de bois des Grands Lacs ou d'Ottawa, à l'époque Bytown. Ce transport de bois passait par le lac des Deux-Montagnes. Avant de sauter les rapides du moulin du Crochet, vis-à-vis la maison Saint-Damitilde à Laval-des-Rapides, d'énormes radeaux de madriers, de bois équarri et de billots en provenance du Mississippi, des Grands Lacs ou de la Gatineau étaient divisés en radeaux plus petits (que l'on faisait flotter ensuite jusqu'aux anses de Sillery, près de Québec). Avec un radeau, on en faisait jusqu'à quatre. Ces radeaux plus petits étaient solidifiés avec des branches que l'on pliait à la machine: ils s'appelaient des «cages», et ceux qui les montaient étaient désignés comme étant des «cageux».

Ces «cages» étaient parfois si nombreuses qu'elles couvraient tout l'espace qui sépare le pont actuel (le pont Lachapelle) de l'île Paton, et même davantage. Lesdits «cageux» ne menaient pas toujours une vie bien innocente.

Leurs amusements n'étaient souvent pas très chrétiens. Solides gaillards, des fiers-à-bras pour un grand nombre, ils avaient parfois le mot vif, et fréquemment après leurs chansons sonores, la chicane prenait, et quelle chicane! Le rang devint si fameux qu'on l'appela le «Rang des Batailleurs». (C'est le boulevard Lévesque aujourd'hui). Ajoutons à cela que la misère et le froid en portaient plusieurs à prendre un petit coup, et deux aussi. C'était alors le moment des sacres, des jurons et même des blasphèmes. Les anciens en savent quelque chose. Mais les «cageux» n'étaient heureusement pas des impies, et à la longue ils subirent l'influence de leur pasteur qui les transforma avantageusement.

Parmi les plus célèbres «cageux», nommons Jos Montferrand, ce héros dont la légende parle comme ayant le bras solide et le pied agile. Un jour, ce colosse entre dans l'hôtel de l'Abord-à-Plouffe (maintenant l'hôtel Chomedey); on lui demande sa carte; se reculant de quelques pas, il fait un bond et imprime ses deux talons sur le plafond au grand étonnement de l'assistance.

Il est vrai que les plafonds étaient moins hauts qu'aujourd'hui! L'abbé Froment mentionne également les noms de plusieurs «cageux» de l'époque. Leurs familles demeurent toujours aujourd'hui à Laval. Mentionnons les Beauchamp, les Bélanger, les Clermont, les Jasmin, les Lagacé, les Leblanc, les Meilleur, les Millaire, les Plouffe, les Vézeau, les Vézina et beaucoup d'autres.

J'ai d'ailleurs personnellement découvert sur l'île Paton, au pied d'un arbre énorme, un anneau de fer de bonne taille, qui doit toujours être là, auquel on attachait les «cages».

Les «cageux» ont laissé une tradition à l'Abord-à-Plouffe: je me souviens que, jusqu'en 1950, c'était un endroit où il y avait souvent des bagarres. Mon père m'a raconté que, dans les années 1910-1915, les jeunes se rencontraient après la messe dans un terrain vague, en biais avec l'hôtel Chomedey, et c'était l'occasion de faire des concours de force, de transporter d'énormes billots et de s'apostropher. L'un disait à l'autre: «En as-tu regagné depuis dimanche dernier?» et s'engageait un combat de lutte ou de boxe pratiquement tous les dimanches. Mon père m'a également conté qu'on y jouait au baseball, mais à main nue parce que les jeunes n'avaient pas les moyens de s'acheter des gants.

J'ai connu dans ma jeunesse deux anciens « cageux », tous deux nonagénaires, MM. Damien Vézina et Odilon Lagacé. Ils étaient encore très « verts » et me racontaient avec humour leurs exploits de jeunesse.

L'Île Jésus était également connue au XIXᵉ siècle pour ses manufactures de voitures et pour ses quatre moulins destinés à faire de la farine, à carder la laine, à scier le bois et à fouler les peaux. Les études de M. Paul Labonne sur Saint-Martin et l'Abord-à-Plouffe de 1774 à 1861 contiennent des faits intéressants sur ces paroisses.

Il y a eu en effet au siècle dernier jusqu'à quatre manufactures de voitures dans l'Île Jésus, les deux plus importantes étant celle des frères Stanislas et Joseph Parizeau ainsi que celle de Jean-Baptiste Valiquette, toutes deux situées dans le village de Saint-Martin. La production des voitures, carrosses, charrettes, cabriolets et calèches des frères Parizeau était de 400 à 600 véhicules par année et donnait de l'emploi à 24 voituriers. Les véhicules fabriqués dans l'Île Jésus étaient vendus localement, dans les Laurentides et dans le Haut-Canada.

Voilà donc le décor de l'histoire que je vais maintenant vous raconter, celle de la création de la deuxième ville du Québec.

ZÉPHYRIN, OZIAS, ULYSSE
ET LES AUTRES

M ON PÈRE, comme plusieurs de mes ancêtres, est né à l'Île
Jésus. La généalogie me passionne. J'ai pu, en fouillant un
peu, remonter jusqu'à Louis Lavoye : les registres de la paroisse de
Saint-Martin indiquent qu'il s'y est marié avec Marie Montreuil, le
12 février 1776. Louis Lavoye venait de Ville Saint-Laurent et son
père de Pointe-aux-Trembles. Mais le premier de mes ancêtres à
avoir foulé le sol des Colonies était un certain Pierre de la Voye,
né en 1628 à La Rochelle et décédé en 1708 à Saint-Augustin, près
de Québec. Il est arrivé en Nouvelle-France vers 1650.

J'ai découvert également qu'en 1781, comme en fait foi un
recensement qui s'est tenu cette année-là dans l'Île Jésus, il y avait
déjà cinq Lavoie établis sur des terres de l'île. Dans un livre sur la
famille Lavoie, écrit par un prêtre du nom de Joseph-A. Lavoie en
1921, j'ai noté ce qui suit : « Je désire cependant, avant d'entamer
cette partie, régler de suite ce qui concerne un groupe du nom de
Lavoye établi à la Pointe-aux-Trembles près de Montréal. On voit
dans le dictionnaire Tanguay que le 5 juillet 1708 un Pierre de la Voye
était enterré à Saint-Augustin. Il avait épousé en premières noces
Jacqueline Jaquette-Grenon, puis Isabelle Aubert. Ses descendants,
répandus à la Pointe-aux-Trembles et aux environs, appartiennent-
ils à la même famille que René de la Voye, mon ancêtre ? Faute de
renseignements précis, je n'ai pu répondre à cette question d'une

façon positive, mais il n'appert pas par les actes qui me sont passés sous les yeux que les la Voye établis primitivement sur la Côte de Beaupré aient jamais eu aucune relation avec les la Voye de la Pointe-aux-Trembles.»

En fait, d'après mes recherches, je crois qu'il y a eu effectivement deux de la Voye qui sont venus au Canada, et que tous deux étaient des huguenots. Il semble qu'ils soient de souche normande et originaires de la ville de Rouen. René de la Voye, dont parle le curé Lavoie dans son livre, appartient à la branche des la Voye qu'on retrouve en grand nombre dans le Bas-du-Fleuve, à Kamouraska et à Rivière-Ouelle notamment. Il y eut un autre de la Voye, Pierre de son prénom, qui, après être arrivé également à Saint-Augustin, est allé s'installer peu après à Pointe-aux-Trembles. Il avait quitté en 1650 son village natal, Saint-Étienne-d'Aytré, situé en Aunis, près de La Rochelle, à l'époque un bastion protestant.

En somme, mes racines dans l'Île Jésus datent d'au moins 220 ans sans interruption, sauf que je suis né à Montréal le 24 novembre 1927 du mariage de mon père, Zéphyrin Lavoie, avec Laura Goudreault.

Mon père était un homme pittoresque. Il était l'aîné des sept garçons d'une famille à l'aise de 13 enfants établie dans la paroisse de Saint-Martin, près de la rivière des Prairies, tout près de ce qui est maintenant l'autoroute 13. Zéphyrin fit rapidement savoir qu'il n'avait pas l'intention de s'occuper de la terre paternelle et de succéder à son père comme cultivateur.

Dès l'âge de 18 ans, mon père, avec pour toute instruction ce que l'école du rang avait à offrir, a choisi de quitter la maison paternelle pour aller bourlinguer et tenter sa chance dans le monde des affaires. Il me racontait que sa première aventure avait été la vente de «moulins à coudre», une nouveauté à l'époque, ce qui lui avait permis de voyager en Mauricie et au Lac-Saint-Jean pour essayer de vendre ses «moulins».

Vers 1915, on retrouve mon père marchand général à l'Abord-à-Plouffe. Son magasin était en face de l'actuel hôtel Chomedey. Il a également fait le commerce des fruits et légumes. Il a même exporté des arbres de Noël à New York! À l'époque de la prohibition aux États-Unis, il est devenu marchand de whisky, faisant un peu de contrebande à la façon des Bronfman...

À l'époque de ma naissance, Zéphyrin avait un commerce d'huile à moteur près de la place Jacques-Cartier, dans le Vieux-Montréal.

Mais j'ai toujours eu l'impression que cette affaire n'était qu'une façade qui lui permettait de vendre du «p'tit blanc» aux cultivateurs venus écouler leurs légumes au marché Bonsecours.

Il me racontait qu'il allait acheter ce «p'tit blanc» à Saint-Pierre-et-Miquelon et qu'il le faisait acheminer par goélette vers le Bas-du-Fleuve pour ensuite le revendre à Montréal et aux États-Unis.

Mon père était un célibataire endurci, jaloux de sa liberté et de son autonomie, jusqu'au jour où il a rencontré ma mère, Laura. Il avait alors 38 ans et habitait dans le Vieux-Montréal dans une pension tenue par la famille Goudreault, une famille de marins originaires de Tadoussac. Ulysse Goudreault, qui allait devenir mon grand-père, avait ouvert au même endroit une salle à manger et, aidé par ses cinq filles, servait des repas aux cultivateurs venus au marché. Zéphyrin fit les yeux doux à l'une d'elles, Laura, qui avait 21 ans à l'époque et cela finit par un mariage dont je suis issu en 1927. En fait, je suis né devant le «coqueron» qui, les vieux Montréalais s'en souviendront, était le marché couvert de la place Jacques-Cartier, juste derrière le Château de Ramezay, où il y a eu longtemps un stationnement, face à l'hôtel de ville.

Nous avons habité quelques années rue Saint-Claude, également à côté du Château de Ramezay, à l'endroit où se trouvait encore récemment le restaurant Le Fado. C'est également là que mon père tenait boutique.

Ma mère est morte très jeune, à l'âge de 27 ans, de la maladie de Bright, une affection des reins qui l'a emportée en trois jours. Un ami néphrologue m'a affirmé récemment qu'aujourd'hui cette maladie peut être soignée avec un diagnostic approprié et un traitement adéquat.

Je n'avais que cinq ans lorsque ma mère est décédée. On m'a d'abord placé pendant un an chez ma grand-mère, toujours dans le Vieux-Montréal, place Jacques-Cartier, au coin de la rue Notre-Dame. Comme ma grand-mère était veuve, c'est donc elle et deux de mes jeunes tantes qui se sont occupées de moi, ce qui eut pour résultat que je devins rapidement le petit roi de la maisonnée — totalement gâté et parfaitement indiscipliné !

Devant cette situation, mon père finit par décider que ma place était plutôt dans un pensionnat. C'est ainsi que je devins à l'âge de six ans, en 1934, pensionnaire à l'orphelinat Saint-Arsène, rue Christophe-Colomb à Montréal. J'y restai jusqu'en 1937, année où mon père me fit inscrire, toujours comme pensionnaire, au collège Laval, à Saint-Vincent-de-Paul. Je fis ensuite mes études secondaires de 1940 à 1946 au Collège de Saint-Laurent et à l'Externat classique Sainte-Croix. En tout, 12 ans de pensionnat !

Mes résultats scolaires furent assez satisfaisants. J'étais un élève au-dessus de la moyenne. Mon père, qui n'avait qu'une quatrième année, m'a souvent dit qu'il s'était bien promis que son fils serait instruit. Il a tenu parole, même si nous étions à l'époque de la crise. Je lui dois beaucoup et aussi à tous les religieux qui m'ont formé, frères de Saint-Gabriel, frères maristes et pères de Sainte-Croix, même si je n'ai pas la fibre très cléricale. Je me rappelle qu'à l'orphelinat Saint-Arsène, ils nous procuraient l'enseignement, la nourriture et le logement pour seulement dix dollars par mois.

Les vacances étaient assez rares. On sortait quelques jours à la Toussaint, environ deux semaines à Noël et quelques jours à Pâques. C'était tout. Et il y avait les deux mois et demi des vacances d'été. Je passais toutes ces vacances avec mon père qui me couvait alors de toute son affection. En été, nous allions à Plage-Laval, une municipalité qui devint en 1950 Ville de Laval-Ouest. Mon père y avait bâti trois chalets, un pour nous et deux qu'il louait. Il faut se souvenir que dans les années trente, l'Île Jésus était devenue un endroit de villégiature. Plage-Laval était notamment appréciée par la communauté juive de Montréal. Les chalets étaient loin d'être luxueux (ils avaient tous des toilettes extérieures, des « bécosses » !)

et il était fréquent que nous ne puissions pas ouvrir ces chalets avant le mois de juin parce qu'il y avait trois ou quatre pieds d'eau dans les rues non asphaltées.

Plage-Laval n'était pas le seul lieu de villégiature de l'Île Jésus. On retrouvait également beaucoup de chalets d'été à Saint-François, Sainte-Rose, Fabreville, Sainte-Dorothée, et même à Laval-sur-le-Lac où il n'y avait à l'époque que très peu de résidences principales. L'eau était moins polluée, et il y avait beaucoup de plages à la disposition de la population de Montréal qui venait s'y baigner et s'y divertir. Une plage fort populaire à l'époque était la Plage Idéale à Auteuil; il y avait aussi à Plage-Laval les Plages Saratoga et Miami, la Plage Chartrand à Duvernay-Est et, à l'Abord-à-Plouffe, la Plage Mon Repos ainsi que la Plage des Ormes. Il y avait même dans les années cinquante à Saint-Martin une plage, à l'ouest de Havre-des-Îles, qui s'appelait Sunny Beach ! L'endroit à la mode pour les jeunes était la salle de danse Kosy Korner à Plage-Laval, où les jeunes « zazous » se déchaînaient sur les succès de l'époque comme *In the mood*.

En 1928, à l'âge d'un an — ma mère vivait encore — j'ai habité à Saint-Vincent-de-Paul parce que mon père y avait ouvert un magasin général et une pension pour les ouvriers qui travaillaient à la construction du barrage de la Montreal Light, Heat and Power, barrage qui existe d'ailleurs toujours.

Mon père ouvrit ensuite un commerce de « juke boxes » et de machines à boules destinés aux restaurants de la région. Son réseau couvrait l'Île Jésus, Terrebonne et Deux-Montagnes. Je ne le quittais pas d'une semelle et l'accompagnais un peu partout, de Saint-Placide à Saint-Lin, durant les vacances d'été.

J'ai eu, en somme, une enfance de romanichel, surtout après le décès de ma mère en 1933. Au fond, mon enfance s'est déroulée dans des conditions assez dures: pas de mère, pas de frères, pas de sœurs, aucun luxe. Au retour des vacances, au collège, mes camarades me parlaient de leurs randonnées en ski, de leurs sorties au restaurant ou de leurs promenades. Je faisais semblant d'avoir eu les mêmes passe-temps alors qu'en fait j'avais surtout repeint des

chalets ou étendu de la pierre concassée dans les rues des développements de mon père. Ce qui fait que, jeune, même si j'étais très
sportif, je ne pratiquais ni le tennis ni le ski parce que je n'avais tout
simplement ni raquette, ni ski. J'ai eu une enfance chaleureuse
grâce à mon père, mais stricte et sévère à cause des conditions
difficiles de l'époque.

Si je passais l'été au chalet de Plage-Laval, les vacances de Noël
et autres congés, nous étions chez la tante Albertine et l'oncle
Lucien Cléroux, à Saint-Martin, ou bien à la pension Galarneau
dans le canton Bélanger, près de Vimont.

En fait, nous n'avions pas de domicile fixe, d'autant plus que,
dès 1915, mon père allait passer un mois ou un mois et demi en
Floride à chaque hiver, bien avant que ce soit la mode! Il n'y allait
d'ailleurs pas en touriste, mais plutôt en découvreur. Il avait un
caractère vraiment aventurier. Je me souviens vaguement d'être
descendu trois fois avec lui en Floride, à l'âge de deux, quatre et six
ans. Les deux premières fois, ma mère était du voyage. Lors de ses
premiers voyages, il avait une Ford T avec laquelle il mettait plus
d'une semaine pour atteindre sa destination. Son lieu de prédi-
lection était Tarpon Springs, sur le golfe du Mexique, près de
Tampa. Tarpon Springs était célèbre à l'époque pour ses éponges et
pour ses énormes conques, dont on faisait des lampes, et que mon
père rapportait en quantité au Québec pour la famille et pour les
amis… Même à l'âge de 70 ans, il s'aventurait encore tout seul
jusqu'au Mexique à bord de sa roulotte. C'était un vrai aventurier.

Mes grands-parents ne pardonnèrent jamais à mon père d'avoir
quitté la terre paternelle. Pour eux, ce fut un sacrilège. Il en paya le
prix au moment de l'héritage, dont il fut exclu. Il était pourtant
l'aîné des garçons, mais dans leur esprit il lui appartenait de
continuer l'exploitation familiale. Ce fut le deuxième des fils, mon
oncle Ozias, qui reprit la ferme. En fait, cinq des six frères de
mon père se sont établis sur des terres, soit à Saint-Martin ou à
l'Abord-à-Plouffe. De même, les six filles ont toutes épousé des
cultivateurs de l'Île Jésus et des environs. Tous ont eu des familles
nombreuses, ce qui m'a donné une soixantaine de cousines et
cousins germains.

Mon père avait un frère qui n'était pas non plus intéressé par le travail de la terre : c'était Charles, dit Charlot, qui suivit mon père jusqu'au Vieux-Montréal. Il fut longtemps son associé dans ses multiples aventures.

Mon père est en fait l'un des hommes les plus hauts en couleur que j'aie jamais rencontrés. Tous ceux qui l'ont connu me l'ont d'ailleurs confirmé. C'était un homme sans peur et sans reproche, intelligent, un bûcheur, dur pour lui-même, mais en fait très tendre et sensible à l'intérieur, même s'il ne le laissait pas voir. Je lui ai connu peu d'ennemis. De plus, il était enjoué et aimait beaucoup rire, plaisanter avec les jeunes et jouer des tours.

Voici un exemple qui montre bien comment il pouvait être taquin : un beau dimanche qu'il venait manger à la maison, ma femme Régine avait fait un rosbif de cheval. Étant européenne, elle avait entendu dire toute son enfance que la viande de cheval était excellente pour les jeunes enfants notamment parce qu'elle contient beaucoup de fer. Ce rosbif était une belle pièce de viande, impeccablement bardée et très appétissante, mais nous n'avions pas dit à mon père que c'était du cheval. Mon père mange sa tranche de rosbif, saignante, avec des petites pommes de terre sautées. Il en reprend deux ou trois fois, tellement il trouve ça délicieux. À la fin du repas, Régine dit à mon père : « Alors, c'était bon, M. Lavoie ? » « Oh là là ! Je n'ai jamais mangé un bon rosbif comme ça », lui répond-il. « Eh bien ! vous avez mangé un rosbif de cheval », lui dit-elle. Le visage de mon père est devenu blanc comme un drap !

Quelques mois plus tard, mon père se présente chez nous. Il revenait de Mont-Laurier, et il nous apportait un beau morceau de viande. « C'est la saison de la chasse, nous dit-il, et j'ai pensé vous offrir ce morceau de chevreuil. » Nous le remercions, puis nous examinons la pièce de viande. Elle avait un aspect un peu bizarre. On la fait cuire. Une fois dans nos assiettes, la viande était dure comme du bois ! Mon père revient nous voir par la suite et demande à Régine : « Et puis, comment c'était, mon chevreuil ? » Régine, pour lui faire plaisir, lui dit : « C'était pas mal. C'était même bon. » « Bon, eh bien, croyez-le ou non, vous avez mangé de l'ours. » Il venait de rendre à Régine la monnaie de sa pièce !

Mon père était un homme libre comme l'air et profondément indépendant. Alors que j'étais en versification au Collège de Saint-Laurent, il m'avait demandé ce que je voulais faire quand je serais grand. Comme ma matière forte était plutôt les mathématiques, je lui avais dit que j'aimerais être ingénieur ou comptable. Je me souviendrai toujours qu'il avait hoché la tête et qu'il m'avait dit : « De toute façon, fais ce que tu voudras, mais arrange-toi surtout pour être ton propre patron. » De fait, mon père n'a jamais eu de patron de sa vie. J'ai d'ailleurs suivi ses traces et ses conseils, car moi non plus je n'en ai jamais eu.

Mon père a fait à peu près tout dans sa vie. Il pouvait d'ailleurs être très dur avec lui-même. C'est ainsi qu'à seize ou dix-sept ans, encore sur la terre paternelle du rang du Bord-de-l'Eau, près de ce qui est maintenant l'autoroute 13, il allait travailler de l'autre côté de la rivière à Saraguay, maintenant annexé à Montréal, sur le chantier d'un véritable château, la maison Ogilvy. Il se levait avant l'aube, brisait la glace dans l'évier pour se laver un peu, marchait du rang du Bord-de-l'Eau jusqu'à la rivière, cassait la glace autour de la chaloupe et traversait pour aller transporter des pierres pour les maçons du chantier Ogilvy, le tout pour 50 cents par jour ! J'ai toujours été frappé par sa détermination à travailler et à réussir.

Une autre anecdote illustre bien son goût de la liberté et de l'indépendance. J'avais décidé de faire un agrandissement à la maison que j'occupe encore sur les bords de la rivière des Prairies, afin de loger mon père alors âgé de 70 ans et qui habitait seul à Sainte-Dorothée (d'ailleurs, il a toujours habité seul, puisque après le décès de ma mère, en 1933, il ne s'est jamais remarié). Il s'agissait d'un petit trois pièces, avec sa propre entrée, mais relié à la maison principale. Lorsque cet ajout fut terminé, j'ai emmené mon père visiter ses « appartements ». Cependant, après la visite, ma femme l'informa que « nous dînions vers midi et demi et le soir vers sept heures ». Ça devait être la première fois qu'il était assujetti à de tels horaires et il ne l'accepta pas. Le lendemain, vers midi, ma femme était un peu inquiète. « On n'a pas de nouvelles de ton père, me dit-elle. Qu'est-ce qui se passe ? » Je me suis alors rendu dans son logement et j'ai constaté que mon père n'était pas là et qu'il n'y avait pas dormi puisque le lit n'était même pas défait. En fait, il était retourné le soir même dormir dans sa maison de Sainte-Dorothée. Il n'a jamais habité le logement que je lui avais fait construire.

Si mon père était dur avec lui-même et très indépendant de caractère, il était également capable d'affection et de sentiments chaleureux, notamment en ce qui concerne ma mère Laura. Trente ans après sa mort, il ne pouvait pas me parler d'elle sans que les larmes lui viennent aux yeux. Je dois avouer que plus de trente ans après sa mort à lui, il ne se passe pas une journée sans que je ne pense à mon père.

Je peux en dire autant de ma mère que j'ai toujours considérée comme ma protectrice. Si je ne vais pas aussi loin que Mackenzie King qui, dit-on, consultait sa mère dans l'au-delà lorsqu'il devait prendre une décision importante, j'ai toujours recours à elle dans des situations difficiles et, croyez-le ou non, toujours avec des résultats positifs.

Mon père, cependant, m'a joué un drôle de tour dans les années cinquante. J'avais déjà touché un peu alors à la politique, et ne voilà-t-il pas que mon père décide de changer de religion. Avec deux ou trois de ses frères, il était devenu évangéliste! Ils avaient même aménagé une petite église tout près de la maison que nous habitions à l'Abord-à-Plouffe, sur le boulevard Lévesque. Si l'on se rappelle bien cette époque, on comprendra que cette conversion ait fait tout un scandale. Ses sœurs, qui étaient très conventionnelles et presque intégristes, étaient proprement horrifiées par cette apostasie qui venait entacher le nom de la famille. On disait, à la grande consternation de ces braves dames, que la famille Lavoie était devenue protestante. Je me suis toujours demandé si les gènes de mon père n'étaient pas en quelque sorte responsables de ce changement puisque l'ancêtre français des Lavoie était un huguenot… Il n'en demeure pas moins que cette conversion fut pour moi à la fois un choc et un handicap politique. Mes adversaires cherchèrent allègrement à exploiter cette situation.

Lors de ma première campagne électorale au provincial, en 1956, alors que Georges-Émile Lapalme était chef du Parti libéral, mon adversaire, un certain Léopold Pouliot, avait fait afficher, en face de chez moi boulevard Lévesque, dans une grande école, son portrait avec une invitation aux enfants à inciter leurs parents « à voter pour M. Pouliot, et non pour le fils d'un apostat » !

Tout ça parce que mon oncle Adélard, établi sur une terre à Saint-Adolphe-d'Howard, avait été invité par l'église évangéliste du coin à des réunions afin de s'y « nourrir de la Bible ». Adélard fit du prosélytisme auprès de ses frères, et mon père Zéphyrin fut l'une de ses premières recrues. J'ai pu constater d'ailleurs que mon père se plongeait tous les jours dans la lecture de la Bible au cours des dix dernières années de sa vie.

Pour « renverser un peu la vapeur » et pour bien indiquer que je ne faisais pas partie de ce mouvement évangéliste, j'ai dû me présenter en 1959 à une élection comme marguillier de la paroisse Saint-Maxime de l'Abord-à-Plouffe. Ce furent d'ailleurs de drôles d'élections : il n'y avait pas de bulletin de vote ; les gens se présentaient et indiquaient au curé, qui consignait leur choix dans le livre de la fabrique, pour qui ils votaient. C'était un vote ouvert ! Je me rappelle encore mon adversaire, un brave homme d'origine belge du nom de Simetin. Les deux camps ont fait du transport de paroissiens pour amener les électeurs, comme ça se passe au municipal, au provincial ou au fédéral. J'ai gagné avec une majorité de 61 voix, le vote étant de 81 pour Simetin et de 142 pour moi. De mémoire d'homme, c'était la première fois que se tenait dans l'Île Jésus une élection contestée de marguillier, mais cela établit clairement dans l'esprit des sceptiques que je continuais d'être catholique... D'ailleurs, cette charge ne comportait pas beaucoup de responsabilités, si ce n'est de faire la quête à la grand-messe le dimanche.

Mon grand-père paternel, Ozias Lavoie, était bien connu comme libéral. C'était un homme spirituel et coloré, même s'il bégayait. Il suivait attentivement les campagnes électorales, bien qu'il n'ait jamais fait de politique, pas plus que mon père d'ailleurs qui m'a toujours reproché d'en faire et qui me disait: «Ça va te coûter de l'argent. Tu perds ton temps avec la politique. C'est ingrat.» Mais cela a toujours été plus fort que moi et je n'ai pas suivi ses conseils.

Au début du siècle, le député provincial de Laval était un personnage très connu au Québec du nom d'Évariste Leblanc. Député conservateur du comté de Laval pendant de nombreuses années, chef de l'opposition à Québec, président de l'Assemblée législative et finalement lieutenant-gouverneur de la province de Québec, Sir Évariste Leblanc était un politicien racé. Or, lors d'une assemblée électorale, mon grand-père Ozias était assis près de l'estrade et, fidèle à son habitude, passait son temps à interrompre, contredire et même taquiner M. Leblanc. Ce dernier finit par se fâcher et lui dit: «Eh! le père Ozias, vous êtes tout sale. Allez donc plutôt vous laver au lieu de m'interrompre.» Mon grand-père, qui revenait sans doute d'une journée de travail sur sa ferme, ne se démonta pas et lança à Évariste Leblanc, qui avait eu le visage ravagé par la variole dans son enfance: «Moi, si je vais me laver, ça va disparaître. Vous, même si vous allez vous laver, ça partira pas!»

L'un de mes arrière-grands-pères, Jean-Baptiste Lavoie, avait également du caractère si l'on en croit la tradition orale de la famille. Il fit construire en 1854 sur le rang du Bord-de-l'eau une magnifique maison de pierre, qui existe toujours, ainsi qu'une grange, immense pour l'époque puisqu'elle avait 100 pieds de long. De tels investissements avaient suscité beaucoup de jalousie. La grange était à peine terminée qu'une tornade l'emporta littéralement au vent. Les mauvaises langues pensèrent que mon aïeul Jean-Baptiste était en situation difficile, surtout qu'à l'époque il n'y avait pas d'assurances. Il paraît qu'il ne fit aucun commentaire et se mit simplement à reconstruire sa grange, sauf que, lorsqu'on vint pour la mesurer, on constata qu'elle avait maintenant 105 pieds de long...

À L'ÉCOLE DE LA VIE

LORSQUE J'ÉTAIS ENFANT, l'Île Jésus avait une population d'environ 25 000 habitants. Sa vocation était presque exclusivement agricole : c'était le potager de Montréal où poussaient dans d'excellentes terres toutes sortes de primeurs. Les maraîchers de l'île étaient en général prospères.

Il y avait aussi quelques commerces en plus d'une industrie toute particulière à l'Abord-à-Plouffe, celle des « glacières ». Les réfrigérateurs n'existaient pas encore et deux grands exploitants fournissaient de la glace à toute la région, la famille Lagacé et la famille Lavoie, c'est-à-dire mes oncles Ernest et Pierre. Les deux familles se faisaient donc concurrence. L'hiver, elles engageaient des cultivateurs sans emploi pour couper en février et en mars la glace de la rivière des Prairies. Il s'agissait là d'une occupation dangereuse. Les blocs de glace étaient énormes : ils avaient en moyenne cinq pieds sur quatre pieds, et trois pieds d'épaisseur. Ces blocs étaient hissés avec des monte-charge de fortune dans des bâtiments ayant jusqu'à cinq étages. On plaçait les blocs dans du bran de scie pour qu'ils ne fondent pas et qu'ils puissent se conserver ainsi jusqu'à l'automne. Les détaillants de Montréal, les *peddlers* comme on disait, venaient avec des chevaux (plus tard avec des camions), acheter cette glace pour la débiter et la revendre aux résidents de Montréal pour leurs glacières personnelles.

Mais la glace sur la rivière servait également de pont. Dans mon enfance, j'étais en effet fort intrigué, et même un peu inquiet, par ce que l'on appelait les « ponts de glace ». Les ponts qui reliaient en permanence l'Île Jésus à Saint-Eustache et à Rosemère appartenaient à l'entreprise privée, plus précisément aux familles de Bellefeuille et Plessis-Bélair. Le péage pour passer ces ponts était de 10 cents. L'hiver, certains usagers, pour éviter d'avoir à payer, choisissaient de traverser sur la glace où un chemin avait été tracé à l'aide de perches. Sauf que le printemps venu, il n'était pas rare de voir des véhicules à demi-immergés dans la glace fondante sur la rivière.

Enfin, pour compléter ce rapide tour d'horizon économique, on doit mentionner qu'il y avait les plages en été, le pénitencier construit à Saint-Vincent-de-Paul au siècle dernier, le collège Laval et quelques petites entreprises à Pont-Viau travaillant le bois et le fer. Une certaine activité commerciale existait également : il y avait notamment plusieurs magasins généraux, dont les propriétaires étaient souvent à l'aise.

C'est en 1943 que mon père se lança dans l'immobilier. Il décida d'acheter une terre à l'Abord-à-Plouffe. Son raisonnement était simple : « Cette sacrée guerre va bien finir un de ces jours et il va falloir que les soldats à leur retour puissent se loger quelque part. » Il est vrai qu'il n'y avait pas eu de construction domiciliaire pendant toutes ces années de crise, puis de guerre.

Mon père acheta donc une première terre de 18 arpents près de l'église de l'Abord-à-Plouffe, où se trouvent maintenant les 76e, 77e et 78e avenues. Il retint les services d'un arpenteur pour subdiviser la terre. Il me faisait travailler l'été à la construction des chemins : on étendait à la main de la pierre concassée à l'emplacement des futures rues. On s'est mis à vendre pour 400 $ des terrains de 50 pieds de façade. Les conditions étaient simples : 50 $ comptant et 10 $ par mois.

Comme mon père n'avait pas beaucoup d'instruction, il me confia la rédaction des promesses d'achat, la négociation des ventes, la tenue des livres, etc., même si je n'avais que 16 ou 17 ans.

Ce fut pour moi une expérience fascinante. J'allais au conseil municipal pour faire approuver les plans de subdivision et pour obtenir les permis nécessaires, ce qui m'a initié très tôt aux affaires municipales. Comme je préparais les contrats et que j'allais chez le notaire pour l'acte de vente lorsque le paiement était terminé, je me suis tout naturellement dirigé vers le notariat en 1948 : je pouvais en effet déjà rédiger, dès ma première année de droit, des contrats de vente, des baux, des hypothèques, des contrats de mariage et des testaments.

Les centaines d'acheteurs de terrains avec qui j'avais traité étaient de leur côté fort heureux de pouvoir devenir propriétaires à des conditions avantageuses. J'ai d'ailleurs l'impression qu'ils ont voulu m'exprimer leur reconnaissance en m'accordant par la suite un vote massif à l'occasion de mes nombreuses élections municipales ou provinciales.

Mon père envisagea même à cette époque d'acheter l'île Paton. L'ancien propriétaire, Hugh Paton, était mort quelques années auparavant. La succession était administrée par le Montreal Trust. Mon père prit rendez-vous, avec son frère Pierre, pour négocier l'achat de l'île, qui était un endroit merveilleux. Le Montreal Trust exigeait 50 000 $, une somme énorme pour l'époque. Mais ce qui avait vraiment irrité mon père et mon oncle, c'était que personne ne parlait français au Montreal Trust. Je me souviens que les négociations se sont rapidement arrêtées, peut-être justement à cause d'un problème de communication, car mon père et mon oncle parlaient à peine l'anglais.

Hugh Paton a été un personnage qui mérite qu'on s'y attarde un peu. C'était un grand financier de Montréal. Sa résidence principale se trouvait sur l'emplacement actuel du magasin Holt Renfrew, à l'angle des rues Sherbrooke et de la Montagne.

M. Paton avait acheté l'île qui porte maintenant son nom, en 1880, pour 2800 $. Il y avait construit sa résidence secondaire : c'était un manoir tout en bois de style néo-gothique seigneurial, avec des tourelles à créneaux qui rappelaient les châteaux de style baronnial écossais. Cet imposant château avait été bâti tout autour de la vieille maison de bois à plafonds bas que le fermier Arthur Brosseau avait vendue à Hugh Paton avec le terrain, qui était de 60 arpents, assez vaste pour que le nouveau propriétaire y fasse aménager un petit golf! Cette petite maison avait été érigée au XVIIIe siècle, vers 1770, par l'un des premiers colons de l'Île Jésus, Jean-Baptiste Bourdeau dit Lamer, dit Rapidieux (Cageux). C'est ce qui explique qu'avant de devenir l'île Paton, l'endroit s'appelait l'Île-à-Bourdeau. C'est un de ses descendants, Olivier Rapidieux Lamer, qui vendit cette vieille maison à Arthur Brosseau, qui la vendit à son tour à Hugh Paton.

Les Anglais de Montréal se réunissaient également à la fin du siècle dernier le dimanche dans l'Île Paton pour pratiquer la chasse à courre. Mon père trouvait que les tuniques rouges de tous ces cavaliers étaient du plus bel effet. Cavaliers, écuyères et meutes de chiens partaient de l'Île Paton vers Saint-Eustache pour chasser le renard. Ce faisant, ils traversaient les terres de Saint-Martin et de Sainte-Dorothée. Cette activité faisait d'ailleurs l'affaire des enfants qui se précipitaient pour leur ouvrir les barrières contre une pièce de 25 sous.

Hugh Paton, toujours d'après mon père, était un homme généreux qui aidait régulièrement les familles pauvres de l'Abord-à-Plouffe. Né en Écosse, il était arrivé au Canada en 1875. Fidèle à ses origines, il faisait venir son whisky de son pays natal. Mon père m'a raconté que le contenu d'une de ces barriques n'étant pas de qualité, M. Paton ordonna à deux de ses employés, des villageois de l'Abord-à-Plouffe, de jeter ce scotch dans la rivière, ce qu'ils furent obligés de faire, presque les larmes aux yeux, en constatant que Hugh Paton les observait attentivement du débarcadère.

Pour ceux que cela pourrait intéresser, je veux signaler qu'il existe au club Mont-Royal, rue Sherbrooke à Montréal, un magnifique portrait à l'huile de ce personnage pittoresque. Quant au manoir de Hugh Paton, précisons qu'il fut détruit par un incendie le 29 mars 1966.

Le fait d'aider mon père dans le domaine de l'immobilier m'a ainsi dirigé très jeune, dès 1943, vers les affaires et vers la politique municipale. En 1954, alors que je n'avais que 26 ans, je fus élu par acclamation comme conseiller municipal à l'Abord-à-Plouffe. J'étais contestataire et antiduplessiste alors que Duplessis était à son apogée et que le régime en place n'appréciait guère ceux qui le remettaient en cause.

En fait, toute ma jeunesse a été marquée par un goût passionné pour la liberté. Il est vrai que mes douze années de pensionnat étaient de nature à exacerber ce désir d'être libre. J'ai fait cinq ans de cours classique au Collège de Saint-Laurent, de la syntaxe spéciale à la rhéto. Vers l'âge de 17 ans, j'ai connu une année de crise. J'étais devenu assez indiscipliné, et même libertaire, refusant les contraintes et les diktats. Vers le mois d'avril 1945, j'ai donc été mis à la porte du Collège de Saint-Laurent parce que je fumais en cachette et que l'on m'avait attrapé en flagrant délit. En fait, je n'acceptais plus la discipline du pensionnat. Cependant, étant donné que nous n'étions qu'à quelques mois du premier bac et que mes résultats scolaires étaient plutôt satisfaisants, on me donna la permission de me présenter aux examens. Je suis donc retourné chez moi, mais je suis retourné au collège en juin passer mon premier bac, que j'ai réussi.

Après ce succès, on m'avait laissé entendre que l'on m'accepterait en philo I au Collège de Saint-Laurent au mois de septembre suivant. Mais il y eut un changement de supérieur, et je fus informé pendant les vacances d'été qu'ils ne souhaitaient pas me reprendre. J'ai fait une demande d'inscription dans un autre établissement, le collège Grasset, mais à la suite d'une lettre de « références » en provenance du Collège de Saint-Laurent, le collège Grasset a également refusé de me prendre.

J'ai donc décidé d'aller suivre des cours privés à Outremont. Ce fut une année de bohème. J'étais laissé à moi-même, presque sans aucune surveillance. Comme j'avais 18 ans, ce fut l'époque de mes premières aventures. J'étais pratiquement en année sabbatique! Sauf qu'à l'examen, qui était un examen de chimie à ce moment-là, ce fut vraiment un désastre : je me rappelle que sur six questions, il y en avait quatre que je ne comprenais même pas. À la suite de cet échec, j'étais vraiment perturbé, d'autant plus que c'est à ce moment-là que mon père avait choisi de changer de religion : je vécus alors une véritable crise existentielle et j'ai décidé d'abandonner mes études.

À l'automne, je suis parti à la chasse à l'orignal une quinzaine de jours au fin fond de l'Abitibi avec un de mes oncles et un de mes cousins. Nous faisions du portage, nous dormions sous la tente et même à la belle étoile. Nous eûmes même droit à des tempêtes de neige. Mais cela m'a donné le temps de réfléchir : je me suis dit finalement que j'étais encore plutôt jeune, et même quelque peu en avance dans mes études, et que je serais bien bête de ne pas les reprendre.

En revenant de la chasse, je me suis présenté au Collège de Saint-Laurent et ils m'ont finalement accepté au mois de novembre. Mais encore là, il n'y avait aucune surveillance, car je logeais dans un pavillon à l'extérieur du collège. J'ai eu à nouveau des difficultés avec les autorités qui me mirent de nouveau à la porte.

C'est ainsi qu'ils ne m'autorisèrent pas à passer mon examen de chimie en tant qu'inscrit au collège, mais j'ai réussi à passer tout de même cet examen comme « extra-collégial » à l'université puisque j'avais assez de crédits. J'ai étudié à fond pendant trois mois ce fameux cours de chimie, et j'ai finalement obtenu une note sensationnelle d'au-delà de 90 % !

L'année suivante, je me suis inscrit à l'Externat classique Sainte-Croix, rue Sherbrooke, dans l'Est de Montréal, pour terminer ma philo II. Encore là, j'ai eu certaines aventures dont l'une est due à ma passion pour le sport.

Je jouais à cette époque au hockey pour un club de la Ligue junior du Québec, les Cyclones de Verdun, qui était une filiale des Rangers de New York. Au mois de mars, mon club fut invité à aller jouer trois jours à New York, au Madison Square Garden. J'ai décidé d'y aller même si les cours n'étaient pas finis. Les parties étaient très viriles, et je revins à Montréal avec l'arcade sourcilière fendue. Je racontai à l'Externat une histoire à dormir debout pour expliquer mon absence et l'état de mon œil.

Sauf que, le dimanche suivant, un hebdomadaire montréalais a fait un reportage sur la visite des Cyclones à New York, soulignant que la partie avait été rude et que le jeune Jean-Noël Lavoie avait même été blessé à un œil. Le lundi matin, ayant été convoqué par la direction de l'Externat, je tentai d'expliquer aux autorités que la tentation avait été trop forte, que le voyage et l'hôtel étaient payés, etc. « Vous êtes à la porte », me signifia-t-on, malgré toutes mes supplications.

De nouveau, je me rendis à l'université à titre d'extra-collégial et je réussis à passer avec succès mes examens du 2ᵉ bac. Je finis par entrer à l'université pour y faire mon droit. Malgré mon existence mouvementée, pour dire le moins, entre ma rhétorique et mon entrée à la faculté de droit, mes succès scolaires récents m'avaient amené à avoir une certaine confiance en mes capacités. De plus, j'étais prêt pour le notariat, grâce à mon expérience pratique dans l'immobilier aux côtés de mon père.

Mais j'avais la conviction que je ne parlais pas anglais suffisamment pour réussir en affaires.

Dès les années de guerre, au Collège de Saint-Laurent, j'avais manifesté un certain tempérament de leader. Un corps de cadets, financé par l'armée canadienne, fut créé au collège. Les 300 cadets reçurent un beau costume, et je devins, à la suggestion du directeur du collège, leur premier lieutenant-colonel. Je me mis à suivre les cours d'officier du COTC (Canadian Officers Training Corps). Lorsque vint le moment du stage, durant les vacances d'été, on m'annonça qu'on m'envoyait dans l'infanterie à Valcartier, près de Québec, camp vers lequel on dirigeait habituellement les cadets francophones.

« Enlevez mon nom, leur ai-je dit, je ne veux pas apprendre à faire la guerre à Valcartier. Je veux apprendre l'anglais en dehors du Québec. »

Je m'étais informé et avais appris qu'à Borden, en Ontario, il existait une unité de blindés où le COTC envoyait les jeunes Canadiens anglophones. « Je veux aller dans le corps blindé », leur ai-je dit, soulignant avec énergie que j'étais le lieutenant-colonel des cadets de mon collège, que j'étais un bon élément, un bon candidat, que j'avais déjà fait mes preuves, etc. « Si vous ne m'envoyez pas dans le corps blindé à Borden, j'abandonne le COTC. »

Je ne sais pas lequel de ces arguments a finalement prévalu, mais je me suis retrouvé à Borden pendant les trois mois d'été. Et tout se faisait en anglais : je n'ai rencontré que très peu de Canadiens français parmi les 210 élèves qui suivaient le cours. Je suis sorti de Borden officier de réserve de l'armée canadienne, et j'avais beaucoup amélioré mon anglais.

Je suis revenu à Montréal en 1948 et j'ai fait mon droit sans trop d'histoires. Parmi mes camarades de faculté, il y avait entre autres Adolphe Prévost, Paul Trudeau, Guy Boisvert, Pierre Lafontaine, Jean Bruneau et André Daviault. Mes études de droit terminées, j'ai ouvert mon étude de notaire à l'Abord-à-Plouffe en 1951, et quelques mois plus tard, je me suis associé avec Pierre Lafontaine.

Mais avant de commencer ma vie professionnelle, j'avais un rêve en tête : visiter l'Europe. Cette obsession me poursuivait depuis le temps de la guerre. Un de mes amis d'université, Guy Boisvert, plus tard avocat, partageait le même désir et nous avons donc décidé de visiter ensemble le Vieux Continent, à la grande consternation de mon père ! « Je ne t'ai tout de même pas payé des études pour que tu t'en ailles immédiatement courir la galipote en Europe », me reprochait-il. Néanmoins, en 1952, soit un an après avoir accroché ma plaque de notaire, j'ai demandé à mon associé Pierre Lafontaine de s'occuper de mes dossiers, et je suis parti en Europe avec Guy Boisvert du mois d'août au mois de novembre.

Nous avions pris des billets de troisième classe sur le paquebot *Liberté* en partance de New York. Nous avons débarqué à Plymouth, en Angleterre. De Londres, nous sommes allés à Amsterdam où nous avons loué une voiture, une Opel. Ce fut ensuite une grande balade au cours de laquelle nous avons visité la Hollande, la Belgique, le Luxembourg, la Suisse, l'Italie, Monte-Carlo, le Nord de l'Espagne, avec retour à Paris où nous avons trouvé une chambre pour deux dollars par semaine à la Cité universitaire.

Guy et moi n'avons pas fait tout ce périple en célibataires : sur le *Liberté* nous avions rencontré au cours de la traversée deux jeunes étudiantes américaines. Nous leur avons expliqué que nous voulions faire en voiture une tournée de plusieurs pays européens : elles nous ont alors proposé de se joindre à nous et de partager les frais. De plus, elles ne parlaient qu'anglais et comptaient fort sur notre qualité de francophones pour rendre leur voyage plus intéressant. Enchantés, nous avons accepté et avons donc fait le tour de l'Europe en leur sympathique compagnie.

Un soir que nous étions au Luxembourg, nous avons décidé de prendre la route et de rouler vers Strasbourg, quitte à trouver des chambres en cours de trajet si nous étions trop fatigués. Mais, malgré plusieurs tentatives, nous n'avons pas pu en trouver. Il y avait des soldats américains partout et ils remplissaient tous les hôtels. Nous avons donc continué de rouler de nuit vers le sud. Vers deux heures du matin, l'une des deux étudiantes, qui conduisait, pousse un cri et nous lance : « *Guy, Noël, wake up, we just found an hotel !* » Je somnolais sur la banquette arrière. Je me réveille. Je sors de la voiture et je lis sur le fronton d'un bâtiment éclairé par le clair de lune : « HÔTEL DE VILLE DE THIONVILLE ». Vous pouvez imaginer l'éclat de rire. Comme on voit, dès mon plus jeune âge, et même en vacances, je ne pouvais éviter les hôtels de ville !

Après un séjour d'un mois à Paris, comme il nous restait un peu d'argent, nous avons pris l'avion et nous sommes partis pour la Scandinavie où nous avons visité Oslo, Stockholm et Copenhague. Finalement, nous sommes retournés au Canada en embarquant au Havre sur l'*Homeric* pour Québec.

Ce fut tout un voyage ! L'Atlantique Nord, très agité en novembre, cette fois ne fit pas exception. La plupart des passagers furent malades, sauf Guy, moi et quelques autres. Nous avions vraiment l'impression que le paquebot nous appartenait, et que la cuisine et les bars fonctionnaient pour nous seuls durant les cinq jours de la traversée, alors que les autres passagers essayaient de survivre aux effets du mal de mer, couchés dans des transats ou agrippés au bastingage.

À bien y réfléchir, avec le recul, je me rends compte que ce qui m'a le plus manqué dans ma jeunesse, c'est le milieu familial. N'ayant ni mère, ni frère, ni sœur, vivant avec mon père plus en copain qu'en fils, j'ai dû faire preuve très jeune de débrouillardise et d'esprit d'initiative. J'ai donc pris l'habitude de m'occuper de moi-même, mais cela m'a marqué sur le plan affectif. En fait, la personnalité féminine de mon enfance à qui je dois le plus est une sœur de ma mère, tante Georgette, qui a été fantastique pour moi : pendant mes 12 ans de pensionnat, alors que mon père était sans cesse par monts et par vaux, c'est elle qui s'est occupée de moi et de tout ce dont un jeune pensionnaire peut avoir besoin. Je me souviens qu'elle travaillait pendant la guerre dans des usines au « Plant » Bouchard à Sainte-Thérèse, ou bien à Saint-Paul-l'Hermite, mais cela ne l'a pas empêchée de venir me voir chaque dimanche à l'orphelinat Saint-Arsène, au collège Laval et au Collège de Saint-Laurent.

C'est à cette solitude de ma jeunesse que j'attribue mon sens de l'initiative, mon goût de l'indépendance et mon amour de la liberté.

COMBATTRE LE SYSTÈME

A U MOIS DE JANVIER 1954, une occasion se présente et m'amène à faire le saut en politique. Des élections municipales devaient être tenues dans la municipalité de l'Abord-à-Plouffe. Le maire, M. Raymond Lagacé, était en train de former une nouvelle équipe. J'étais jeune notaire, j'avais 26 ans, mon étude fonctionnait depuis trois ans. Très engagé dans l'activité économique de cette petite ville, je décide de me présenter au siège n° 4, en plein cœur de l'Abord-à-Plouffe. Je suis élu par acclamation. Ce fut d'ailleurs la seule fois, sur les 14 élections auxquelles je me suis présenté, que cette heureuse situation se produisit.

Le fait est qu'il y avait longtemps que j'étais habité par le démon de la politique. J'ai fait partie des Jeunesses libérales dès mes années d'université. En 1948, j'étais organisateur-adjoint de Benoît Renaud, pour l'ensemble de l'Île Jésus, pour le candidat libéral fédéral Léopold Demers dans le cadre d'une élection partielle. George Drew était le chef des conservateurs. Cette campagne me donna l'occasion de côtoyer tous les organisateurs politiques libéraux de l'Île Jésus — ce qui était toute une initiation — alors que je n'avais même pas encore le droit de vote (21 ans à l'époque).

Je me souviendrai toujours de mon premier discours politique : je l'ai fait à Saint-Elzéar, Vimont aujourd'hui, dans la boutique de forge de Léonard Bédard, qui était près de l'église. À une quarantaine de personnes surprises par ma fougue, j'ai fait valoir que «la jeunesse du Canada appuie le Parti libéral parce que c'est le parti qui comprend le mieux le Québec et qui représente l'avenir, alors que le Parti conservateur de George Drew n'a jamais eu le pouls du Québec».

Vers 1954, l'Île Jésus a connu une activité économique intense et un développement résidentiel sans précédent dus à la prospérité de l'après-guerre et à la politique canadienne d'immigration. Il faut dire que la Société centrale d'hypothèque et de logement finançait remarquablement l'essor immobilier et l'urbanisation de l'Île.

Quelques mois après mon élection, une véritable guérilla a éclaté au conseil municipal à cause de «Charlot». Ingénieur-conseil, Charles-Édouard Gravel jouait un rôle important au sein du système de patronage de l'Union nationale. Son bureau d'ingénieur était installé à l'Abord-à-Plouffe. Il comptait parmi ses clients une cinquantaine de municipalités, dont toutes celles de l'Île Jésus, celles allant de Sainte-Anne-de-Bellevue à Berthier, y compris Ville Saint-Léonard. «Charlot» était tout simplement l'ingénieur-conseil imposé par l'Union nationale.

Homme brillant, mais arrogant et abusant de son pouvoir, et en définitive pas très habile, il bénéficiait de la protection du ministre Paul Sauvé, bras droit de Maurice Duplessis. Sauvé était député de la circonscription électorale de Deux-Montagnes et, surtout, un ministre influent.

«Charlot», donc, même s'il n'était pas élu, faisait la pluie et le beau temps dans la région et, plus particulièrement, au conseil municipal de l'Abord-à-Plouffe, pour une bonne et simple raison: le maire Raymond Lagacé et son frère, Charles-Édouard, également conseiller municipal, étaient propriétaires avec leurs frères Paul et Raoul de la plus grosse entreprise de l'Île Jésus à cette époque: les Constructions et Carrières Lagacé. Même s'ils étaient par le passé d'allégeance plutôt libérale, les frères Lagacé se devaient d'être bien vus du régime Duplessis parce qu'ils fournissaient la pierre et l'asphalte dont le ministère de la Voirie avait besoin pour tous ses travaux dans la région. En fait, les frères Lagacé devaient se soumettre aux volontés de M. Gravel.

La guérilla politique commença dès le mois de juin 1954. M. Gravel, en tant qu'ingénieur-conseil, touchait environ 60 000 $ par an de la municipalité puisqu'il s'y faisait chaque année à peu près pour un million de dollars de travaux et que «Charlot» recevait des honoraires de 6 %. De plus, il dictait au conseil municipal à qui devaient être octroyés les contrats, évidemment sans soumission, au prix qu'il négociait lui-même. C'est alors que j'ai proposé au conseil municipal un système d'appel d'offres publiques pour les travaux municipaux, ainsi que l'engagement d'un ingénieur à plein temps, M. Yvan Vézina, au salaire annuel, respectable pour l'époque, de 5000 $ par année, avec voiture et compte de dépenses. M. Vézina allait avoir la responsabilité de préparer les plans et devis des travaux municipaux, de les surveiller et d'émettre les permis de construction. Mon argument était que l'embauche de M. Vézina allait représenter une économie importante pour la ville.

Or M. Vézina ne s'est jamais présenté pour signer son contrat. Un peu jeune encore, j'avais sous-évalué la puissance du gibier auquel je m'attaquais. Des pressions furent simplement exercées sur M. Vézina pour le «décourager» de venir travailler pour la ville.

Mais je n'étais pas prêt à abandonner la partie, surtout que je disposais d'une arme importante : j'avais pris le contrôle du conseil municipal. Trois conseillers municipaux, MM. Jean Larose, Ubald Bourgeois et Lorenzo Racine, appuyaient en effet ma politique. Ce qui faisait qu'avec moi, nous étions quatre, contre le maire Lagacé et deux conseillers.

J'ai fait une nouvelle tentative un mois plus tard. J'avais trouvé un nouveau candidat : il s'agissait cette fois-là de M. Jean-Louis Ricard, ingénieur évidemment, auquel on proposait un salaire un peu plus élevé que pour M. Vézina, soit 7500 $ par an. Ce fut un nouvel échec pour moi pour la simple raison que mon allié, le conseiller Jean Larose décida soudainement un beau matin de passer, comme par hasard, du côté du maire Lagacé, ce qui me fit perdre ma majorité au conseil municipal. Ça jouait dur ! Il fallut donc continuer à vivre avec «Charlot».

J'avais également proposé au conseil municipal du 7 juin 1954 un système de soumissions publiques pour les travaux municipaux. Un an plus tard, soit le 24 mai 1955, malgré l'ouverture de soumissions publiques pour l'octroi d'un contrat de 150 000 $, le maire Lagacé, avec sa majorité de trois échevins, mit de côté la plus basse soumission et confia les travaux au deuxième plus bas soumissionnaire en invoquant toutes sortes de considérations futiles.

Il est vrai que les soumissions publiques n'étaient pas la coutume à l'époque. Ce n'est qu'en 1960 que Jean Lesage l'imposa au Québec après la victoire libérale. Avant cette date, on ne procédait jamais par soumissions publiques, que ce soit au niveau provincial ou au niveau municipal. Les contrats étaient toujours négociés derrière des portes closes avec les favoris du Régime.

C'en était d'ailleurs ridicule : le maire nous convoquait chez lui, à sa résidence, quelques minutes avant l'assemblée. M. Gravel était déjà présent. Là, « Charlot » nous disait : « Bon, eh bien ce soir, à l'assemblée, il y a deux contrats. Je les ai négociés, et vous allez donner tel contrat à tel contracteur pour 265 000 $, et tel autre contrat à tel autre entrepreneur pour 185 000 $. » Et tout ceci sans mandat ou autorisation du conseil municipal, qui n'avait rien à dire !

Dans mon cas, j'avais déjà une entreprise de construction et je leur faisais valoir une autre approche. « Écoutez, leur disais-je, quand je fais faire des travaux de plomberie de 3000 $ environ, je demande trois ou quatre prix. C'est normal. Ce n'est pas parce que nous administrons des fonds publics que nous ne devons pas être aussi exigeants que lorsqu'il s'agit de fonds privés. » Malgré mon jeune âge, je parlais en m'appuyant sur une bonne expérience puisque j'avais déjà bâti sur la 69e Avenue une cinquantaine de duplex en 1954, et je savais donc les économies que l'on peut faire avec des appels d'offres.

En passant, je voudrais également raconter comment j'ai créé à cette époque mon entreprise de construction résidentielle, qui s'appelait la Société de construction Normandie.

Dans mon étude de notaire, j'avais entre autres comme clients deux Juifs de Montréal, MM. Noik et Owen, deux immigrants de fraîche date qui parlaient difficilement français ou anglais. Ces deux messieurs bâtissaient environ 25 maisons par année, et à temps partiel, car ils étaient chauffeurs de taxi!

Mon associé téléphone un jour à M. Noik pour l'informer que quatre ou cinq contrats étaient prêts pour sa signature. M. Noik lui répond: «*Mr. Lafontaine, I can't come now because I'm driving my taxi. But tomorrow at noon, I have a trip scheduled for l'Abord-à-Plouffe and it will be a good occasion to see you and sign my deeds.*»

Le dynamisme de ces chauffeurs de taxi était certainement de nature stimulante et je dois dire que leur remarquable esprit d'initiative eut certainement sur moi un effet d'entraînement.

C'est à cette époque que j'ai rencontré Régine, la femme avec qui j'ai partagé ma vie et qui m'a donné deux filles, Martine et Sophie. Je débordais d'activités en 1954, que ce soit en politique en tant que conseiller municipal, en affaires avec mon entreprise de construction résidentielle, ou en politique provinciale, car j'étais également très près de Georges-Émile Lapalme pour qui j'avais beaucoup d'estime et de respect. La vie à mes côtés n'a pas dû toujours être facile pour Régine avec les 14 campagnes électorales que je lui ai fait traverser et les responsabilités que l'épouse d'un homme politique est inévitablement amenée à assumer à un titre ou à un autre.

Régine est née en France, et nous nous sommes rencontrés peu après son arrivée au Canada. Ce fut le coup de foudre! Son charme, son élégance naturelle et sa simplicité me conquirent immédiate-ment et nous nous sommes mariés en novembre 1954. Je veux ici rendre hommage à son dévouement, à son jugement et à ses talents de peintre puisque, comme l'on sait, Régine est une artiste dont les œuvres, signées Lhéritier, sont exposées aussi bien au Canada qu'en France.

En 1956, alors que je n'occupais plus de poste électif, n'étant ni maire ni échevin de l'Abord-à-Plouffe, j'ai pris une option dans cette municipalité sur une grande terre où se trouve maintenant, entre autres, Havre-des-Îles. Les propriétaires, qui mettaient cette terre en vente, portaient le nom de « Redemptorist Fathers » ; c'était la section anglaise de la communauté bien connue des Pères rédemptoristes.

Il y avait sur cette propriété une magnifique résidence en pierre qui avait été bâtie par un M. Biermans, propriétaire de la Belgo Paper Company, qui est devenue la Consolidated Paper. M. Biermans avait construit ce manoir au début des années quarante. Un détail intéressant : il avait vécu en Europe pendant la Grande Guerre et il avait tellement peur des bombardements qu'il avait fait faire le toit de sa résidence en béton. Ce bâtiment, situé boulevard Lévesque, est maintenant occupé par les Sœurs missionnaires du Christ-Roi.

La propriété était mise en vente pour la somme de 325 000 $. J'ai donné un acompte de 10 000 $. Après l'exercice de l'option, le contrat notarié devait se signer dans les 90 jours. J'ai toujours eu un assez bon flair. Je me disais que c'était un endroit idéal, près de la rivière. J'ai voulu intéresser quelques amis, dont Paul Lagacé (qui était mon voisin) et Roch Clermont, de l'Abord-à-Plouffe, qui avaient tous deux les moyens d'investir. Roch était un ami personnel et l'un de mes principaux collaborateurs en politique, avec son adjoint Fernand Miron. Je me souviens avoir également approché quelques autres investisseurs canadiens français. Je leur ai fait visiter l'endroit ; je leur ai souligné que c'était un emplacement magnifique pour réaliser un développement immobilier haut de gamme. Après la visite des lieux, personne n'a donné suite à ma proposition même si les conditions d'achat étaient avantageuses : 1/3 comptant et 2/3 en cinq ans, avec intérêt à bas taux.

Mon délai de 90 jours arrivait à expiration. Je commençais vraiment à craindre de perdre mon dépôt de 10 000 $ lorsque j'ai rencontré dans mon bureau un investisseur juif du nom de Hermann Bistricer. Je lui parle de mon projet. On monte dans ma voiture et je lui fais visiter le terrain qui était à cinq minutes de là. Nous revenons à mon bureau et là, il me demande : « Quelle participation voulez-vous ? Moi, me dit-il, j'ai deux associés et, en ce qui nous concerne, nous sommes prêts à acheter cette propriété immédiatement. » C'est comme cela que je suis devenu associé avec M. Bistricer et ses deux amis pendant quelques années. J'ai pris une participation d'un tiers. Cet endroit est maintenant entièrement bâti : c'est là que se trouvent les 400 logements de Havre-des-Îles, d'autres immeubles contenant eux aussi 400 logements et au moins cent autres résidences privées. De fait, Havre-des-Îles est un ensemble architectural remarquable qui a d'ailleurs reçu en 1967 le Prix d'architecture du centenaire de la Confédération.

Une chose est incontestable : plusieurs centaines de terres, au cours des années cinquante et soixante, ont été vendues par les cultivateurs à des immigrants investisseurs, surtout juifs, dans Saint-Martin, dans Laval-des-Rapides, dans Saint-Vincent-de-Paul, dans Fabreville, en fait partout dans l'Île Jésus, alors que les Canadiens français se contentaient de regarder passer le train. Un fait s'impose : l'Européen de l'Europe centrale, et le Juif en particulier, est dynamique et entreprenant : il aime le risque et il sent bien où il y a un profit à faire, alors que le Canadien français est certainement plus « bas de laine ». Ce n'est pas une question de disponibilités financières puisque beaucoup de Canadiens français auraient eu les moyens de se lancer dans ces opérations fructueuses. Les terres ne se vendaient pas comptant : on demandait en général au maximum 25 % *cash*, avec des conditions de paiement assez faciles. Les cultivateurs, de leur côté, vendaient souvent parce qu'il n'y avait personne pour leur succéder sur la terre : les enfants n'étaient pas intéressés par le travail aux champs. Alors le cultivateur qui prenait de l'âge se disait qu'à 60 ans et plus, il allait au moins pouvoir disposer d'un magot de 150 ou 200 000 $ pour ses vieux jours.

C'est ainsi que l'on a vendu 80 % du territoire de l'Île Jésus pour faire du développement résidentiel. C'était un territoire idéal pour accueillir l'immigration et le développement économique, qui furent considérables à partir des années cinquante. Il en résulta une urbanisation intense. Les Canadiens français, propriétaires des terres, n'ont pas su profiter de cette manne. Ils couraient trop après les acheteurs.

L'ÉLÈVE DE GEORGES-ÉMILE LAPALME

En 1956, à la fin de mon premier mandat comme conseiller municipal de l'Abord-à-Plouffe, j'ai un entretien avec Raymond Lagacé qui était à la fois le maire, un industriel important et un ami personnel. Je le préviens que, s'il est obligé d'endurer l'ingénieur Charles-Édouard « Charlot » Gravel, ce n'est certainement pas mon cas. Je l'informe donc que je me présente contre lui aux élections municipales de février 1956. Je lui dis textuellement : « Si tu gagnes, je te féliciterai et tu continueras à vivre avec "Charlot", et moi de mon côté je retournerai à mon étude de notaire. » Je ne pouvais accepter les méthodes de cet ingénieur, même avec les offres alléchantes que l'on me faisait miroiter en douce pour acheter mon silence.

Le jour des élections arrive et, effectivement, M. Lagacé me bat par 679 voix contre 385. Le soir même, je me rends avec mon épouse à son comité pour le féliciter, et cela au grand ébahissement d'une centaine de ses organisateurs et amis qui célébraient la victoire. Mais je me disais : « Vous ne perdez rien pour attendre. À la prochaine fois ! »

Toujours tourmenté par le démon de la politique, je décide de faire le saut aux élections générales provinciales du 20 juin 1956. Cela faisait longtemps que j'étais étiqueté libéral, contestataire et antiduplessiste. Par ailleurs, je me suis toujours considéré comme l'un des élèves du chef du Parti libéral de l'époque, M. Georges-Émile Lapalme. Je lui rends visite dans le quatre pièces qui servait alors de siège au parti, rue Villeneuve, près de l'avenue du Parc. Et là, je sollicite d'être choisi candidat officiel du Parti libéral dans Laval.

Encore là, ça n'a pas été facile. Il y avait trois candidats sur les rangs : Prosper Boulanger, qui venait de l'Est de Montréal (une partie du comté de Laval à l'époque), Jean Rochon, qui avait fait une lutte très honorable en 1952 dans le comté de Laval, et moi-même. Rochon avait même été élu député en 1935 contre Paul Sauvé dans Deux-Montagnes. Ma candidature ne fut pas facilement acceptée à cause des fantaisies religieuses de mon père, dont j'ai déjà parlé, fantaisies que certains aimaient à considérer comme un sérieux handicap pour moi. D'autres aimaient également rappeler ma récente défaite municipale.

M. Lapalme m'a quand même choisi comme candidat dans le comté de Laval, probablement parce qu'il aimait ma combativité, parce que je représentais du sang neuf pour le parti et parce qu'il retrouvait chez moi le même intérêt qu'il avait pour la justice sociale et pour le renouvellement des institutions.

Un mot ici pour décrire le comté de Laval en 1956. Il s'y trouvait 135 733 électeurs, ou près de 300 000 âmes. C'était donc 75 % de la population de Terre-Neuve (415 000), plus de la moitié de la population du Nouveau-Brunswick (516 700) et trois fois la population de l'Île-du-Prince-Édouard (98 400). Le comté de Laval comprenait non seulement toute l'Île Jésus, mais également une partie importante de l'Île de Montréal, soit Ahuntsic, Bordeaux, Crémazie, Montréal-Nord, Saint-Léonard, Ville d'Anjou, Rivière-des-Prairies et Pointe-aux-Trembles. Il est vrai qu'il n'y avait pas dans ces villes ou dans ces quartiers le développement que l'on connaît aujourd'hui. Imaginez l'étendue du territoire ! C'était en fait la plus populeuse circonscription électorale du Québec. Il est à noter qu'à l'époque, 50 circonscriptions (sur les 92 que comptait le Québec) avaient 20 000 électeurs ou moins, et que 14 circonscriptions en avaient 10 000 ou moins. Les circonscriptions de Laval,

Jacques-Cartier et Jeanne-Mance avaient chacune environ 100 000 électeurs. Cela, comme on le sait, faisait l'affaire de Duplessis, qui se faisait surtout réélire par les circonscriptions rurales.

Les mœurs politiques de l'époque étaient spéciales. Malgré l'impossibilité de visiter les 617 bureaux de votation, je décidai le jour de l'élection de me rendre tout de même dans Ville d'Anjou où je faisais face à une forte organisation de l'Union nationale dirigée par nul autre que le maire Ernest Crépeau, dont les pratiques n'étaient pas toujours très orthodoxes.

Mon organisateur dans ce coin du comté m'avise une semaine avant l'élection qu'il avait été averti par nos adversaires de rester chez lui. Il ne pouvait même pas se rendre à son travail. C'est dans ce contexte que je me rends le jour du vote dans la Ville d'Anjou, accompagné de mon associé, Me Pierre Lafontaine, et de Me Adolphe Prévost, un avocat de mes amis. Soudainement, une voiture de police conduite par le célèbre chef de police De Croce nous arrête rue Azilda. De Croce nous fait mettre les mains sur le toit de l'auto et nous fouille, ainsi que la voiture. À sa demande, Lafontaine et Prévost s'identifient comme notaire et avocat. Quant à moi, je lui dis: «Vous voyez la photo sur l'affiche électorale en haut du poteau? C'est moi.» Soi-disant confus, De Croce déclare que nous roulions un peu vite. Finalement, il nous laisse repartir dans un concert d'excuses hypocrites.

J'ai tenu plus de 60 assemblées publiques dans le comté, souvent trois par jour les dimanches. Du fait de l'alliance «morganatique» concoctée par René Hamel avec les Bérets blancs de Louis Even et de Gilberte Côté-Mercier, nous avions à chacune de ces assemblées une vingtaine de bérets blancs qui vérifiaient l'orthodoxie de nos propos. L'une de ces personnes était une jeune fille, d'ailleurs ravissante, chargée de vendre des abonnements au journal *Vers Demain*. Me Paul Trudeau, mon orateur principal, n'était pas insensible à son charme et devint un souscripteur fréquent aux abonnements qu'elle vendait. De fait, quelques mois après ces élections, Paul Trudeau me disait encore: «Je ne m'en fais pas trop avec notre défaite. Mais ce qui est bien tannant, ce sont les 20 copies de *Vers Demain* dont je suis inondé chaque mois!»

Arrive donc le 20 juin et l'élection. J'obtiens 41 214 votes alors que mon adversaire Léopold Pouliot en récolte 50 417. Je me suis d'ailleurs toujours demandé si le fait d'obtenir 41 214 votes, et ne pas être élu, ne constitue pas une sorte de record dans les annales électorales du Québec.

La réglementation de ces élections était rudimentaire, pour employer un euphémisme. Un exemple : les bureaux de votation étaient toujours dans des maisons privées dont les propriétaires recevaient environ 25 $ de loyer pour la journée de vote. Il suffisait de modifier l'arrangement en envoyant un télégramme, comme c'était prévu par la loi, dans la nuit précédant le scrutin au président des élections en prétextant, par exemple, que des personnes étaient tombées malades et que, par conséquent, le scrutin ne pouvait plus avoir lieu dans ces résidences.

Le matin de l'élection, nos greffiers et représentants se rendaient aux bureaux de votation auxquels ils avaient été respectivement affectés... pour se cogner le nez sur des portes closes ! On sait que le parti au pouvoir nommait le scrutateur, ou président du scrutin ; l'opposition nommait le greffier, et chaque parti avait un représentant.

L'ouverture des bureaux se faisait alors à huit heures du matin. Plusieurs bureaux de scrutin ayant changé d'endroit pendant la nuit, nos greffiers et représentants, ne sachant pas trop quoi faire, revenaient à notre comité. Je me souviens d'ailleurs qu'ils étaient surtout inquiets quant au 10 $ qu'ils devaient chacun recevoir pour leur journée.

La loi prévoyait alors que si notre greffier n'était pas présent à l'ouverture du bureau de votation, c'était le scrutateur qui nommait le greffier, ce qui voulait dire qu'on se retrouvait avec deux partisans de l'Union nationale, et que les libéraux n'avaient pas de représentant !

Quelques heures plus tard, on réussissait de peine et de misère à localiser les nouveaux bureaux de scrutin, mais les boîtes contenaient déjà, comme par hasard, une cinquantaine de bulletins. Avec dix nouveaux bureaux installés, par exemple, pendant la nuit, cela faisait au départ un déficit de 500 votes pour les libéraux.

Tenter de faire des vérifications ne servait pas à grand-chose. Le cahier qui devait indiquer les noms des gens qui avaient déjà voté n'était même pas rempli. Le scrutateur, ou le greffier, nommé par l'Union nationale déclarait simplement qu'il y avait eu tellement de gens qui étaient venus voter que l'on n'avait pas eu le temps d'enregistrer tous leurs noms. L'enthousiasme, sans doute !

En fait, dans ces années-là, il fallait au moins 60 % des voix pour gagner des élections. Les organisateurs de l'Union nationale étaient passés maîtres dans l'usage de ces tactiques déloyales. Contester une élection était hors de question à cause des frais impliqués et du temps que prenait une telle procédure. Cela aurait pris des années, et d'autres élections avaient le temps d'arriver avant que la contestation n'ait abouti.

Ce qui faisait qu'à l'époque, on fermait le dossier et on disait : « À la prochaine fois, j'espère. »

De telles manigances se pratiquaient alors à l'échelle de tout le Québec. Cela a pris des années avant qu'on ne réussisse à y mettre fin. Je ne veux pas minimiser ici le rôle qu'ont pu jouer certaines publications à faible tirage rédigées par de courageux intellectuels — je pense à *Cité Libre*, par exemple — mais je ne peux m'empêcher de sourire un peu devant les prétentions de certains parce que je suis convaincu que ceux qui ont vraiment renversé le régime Duplessis sont les francs-tireurs présents sur le terrain et qui se battaient dans chaque comté en 1952, en 1956 ou en 1960, élections après élections.

C'est pourquoi je veux ici rendre hommage à certains hommes, dont on parle peu, mais dont la contribution à l'instauration d'une véritable démocratie au Québec a été à mon avis remarquable. Je pense à Gérard Cadieux dans Valleyfield, à Yvon Dupuis dans Sainte-Marie, à Paul Gérin-Lajoie dans Vaudreuil, à René Hamel dans Saint-Maurice, à René Lévesque dans Laurier, à Jean-Paul Noël dans Jeanne-Mance, à Oswald Parent dans Hull ou à Bernard Pinard dans Drummond. Ce sont vraiment ces gens-là qui, comté par comté, ont renversé l'odieux système duplessiste.

Au cœur de cette véritable résistance contre l'obscurantisme qui marquait tristement la vie politique de ces années 1950, il faut cependant signaler la contribution exceptionnelle de Georges-Émile Lapalme à la lutte en faveur de la justice sociale et de la démocratie. Je dois dire qu'à cette époque j'étais presque honteux d'habiter un Québec administré par Duplessis. Se servant sans vergogne du clergé, ce régime se comparait en fait, par son idéologie et par son blocus des idées, à ceux de Franco en Espagne et de Salazar au Portugal.

Pour le jeune homme que j'étais à l'époque, M. Lapalme nous proposait, aussi bien en privé que dans ses interventions publiques, un idéal qui m'enthousiasmait : il projetait dans les ténèbres de cette époque un message qui véhiculait des valeurs dont le régime en place ne parlait jamais, comme la liberté, l'équité, la lutte contre les inégalités sociales, et il le faisait dans une langue d'une pureté toute classique héritée sans doute de sa fréquentation des grands orateurs de l'antiquité.

Cependant, en ce temps-là, il prêchait malheureusement dans le désert. Chef du Parti libéral du Québec de 1950 à 1958, c'est lui qui a établi pendant ces années pourtant difficiles l'agenda des réformes et le programme politique que Jean Lesage allait promouvoir par la suite avec tant de succès. Mal compris ou mal aimé, on peut le comparer un peu à Adlai Stevenson, candidat démocrate prestigieux à la présidence des États-Unis, pourtant défait par le général Eisenhower en 1952 et en 1956, les mêmes années où Georges-Émile Lapalme fut battu par les troupes de Maurice Duplessis. Malgré ces piètres résultats électoraux, c'est M. Lapalme qui représentait les valeurs et l'idéal vers lesquels je me tournais avec bien d'autres pour sortir le Québec du bourbier politique dans lequel il était plongé.

Il n'était pourtant pas toujours d'humeur facile. Lors de la campagne électorale de 1956, alors que je travaillais très fort dans le comté de Laval pour tenter de le soustraire à l'Union nationale, M. Lapalme est venu quelques jours avant le scrutin participer à une grande assemblée à Sainte-Rose. Nous marchions dans la rue avec M. Olier Payette, qui était maire de Sainte-Rose et l'un de mes organisateurs. « En tous les cas, M. Lapalme, je peux vous dire que j'ai beaucoup d'espoir de remporter le comté. La campagne va très bien. Et ailleurs, lui dis-je, comment ça va ? » D'un ton bourru, il m'a répondu : « Écoutez, je viens de faire le tour de la province et on est foutu ! » On peut au moins dire qu'il était lucide : il n'y eut en effet qu'une vingtaine de députés libéraux élus lors de ces élections et je fus battu, comme l'on sait, par plus de 8000 votes.

Cependant, par ses idées, il fut vraiment le précurseur de la Révolution tranquille. C'est pourquoi, au lendemain de la victoire de 1960, je n'ai pas hésité à lui rendre un hommage vigoureux lors de l'ouverture de la session le 11 novembre 1960 dans le discours qui précédait la motion de l'adresse en réponse au discours du trône, discours que le premier ministre Lesage lui-même m'avait demandé de prononcer, peut-être d'ailleurs parce qu'il avait quelque chose à se faire pardonner.

« Notre gratitude et nos hommages, ai-je alors déclaré, s'adressent également à celui qui a pensé et façonné depuis dix ans l'œuvre qui, hier encore, n'était que le programme d'un parti politique et qui, aujourd'hui et demain, demeurera le credo des législateurs du Québec. Je veux nommer l'artisan de la révolution pacifique que vient de connaître notre province, l'honorable procureur général. »

«POLICE SPÉCIALE»

APRÈS MES DEUX DÉFAITES de février 1956 au municipal et de juin 1956 au provincial, je retourne donc jusqu'en 1958 à mon étude et à mes entreprises tout en me considérant, comme on dit, en réserve de la république.

Arrive l'élection municipale de 1958 dans l'Abord-à-Plouffe. Les deux frères Lagacé, Raymond comme maire et Charles-Édouard comme conseiller municipal, avaient vraiment dépassé les bornes de la décence politique en attribuant sans soumission à leurs entreprises 23 contrats de travaux municipaux représentant un million de dollars. Sans doute que l'absence d'opposition au conseil municipal de l'Abord-à-Plouffe avait facilité ce genre d'excès, qui constituait à mon avis une situation totalement inacceptable.

J'entreprends ma campagne en publiant un journal, l'*Opinions de l'Île Jésus*, qui prône la démocratie à l'Hôtel de Ville en s'attaquant au système de concussion qui avait cours à cette époque. On sentait que c'était le début de la fin de l'Union nationale et de ses abus. De plus, je fais préparer par un avocat deux actions en disqualification pour conflit d'intérêt flagrant contre MM. Raymond et Charles-Édouard Lagacé.

La date des élections avait été fixée au 3 novembre. Quelques semaines avant le jour du scrutin, j'invite mon voisin et ami Paul Lagacé (que tout le monde appelait Charli), frère des deux autres, à venir le dimanche après la messe prendre un verre à la maison. Il aimait le rye et je me souviens lui avoir servi quelques bonnes rasades de Crown Royal. Paul était en fait le grand patron de toutes les entreprises détenues par les frères Lagacé; c'était le véritable pater familias, une sorte de parrain.

J'explique donc à Paul que j'avais décidé de me retirer momentanément de la politique, mais que j'avais l'intention d'amorcer un nouveau départ et que j'allais me présenter contre son frère le 3 novembre. Je lui demande de conseiller à son frère de ne pas être candidat et de quitter la politique municipale. Je lui apprend du même souffle que j'ai fait préparer contre lui et contre son frère deux actions en disqualification...

«Charli» se met alors à me parler de sa famille, «une famille honorable». Je lui dis que je n'en doute pas et qu'elle fait partie d'un groupe de vieilles familles, également honorables, comme les Clermont, les Plouffe, les Racine, les Miron, les Sauriol, les Bourgeois, les Hotte, etc.

«D'accord, me dit-il, mais là tu t'attaques à toute la famille Lagacé. Tu sais que nous sommes puissants; nous contrôlons même Ville Saint-Laurent; nous sommes une entreprise sérieuse qui fournit de l'emploi à des centaines de familles de l'Abord-à-Plouffe et de l'Île Jésus.» Ce à quoi je lui réponds que chacun fait son chemin dans la vie comme il l'entend et qu'en ce qui me concerne je veux me débarrasser de l'Union nationale et du régime Duplessis. Le nom de Gravel revient plusieurs fois dans la conversation, car cet ingénieur continuait de mener tout le monde par le bout du nez, et je lui déclare que je ne l'accepte pas et que ça ne peut plus durer.

«Charli» tente alors de m'attendrir. Il se met à me parler de ses enfants, il me dit qu'il a un fils, Hubert, qui est prêtre à Rome. Je me souviens d'ailleurs lui avoir déclaré à la blague que, s'ils insistaient, ils allaient certainement avoir besoin des prières d'Hubert!

Il me rappelle également que cela fait plusieurs années qu'il me regarde aller et qu'il a toujours admiré mon dynamisme, qu'il a toujours su que j'allais faire mon chemin en politique. Il me rappelle son offre de contribuer financièrement «discrètement» à ma carrière politique, ce que j'avais toujours refusé.

Nous nous sommes quittés là-dessus. Le mardi, n'ayant pas de nouvelles de «Charli», je fais signifier les actions qui, pour être précis, étaient intentées par l'un de mes bons supporters, Lionel «Bob» Racine, en vertu d'octrois de contrats sans soumission à des entreprises dans lesquelles le maire et son frère, échevin, détenaient d'importants intérêts.

La campagne démarre. Je la fais sur le dos de l'ingénieur Gravel. Ce dernier organise sa riposte en faisant placarder sur tous les poteaux des affiches proclamant que Jean-Noël Lavoie est un «menteur public». De mon côté, j'attaque à fond le système en place et je présente une équipe complètement nouvelle de conseillers municipaux.

Le 3 novembre arrive : Raymond Lagacé récolte 983 votes et moi 996, soit une majorité de 13 voix en ma faveur. D'autre part, j'ai cinq conseillers municipaux élus sur six : deux sont élus dans la partie est de la ville par 74 et 75 voix de majorité, Lorne Bernard et Alex Bourdage, deux dans le centre par 46 et 5 voix de majorité, Albini Plouffe et Fernand Vary, tandis que dans l'ouest un seul candidat de mon équipe est élu, Gaston Marleau, et encore par une seule voix de majorité. Le seul conseiller élu de l'équipe adverse est Charles-Édouard Lagacé, le frère du maire sortant, qui bat Guy Lespérance, le candidat de mon équipe, avec 57 voix de majorité.

Le soir même, pendant que nous faisions une parade pour fêter la victoire, six voitures de la Police provinciale arrivent vers 10 heures du soir à l'hôtel de ville. Les policiers font irruption, revolver au poing, dans la bâtisse, saisissent les 13 boîtes de scrutin et les emportent au Palais de justice de Montréal où elles sont placées dans une cellule fermée à double tour, avec un gardien à la porte.

Je procède évidemment avec célérité et j'apprends qu'un capitaine de la Police provinciale du nom de Marcel Favreau avait reçu des ordres de Québec, et plus précisément du Procureur général du Québec, Me Charles-Édouard Cantin. Toute cette opération était pilotée par deux avocats de l'Union nationale, Jean-Marie Bériault et Jean-Paul Sainte-Marie, tous deux spécialistes renommés de l'organisation électorale du régime Duplessis, ainsi que par le policier Marcel Favreau. Favreau et Bériault avaient d'ailleurs passé un mois, soit toute la durée de la campagne, dans l'Abord-à-Plouffe pour aider mon adversaire. Les deux avocats, quant à eux, devaient éventuellement être rayés, pour d'autres raisons, du Barreau.

Je me rends donc dans la soirée avec mon avocat, Mᵉ Paul Trudeau, plus tard juge à la Cour supérieure, au Palais de justice afin de tenter d'apposer des scellés sur les boîtes de scrutin. Mais c'est en vain, l'accès à ces boîtes nous est purement et simplement refusé jusqu'à minuit. Ce n'est en effet qu'après cette heure que nous avons réussi à apposer des scellés, mais il était trop tard…

Ça jouait dur! J'avais d'ailleurs remarqué pendant la journée des élections la présence de deux voitures noires arborant des cartons, collés sur les portières, sur lesquels on pouvait lire les mots « POLICE SPÉCIALE ». Dans chacune de ces voitures étaient assis trois véritables colosses. N'ayant jamais eu particulièrement froid aux yeux, je me suis approché de l'une de ces voitures et j'ai arraché moi-même le carton collé sur une portière. Surprise! Le carton cachait l'écusson de la police de Ville-Saint-Laurent, municipalité contrôlée par la famille Lagacé. Les deux voitures avaient été prêtées gracieusement à l'administration de l'Abord-à-Plouffe pour la journée…

Comme la loi le prévoit, les perdants peuvent demander un recomptage judiciaire. C'est ce qui arriva, et il y eut un décompte officiel les 10 et 11 novembre devant le juge Antoine Lamarre. À la surprise générale, l'un de mes conseillers municipaux, Gaston Marleau, qui avait gagné dans l'ouest par une voix, perdait maintenant par 19 voix, tandis que le dénommé De Montigny, qui avait perdu dans le centre par cinq voix était maintenant le vainqueur de Fernand Vary par 19 voix. Quant à moi, au lieu de gagner par 13 voix, je perdais par 32 voix, le dépouillement donnant 986 voix à Raymond Lagacé et 954 à Jean-Noël Lavoie!

De toute évidence, il s'était passé des choses bizarres.

Le juge Lamarre fit d'ailleurs une déclaration assez surprenante en affirmant le 7 novembre, soit avant le recomptage, « qu'il avait seulement l'intention d'examiner la validité des bulletins sans enquêter sur les faits entourant leur déposition dans les boîtes de scrutin » (*La Presse* du 8 novembre 1958). Par ailleurs, après le recomptage, le juge Lamarre déclara lui-même que l'examen des bulletins révèle qu'il semble évident qu'on a tenté de « changer les vainqueurs en vaincus ».

Ainsi, à cause de toutes ces manigances, je ne suis pas maire. L'équipe Lagacé-Gravel avait réussi à garder le contrôle du conseil municipal, avec trois échevins plus le maire. Pendant que les bulletins étaient sous la surveillance de la Police provinciale au Palais de justice, on avait ouvert les boîtes et maculé les bulletins afin de dégommer le maire élu et deux échevins de façon que l'administration sortante conserve la majorité, avec le maire sortant et trois échevins. Mais je ne capitule pas. J'entreprends immédiatement un procès en contestation d'élection, avec comme avocat Me Adolphe Prévost et comme conseil Me John Ahern, une sommité du Barreau de Montréal. Ils font valoir qu'entre le 3 novembre et le recomptage devant le juge Lamarre, 11 bulletins de vote donnés en faveur du demandeur (c'est moi) dans le bureau n° 3 ont été marqués de façon à les faire rejeter et que dans la boîte de scrutin n° 8, 36 bulletins favorables au demandeur ont subi le même sort.

Le 1er juin 1959, le juge Jules Poisson, de la cour provinciale, rend une décision qui éclate comme un coup de tonnerre dans le ciel de la classe politique québécoise : il annule l'élection de Raymond Lagacé, il me déclare maire, il déclare élu Gaston Marleau, l'un de mes conseillers municipaux, et il ordonne de nouvelles élections pour le siège qui avait été remporté dans le centre avec cinq voix par Fernand Vary, le candidat de mon équipe.

En rendant sa décision, le juge Poisson établit dès le début l'enjeu clairement : « … si de graves irrégularités ou des manœuvres frauduleuses ont eu lieu entre la fermeture du scrutin et la décision du juge Lamarre, elles peuvent entraîner la nullité de l'élection. Il s'agit maintenant d'examiner la preuve offerte par les parties. »

Pendant ce procès, mes avocats font comparaître plusieurs officiers rapporteurs — surtout de jeunes avocats — qui soulignent que les marques apparaissant sur les bulletins de vote pour les rendre nuls étaient toutes semblables.

La décision du juge Poisson fait largement état de leurs déclarations : « Un avocat, Me André Daviault, représentait le demandeur au bureau n° 8 et il affirme de la façon la plus catégorique qu'à la clôture du scrutin, il a par trois fois examiné les bulletins, de concert avec le scrutateur, et que les 35 bulletins favorables au demandeur ne portaient aucune des marques que l'on y voit aujourd'hui. Il n'est pas moins catégorique quand il affirme qu'il se tenait à côté de celui-ci et que, par conséquent, rien n'a pu lui échapper. » Et un peu plus loin : « Un avocat de Montréal, Me Joseph Vallières, qui était le scrutateur au même bureau, a examiné devant le Tribunal les 35 bulletins portant des marques, et il affirme que lors du dépouillement, il a examiné à deux reprises devant les représentants des parties tous les bulletins et qu'il n'y a vu aucune de ces marques. Il corrobore le témoin Daviault en disant que celui-ci se trouvait à ses côtés pendant tout ce temps… » Et encore cet autre témoin : « …le notaire Pierre Lafontaine dit qu'il s'est rendu vers dix heures du soir à l'Hôtel de Ville, qu'il y a vu dans une pièce les boîtes du scrutin qui n'étaient pas scellées, qu'il a eu connaissance ensuite de leur enlèvement par la Sûreté provinciale ».

Le juge Poisson cite également le témoignage du scrutateur du bureau n° 3 : « Le scrutateur au bureau n° 3 était un avocat de Montréal, Me Jean-Noël Lanctôt. C'est naturellement lui qui a dépouillé le scrutin le soir du 3 novembre. Il a examiné de nouveau en Cour les 11 bulletins rejetés par le juge Lamarre et qui avaient été acceptés par lui le soir de l'élection et il dépose de la façon la plus catégorique que si les marques qu'on y trouve maintenant y avaient apparu, il les aurait rejetés, quoiqu'il admette qu'il aurait pu faire erreur pour l'un d'entre eux. »

De son côté, un graphologue-expert, le lieutenant-détective Armand Morin, certifiait que toutes ces marques avaient été faites par la même main et que ce n'étaient certainement pas des électeurs qui avaient scribouillé tous les petits ronds, les croix ou autres marques de façon à annuler leurs propres bulletins.

Voici comment le juge Poisson rapporte le témoignage de M. Morin : « Il est d'avis que toutes les marques qui ont fait rejeter par le juge Lamarre les bulletins irréguliers n'ont pas été faites par les électeurs pour la bonne raison qui saute même aux yeux du président du Tribunal qu'elles manifestent une sûreté de main toujours égale qui ne se trouve pas dans les croix inscrites par les électeurs. Ce même témoin ajoute que d'après lui c'est la même personne qui a tracé les minuscules dessins sur tous les bulletins rejetés lors du recomptage judiciaire. »

Les officiers rapporteurs appelés à témoigner ont déclaré que si toutes ces marques s'étaient trouvées sur les bulletins le soir du scrutin, ils les auraient certainement rejetés. Il devint ainsi évident que ces marques avaient été faites après le dépouillement des bulletins le 3 novembre au soir, et avant le décompte du 12 novembre.

« Ce qui saute aux yeux, déclare le juge Poisson, un peu pince-sans-rire, c'est que les représentants du candidat défait ont à ce moment affiché une crainte anormale que quelqu'un puisse manipuler les boîtes de scrutin. Les candidats victorieux sont ordinairement plus soucieux de les faire mettre en sûreté. »

De fait, la situation était étonnante : les bulletins étaient en effet sous la garde de la Police provinciale au Palais de justice à la demande des vaincus ! D'habitude, ce sont plutôt les vainqueurs qui ont peur que les boîtes soient tripotées. Eh bien non, dans ce cas-ci, c'étaient les vaincus de l'élection qui demandaient la protection du Procureur général du Québec !

La conclusion de la décision du juge Poisson était d'une logique implacable : « Des ordres ont été donnés à la Sûreté provinciale de transporter toutes les boîtes dans une cellule du Palais de Justice de Montréal. Pendant ce temps, le président d'élection, Yvon Lavoie, dont le premier devoir était de mettre en sûreté toutes ces boîtes, était en balade à Montréal. Le Tribunal est incapable de déterminer à quel moment précis et par qui les bulletins ont été maculés. Tout ce que l'on sait d'une façon certaine, c'est que les boîtes ont été scellées environ une heure et demie après l'arrivée à Montréal, qu'elles étaient dans le même état lors du relevé du scrutin par le président d'élection le 5 novembre et qu'elles ont été renvoyées au Palais de Justice dans le même état. Il est donc impossible de nommer le coupable ou les coupables, mais il y a eu certainement des manœuvres frauduleuses qui font conclure à la nullité de l'élection du défendeur et le Tribunal est obligé de reconnaître toutes les conclusions du demandeur. Pour ces raisons, cette Cour prononce la nullité de l'élection du défendeur comme maire de la Ville de l'Abord-à-Plouffe et déclare le demandeur élu maire de ladite municipalité à la place du défendeur, le tout avec dépens. »

Je suis évidemment très heureux de cette décision, mais je ne suis tout de même pas encore maire, car la décision du juge Poisson est portée en appel. Entre-temps, le « maire » Raymond Lagacé avait déménagé et s'était installé en Floride, à Fort Pierce. Je me suis permis de lui téléphoner et de lui dire textuellement : « Écoute, Raymond, tu es au courant du vol d'élection, dont tu n'es sans doute pas responsable. Tu connais le jugement. Comment se fait-il qu'il y ait appel ? » Il me répond : « Jean-Noël, je suis rendu en Floride et je ne veux plus siéger comme maire. Je ne veux plus rien savoir. Ce n'est pas moi qui suis allé en appel. C'est Charles-Édouard Gravel qui a choisi un avocat et qui a décidé d'aller en appel en mon nom. En ce qui me concerne, c'est fini. Je ne veux plus en entendre parler. »

Je lui ai dit que ça ne se passerait pas comme ça, que j'allais entreprendre des procédures qui le forceraient à revenir fréquemment à Montréal et que, en un mot, je ne le lâcherais pas.

Vaincu, il a fini par dire qu'il ferait ce que je souhaitais et qu'il signerait tous les papiers que je voulais.

Après avoir consulté mes avocats, j'ai fait préparer un document de désistement d'appel pour la signature de Raymond Lagacé. Je l'ai appelé et je lui ai demandé de se rendre à l'aéroport de Miami. Je lui ai donné mon heure d'arrivée — je me souviens que c'était en pleine nuit. Les Viscounts de l'époque mettaient six à sept heures pour faire Montréal-Miami. J'ai surtout bien rappelé à Raymond Lagacé qu'il fallait qu'il soit accompagné d'un juge de paix pour certifier son désistement. De mon côté, je me suis fait accompagner par mon secrétaire et ami fidèle, Gérard Corbeil. Tout s'est bien passé, Lagacé a signé tous les papiers, le juge de paix les a contresignés, et Corbeil et moi avons repris immédiatement l'avion pour Montréal.

Le lendemain matin, je remettais ces documents à mon avocat qui les déposait à la cour d'appel. Le 3 septembre 1959, soit près d'un an après l'élection, je fus assermenté comme maire de l'Abord-à-Plouffe. Sur ces entrefaites, Charles-Édouard Lagacé, frère de Raymond et seul survivant de l'ancienne équipe, démissionne le 10 septembre comme conseiller municipal du siège n° 2.

C'était la capitulation totale, mais il n'en demeure pas moins que cette machination électorale a certainement été l'une des plus honteuses de l'histoire de la politique municipale au Québec.

Les élections partielles prévues pour le 26 septembre dans le cas des deux conseillers municipaux n'eurent finalement pas lieu : mes deux candidats, Guy Lespérance et Fernand Vary, furent simplement assermentés, faute d'opposition.

Enfin, le conseil municipal de la ville de l'Abord-à-Plouffe mit fin le 30 septembre 1959 à l'engagement de Charles-Édouard Gravel comme ingénieur-conseil et embaucha M. Marcel Nadeau comme ingénieur à temps complet. M. Nadeau demeura en poste par la suite pour la ville de Chomedey, puis pour Laval jusqu'à sa retraite, en 1987.

Dans les semaines qui suivirent, Yvon Lavoie, qui avait été blâmé par le juge Poisson, démissionna de son poste de secrétaire-trésorier de la Ville, et le conseil municipal procéda à l'engagement de Gaston Chapleau, directeur de l'excellente revue *Architecture*, que j'avais bien connu au Collège de Saint-Laurent. M. Chapleau s'avéra par la suite un gestionnaire de premier ordre. Il devint greffier de la Ville de Chomedey et termina sa carrière en 1988 comme directeur général-adjoint de la Ville de Laval. Il est depuis de nombreuses années président de la Société d'histoire et de généalogie de l'Île Jésus et, également, président du conseil d'administration de la Cité de la santé de Laval.

« C'EST À TOI QUE ÇA REVIENT, JEAN-NOËL ! »

MA PREMIÈRE PRÉOCCUPATION, en tant que nouveau maire, a été de faire en sorte que la qualité de l'administration publique soit améliorée et modernisée par l'engagement de fonctionnaires compétents, par la mécanisation et l'informatisation de la comptabilité et par l'obligation d'aller en soumissions publiques. On peut facilement démontrer que le simple fait d'exiger des appels d'offres peut représenter des économies considérables pour les contribuables. J'en ai eu la preuve peu après mon assermentation comme maire de l'Abord-à-Plouffe en 1959.

Il y avait à ce moment-là un projet concernant la canalisation du ruisseau Boudrias dans la partie ouest de l'Abord-à-Plouffe, de Saint-Martin et de Renaud. C'était un grand ruisseau qui devenait au moment de la fonte des neiges une véritable petite rivière. En fait, ce ruisseau, qui passait près d'un quartier résidentiel, était dangereux parce que, étant le débouché d'un grand bassin de drainage, il pouvait se gonfler avec une rapidité surprenante. Un enfant s'y était d'ailleurs noyé le printemps précédent.

L'ingénieur Gravel avait préparé avant les élections les plans et devis, et il avait évalué le coût des travaux à 1 400 000 $, dont le contrat aurait été, comme d'habitude, octroyé sans soumission à des amis.

Nous avons décidé de donner suite à ce projet. La ville a engagé un autre bureau d'ingénieurs en insistant sur une évaluation scrupuleuse des coûts des travaux. Dans mon for intérieur, j'espérais que la soumission ne dépasse pas le million de dollars. Nous avons donc demandé des soumissions publiques. Huit soumissionnaires se sont manifestés. À la surprise générale, incluant la mienne, le contrat a été accordé pour un peu plus de 600 000 $ à la société Miron. Les travaux ont été réalisés avec diligence, et on a pu constater, au moment de la reddition de comptes définitive, que la Ville de Chomedey (on était alors rendu en 1962) avait fait une économie d'environ 800 000 $ par rapport à l'évaluation des coûts de l'ingénieur Gravel !

Ma bataille avec la famille Lagacé avait été largement couverte par les médias. De novembre 1958 jusqu'au désistement en septembre 1959 de Raymond Lagacé qui, d'ailleurs, comme l'on sait, ne siégeait plus comme maire puisqu'il vivait alors en Floride, j'avais tout de même trois conseillers municipaux de mon bord. Au grand dam de Charles-Édouard Lagacé, qui remplaçait en quelque sorte son frère Raymond, je m'étais fait nommer conseiller en administration de la Ville — sans salaire — un soir que mes trois échevins avaient la majorité au Conseil ! À ce titre, j'étais toujours présent à la table du Conseil lors de ses assemblées pour que le clan Lagacé se sente surveillé, même si évidemment je n'avais pas le droit de vote.

Il y avait un projet que j'avais à cœur : l'amélioration du boulevard Labelle, à partir du pont de Cartierville jusqu'aux limites de Saint-Martin. Cette artère était à l'époque très étroite, sans éclairage, sans trottoir, avec de profonds fossés de chaque côté. Il s'agissait pourtant de l'artère principale de la ville. Je fis préparer des plans par les ingénieurs Desjardins et Sauriol pour décongestionner et améliorer la circulation sur le boulevard Labelle et pour l'ouverture du boulevard Perron. C'était un projet d'un million de dollars. Nous avons fait une demande au député provincial unioniste Léopold Pouliot, qui m'avait battu en 1956, afin d'obtenir la collaboration du ministère de la Voirie puisque le boulevard Labelle était également une route provinciale. J'ai proposé un partage des coûts : 50 % au provincial et 50 % au municipal.

Je me rappellerai toujours de l'entrevue que j'ai eue au printemps de 1960 avec mes ingénieurs, qui avaient invité M. Pouliot à leurs bureaux de Pont-Viau, avec d'autant plus de facilité que les deux ingénieurs, MM. Desjardins et Sauriol, étaient d'allégeance unioniste et avaient leurs grandes et petites entrées chez Léopold Pouliot. J'expose donc au député le projet, et M. Pouliot, connu pour être un peu condescendant, me dit : « Vous êtes maire de l'Abord-à-Plouffe. Les élections provinciales approchent rapidement. Si vous appuyez ma candidature et si vous êtes conciliant avec moi en tant que maire lors des prochaines élections, cela me fera plaisir d'appuyer votre projet. »

Mon sang n'a fait qu'un tour et je lui ai répliqué tout de go d'oublier toute l'affaire. J'ai ordonné aux ingénieurs de rouler leurs plans, et je me suis levé. « Oubliez tout ça, M. Pouliot, lui ai-je dit, les élections s'en viennent. Le règne de l'Union nationale tire à sa fin, et ce sera le nouveau gouvernement libéral qui nous aidera à faire les travaux. » Et c'est ce qui est arrivé quelques mois plus tard !

Sur ces entrefaites, les élections provinciales sont annoncées pour le 22 juin 1960. M. Lesage avait été élu chef du Parti libéral en 1958 pour succéder à M. Lapalme. J'étais très près de Jean Lesage. Je me souviens des nombreuses discussions que j'ai eues avec lui en vue de ces élections.

Juste avant sa mort en 1959, Maurice Duplessis avait procédé à une soi-disant réforme de la carte électorale qui consistait en une seule mesure : il avait coupé l'immense circonscription de Laval en deux ! Voilà la seule circonscription électorale qui avait été modifiée par cette « réforme »...

Ainsi, le comté de Laval ne couvrait plus que l'Île Jésus, Ahuntsic, Bordeaux et Crémazie et ne comptait plus que 116 183 électeurs. Toute une réforme ! L'autre comté, appelé Bourget, avait 87 923 électeurs et comprenait toute la partie est de l'île de Montréal, de Montréal-Nord à Pointe-aux-Trembles. Deux autres circonscriptions du Québec comptaient également plus de 100 000 électeurs : Jeanne-Mance (100 874) et Jacques-Cartier (108 239).

En 1960, la carte électorale du Québec comptait 95 comtés dont 48 avaient 20 000 électeurs ou moins, ce qui était véritablement scandaleux : il s'agissait en fait d'un véritable affront à la démocratie puisque l'on acceptait qu'un électeur d'une circonscription rurale puisse avoir dans certains cas autant de poids politique que dix d'un comté urbain !

Je me rappelle des discussions de cette époque. M. René Lévesque venait d'adhérer au Parti libéral. Nous avons eu plusieurs rencontres à l'hôtel Windsor avec les stratèges du parti. Il était question que M. Lévesque soit candidat dans le nouveau comté de Bourget, mais par après il avait finalement opté pour le comté de Laurier, voisin de mon comté, au sud du boulevard Métropolitain.

À la mort de Maurice Duplessis le 7 septembre 1959, Paul Sauvé, de Saint-Eustache, juste de l'autre côté de la rivière des Mille-Îles, fut élu premier ministre. Un peu morose, je me disais que ma carrière en politique provinciale était pas mal terminée. Avec Paul Sauvé, c'était la politique du « désormais » qui faisait souffler sur le Québec un incontestable vent nouveau. L'influence qu'avait Paul Sauvé sur l'Île Jésus, juste à côté de Saint-Eustache, avec tous les cultivateurs qui lui vouaient à l'époque une grande admiration, m'amenait vraiment à conclure que « mon chien était mort ».

Mais le 2 janvier 1960, ma fidèle secrétaire, Mme Claire Marcotte, m'appelle à la maison à huit heures du matin. Si je me rappelle bien, c'était un dimanche. « Avez-vous écouté les nouvelles ? Le premier ministre Sauvé est mort ! » Avec tout le respect que j'avais pour M. Sauvé, je retrouve l'espoir de me faire élire député.

Comme on vient de le voir, le nouveau comté de Laval, même amputé considérablement, comprenait tout de même encore 116 183 électeurs. De son côté, le nouveau comté de Bourget comptait environ 88 000 électeurs. C'était un indice de la remarquable progression qu'avait connue la construction domiciliaire dans ces comtés, puisque le nombre d'électeurs y était passé de 135 000 en 1956 à 204 000 en 1960.

Le Parti libéral fut élu grâce aux Jean Lesage, Georges-Émile Lapalme, René Lévesque, Paul Gérin-Lajoie, René Hamel, Gérard D. Levesque, etc. Au soir des élections, 51 députés libéraux étaient élus contre 43 de l'Union nationale. En ce qui me concerne, j'ai remporté la victoire dans Laval avec 47 347 voix, contre 36 725 à Léopold Pouliot.

Ici, je tiens à rappeler un incident qui avait eu l'avantage de me laisser entrevoir les intentions de M. Lesage à mon sujet. Les élections venaient d'être annoncées, la campagne avait démarré, et M. Lesage me confie le mandat de trouver un candidat valable dans le nouveau comté de Bourget, que je connaissais bien, puisque c'était une partie de l'ancien comté où je m'étais présenté en 1956.

Je fais ma petite enquête dans Bourget et j'apprends, à ma grande surprise, que la convention libérale, qui devait se tenir dans les prochains jours, était « paquetée » par et pour un certain Charlie Lafontaine, ancien maire de Ville Saint-Michel. C'était certainement là une situation qui n'était pas bénéfique pour le Parti libéral et qui aurait pu avoir des conséquences néfastes sur le résultat général des élections.

Ayant donc reçu carte blanche de M. Lesage, je décide de trouver un candidat et je déniche M. Jean Meunier, qui avait été conseiller municipal avec M. Jean Drapeau. (Rappelons que M. Drapeau n'était pas maire à ce moment-là, mais qu'il se préparait à faire la lutte à M. Sarto Fournier.) M. Meunier était un homme d'affaires prospère, qui était propriétaire de l'Institut Teccart, rue Hochelaga, dans l'est de Montréal. Au cours d'une série de rencontres, je réussis à le convaincre de devenir candidat du Parti libéral. Ce fut d'ailleurs assez difficile, car un jour il me donnait son accord et le lendemain il changeait d'idée, parce que M. Drapeau n'était pas favorable à ce qu'il se présente sous la bannière libérale.

Après de nombreuses discussions, il accepta finalement d'être candidat. Je convoque immédiatement une conférence de presse au Club de Réforme, rue Sherbrooke, pour annoncer la candidature de M. Meunier et, également, pour court-circuiter celle de M. Lafontaine.

Mais M. Meunier continuait de poser des conditions. Il voulait savoir, par exemple, comment cela allait fonctionner pour les dépenses électorales. Je téléphone à Antoine (Tony) Geoffrion, qui était le trésorier du Parti, qui me dit qu'il assure M. Meunier au départ d'une somme de 10 000 $, ce qui était un montant plutôt modeste. M. Meunier se déclare quand même satisfait, tout en précisant qu'il se méfie des promesses en politique. Comme nous faisons tous les deux affaires avec la Banque Canadienne Nationale, je contacte nos deux gérants de banque à leur résidence respective, car nous étions un samedi, et je précise à mon gérant que je garantis personnellement le transfert et le dépôt de 10 000 $ dans le compte de M. Meunier.

Cette condition étant remplie, M. Meunier revient vers moi et me dit: «Écoutez, M. Lavoie, je suis très près de M. Drapeau. Il y a des élections bientôt à Montréal. Je suis sûr d'être dans le comité exécutif. Moi, je ne vais pas à Québec comme simple député.» Un peu pris au dépourvu, je lui dis: «Un instant, je vais téléphoner à M. Lesage.» J'avais le numéro de téléphone personnel de M. Lesage. Je l'informe des conditions exigées par M. Meunier.

Je me souviens textuellement de la réponse de M. Lesage, avec sa voix grave: «Voyons, Jean-Noël, qu'est-ce qu'il pense, Meunier? Les affaires municipales, c'est à toi que ça revient.» J'ai dit à M. Lesage qu'il n'était pas question de ça pour le moment, qu'on était en campagne électorale, qu'il fallait la gagner et qu'après, il aviserait.

À la fin de cette conversation, M. Lesage me déclare qu'il va parler avec M. Meunier.

Effectivement, M. Meunier me rappelle quelques minutes plus tard et me dit que M. Lesage lui avait téléphoné et que tout était réglé. Moi, un peu curieux tout de même, je demande à M. Meunier ce que M. Lesage lui a dit. «Il m'a déclaré, m'informe-t-il, qu'un candidat de ma valeur ne siège pas sur les banquettes d'en arrière. Je suis satisfait de cette réponse.»

Les élections ont lieu et le Parti libéral remporte la victoire contre l'Union nationale dirigée par M. Antonio Barrette. Moi je ne fais aucune démarche. Un portefeuille me semblait acquis. Quelques jours après, on se rend à Québec pour le premier caucus. M. Lesage forme son cabinet, et ni moi ni Meunier n'en faisons partie!

Cette situation en fait ne m'affecte pas trop : j'ai 32 ans, je suis maire et j'ai encore bien des années devant moi. Ma femme était avec moi à Québec, et nous sommes partis au Nouveau-Brunswick prendre quelques jours de vacances.

Mais la vraie surprise fut la nomination de René Hamel en tant que ministre du Travail et ministre des Affaires municipales, M. Hamel n'ayant jamais eu beaucoup d'expérience du côté de l'administration municipale…

Il m'aura fallu six ou sept ans pour apprendre ce qui s'était passé lors de la formation du cabinet. M. Lesage, en fait, m'avait choisi comme ministre des Affaires municipales. Il avait suivi mes luttes dans l'Île Jésus et il savait que je possédais déjà, comme maire, une bonne expérience des affaires municipales.

Mais en se rendant chez le lieutenant-gouverneur, M. Onésime Gagnon, M. Lesage croise dans un couloir un vieux député libéral. Ce dernier manifeste une curiosité bien naturelle et M. Lesage, estimant que ce n'était plus qu'une question de minutes avant l'annonce officielle, lui montre sans hésitation la liste des ministres. Lorsque le cher collègue vit mon nom comme responsable des Affaires municipales, il aurait, paraît-il, déclaré : « Écoutez, Jean-Noël Lavoie est peut-être maire, mais il est encore très jeune. À l'université, il était un peu indiscipliné et pas trop assidu aux cours… En fait, il est fort possible qu'il manque de maturité. Si j'étais vous, j'attendrais quelques années avant de l'inclure dans votre cabinet. »

Cet incident m'a été confirmé à demi-mots par trois ministres. M. Lapalme, à qui j'ai toujours été fidèle, m'a notamment déclaré, sans me dévoiler les secrets du cabinet : « Ce n'est pas juste, ce qu'on vous a fait. Je ne peux pas vous en dire plus long, mais c'est vraiment pénible. » Gérard Cournoyer, qui venait d'être nommé ministre des Transports, m'a parlé, lui, de « saloperie » et de « coup bas ». Enfin René Lévesque, avec qui j'étais très copain à l'époque, m'a déclaré que c'était « une couillonnerie qu'on t'a faite au début du mandat ».

Se sentant probablement gêné de n'avoir pas donné suite à la promesse qu'il m'avait faite et pour soulager un peu ma déception,

M. Lesage me donna une place de choix en Chambre juste derrière lui. Il m'a également choisi pour être le « proposeur de l'adresse » en réponse au discours du Trône, pour utiliser la terminologie de l'époque. C'est en effet toujours un grand honneur pour un jeune député de faire le premier discours de la nouvelle législature. En fait, M. Lesage me choyait : il me désigna, par exemple, en 1963 pour aller à Kuala Lumpur, en Malaisie, afin de représenter le Parlement du Québec à la conférence de la Commonwealth Parliamentary Association, ce qui me donna l'occasion de faire le tour du monde. M. Lesage me nomma également à la présidence du Comité des comptes publics.

M. Lesage était peut-être aussi un peu gêné à mon égard du fait d'un événement qu'il ne pouvait certainement pas ignorer et qui survint dans la dernière semaine avant les élections de 1960. Antoine Geoffrion, trésorier de la campagne du Parti libéral, m'appelle pour m'informer que notre formation politique manquait d'argent pour aller jusqu'au 22 juin, date des élections, et qu'il sollicitait d'une vingtaine de personnes un prêt de 25 000 $ en faveur du Parti libéral. Étant très engagé politiquement, et mes affaires pouvant me le permettre, j'ai augmenté mon crédit à la banque pour avancer la somme au parti. Ce prêt m'a d'ailleurs été remboursé trois ou quatre ans plus tard par le trésorier du parti, M. René Hébert, comme en témoigne un échange de lettres que j'ai conservées.

En revanche, le fait que M. Lesage n'ait pas donné suite à son intention déclarée de me confier le ministère des Affaires municipales a eu une conséquence marquante, celle de permettre la naissance et l'existence même de la ville de Laval. J'ai en effet pu continuer à être maire de l'Abord-à-Plouffe, ce qui m'a permis de piloter les fusions qui ont créé d'abord Chomedey en 1961, puis Laval en 1965. En effet, en tant que ministre des Affaires municipales, j'aurais sûrement dû mettre fin à mon mandat de maire. Je suis convaincu qu'il n'y aurait eu ensuite aucune fusion et je suis persuadé que Laval n'aurait jamais vu le jour. Nous aurions encore 16 municipalités dans l'Île Jésus, et leurs citoyens en supporteraient encore les coûts et l'inefficacité. Ainsi, la ville de Laval est le résultat d'un incident de parcours et donc, en quelque sorte, l'enfant du hasard, lequel, d'après le proverbe, fait souvent bien les choses.

Cette année 1960 fut donc pour moi une année fébrile à bien des égards, mais je n'en garde que de bons souvenirs. Certes, ma victoire comme député de Laval à Québec y est certainement pour quelque chose. Mais, sur le plan personnel, l'ambiance était à l'optimisme et j'avais beaucoup de projets. Je venais de faire bâtir la maison où j'habite encore, et c'est un mot d'enfant qui évoque le mieux dans ma mémoire cette époque heureuse.

Nouveau député, le téléphone ne dérougissait pas. Il y avait, comme je l'ai mentionné, 116 000 électeurs dans mon comté, donc une population probablement deux fois plus nombreuse. Les appels venaient de partout et à toute heure du jour : on sait que j'avais toute l'Île Jésus, Ahuntsic, Bordeaux et Crémazie. De plus, j'étais maire de l'Abord-à-Plouffe. Je décide finalement de changer le numéro de téléphone de ma résidence personnelle, de ne pas publier le nouveau numéro et de faire plutôt connaître celui de mon bureau de comté.

Mais les gens continuaient de venir souvent à la maison. Ils savaient où j'habitais, et ils se rendaient directement chez moi, sans s'annoncer. Un dimanche, à midi, après deux ou trois visites durant la matinée, nous étions enfin à table, et voilà que ça sonne de nouveau à la porte. Je reçois quelques instants mon visiteur inattendu, et je retourne ensuite à table où, évidemment, le contenu de mon assiette avait eu le temps de refroidir.

C'est alors que ma fille Martine, qui n'avait à cette époque que cinq ans, sans doute par sympathie parce que je devais avoir l'air un peu contrarié, me proposa une solution qui nous remit tous de bonne humeur : « Voyons, papa, me dit-elle, c'est bien simple pour régler le problème. Tu te rappelles que tu as changé le numéro de téléphone et qu'ensuite on n'a plus eu d'appels. Change le numéro à la porte de la maison et tu n'auras plus de visiteurs ! »

24 MARS 1961 : LA VILLE DE CHOMEDEY EST NÉE !

M<small>E VOILÀ DONC</small> « back-bencher » pendant que l'équipe du tonnerre se met en marche. Le cabinet était fort et les caucus n'étaient pas trop fréquents. Les simples députés n'avaient pas grand-chose à dire : les ministres faisaient preuve de beaucoup d'autorité, notamment pour promouvoir les réformes de la Révolution tranquille : réforme administrative et systématisation des appels d'offres pour les contrats gouvernementaux, assurance-hospitalisation, contrôle des dépenses électorales, création du ministère de l'Éducation, Régime des rentes et Caisse de dépôt et placement, dossier de la nationalisation de l'électricité, construction de la Transcanadienne. Mais moi, je me posais évidemment des questions : j'avais 32 ans, j'étais dynamique, j'étais maire. Je me suis dit qu'il fallait que j'emploie mon énergie à quelque chose, et pourquoi pas à la réforme du milieu municipal dans mon comté, qui comprenait notamment l'Île Jésus.

Le cabinet est formé en juillet. Dès le mois d'août, il me vient à l'idée de travailler à la concrétisation d'un premier projet de fusion dans l'Île Jésus puisque j'avais une bonne expérience de la vie municipale. Je connaissais à fond la géographie et le milieu social de l'Île Jésus, et notamment le poids politique de ce territoire homogène qu'était l'ancienne paroisse de Saint-Martin, au centre de l'Île Jésus. Elle avait en effet été découpée au cours des ans en quatre municipalités : l'Abord-à-Plouffe au sud, Laval-des-Rapides à l'est, la ville de Saint-Martin au centre et, au nord, la grande paroisse de Saint-Martin, qui s'appelait depuis peu Ville de Renaud. C'était un grand bassin, dont je pressentais le potentiel considérable et la vocation urbaine, en fait un quadrilatère parfait correspondant à la paroisse originale de Saint-Martin. L'Abord-à-Plouffe comptait environ 15 000 habitants, Saint-Martin 13 000, Laval-des-Rapides environ 18 000 et Renaud environ 2500 âmes.

Je me lance alors dans une consultation dont l'objectif est d'examiner l'appui qu'offrent leurs populations et leurs élus au regroupement des quatre villes. À l'Abord-à-Plouffe, mes conseillers municipaux sont d'accord à l'unanimité.

Dans Saint-Martin, le maire Louis Jarry, un notaire d'allégeance unioniste, était également un progressiste et un homme d'affaires avisé. C'était aussi un homme de vision, soucieux de progrès. Je souligne à M. Jarry que Saint-Martin est déjà bâtie à 75 %, qu'il y a une bonne activité économique avec un centre commercial prospère, que l'Abord-à-Plouffe est également bâtie à 75 %, que les limites de nos deux villes sont purement formelles, que nous avons plusieurs services en commun puisque l'Abord-à-Plouffe fournis-sait l'eau à Saint-Martin et que le drainage de Saint-Martin se déverse dans la rivière en passant par l'Abord-à-Plouffe, etc.

Par ailleurs, dans Renaud, je connaissais bien le maire, M. Émile Demers, qui était un libéral. Il ne faut pas oublier qu'à l'époque la politique jouait comme aujourd'hui un rôle très important : c'étaient les bleus contre les rouges, le Parti québécois n'existant pas encore. M. Demers était le frère de l'ancien député fédéral libéral Léopold Demers, dont j'avais été l'un des organisateurs dès 1948. J'avais également dans Renaud un grand allié en la personne du conseiller municipal Raymond Fortin décédé récemment. Ce fut un ami de toujours, fidèle, sincère, au jugement sûr et d'une droiture exemplaire. Il jouera d'ailleurs pendant 30 ans un rôle de premier plan sur la scène lavalloise. Je sensibilise donc MM. Demers et Fortin aux raisons qui justifient le regroupement des quatre villes.

À Laval-des-Rapides, la situation était loin d'être aussi simple, même si j'y avais des contacts avec quatre échevins avec qui je pouvais discuter : M. André Vaillancourt, oncle de M. Gilles Vaillancourt, le maire actuel de Laval, M. Miville Ross, M. Marcel Dubé, et l'un de mes organisateurs au niveau provincial, M. Noël Dubé. Ces quatre échevins, une fois réunis, pouvaient former la majorité au conseil municipal, en dépit du maire Claude Gagné, d'allégeance unioniste, et beau-frère du futur organisateur en chef de l'Union nationale, M. André Lagarde.

Je fais donc venir celui qui me semblait détenir la clé de la réalisation du projet, c'est-à-dire mon organisateur dans Laval-des-Rapides, M. Noël Dubé, et je lui expose le projet. Il me demande quelques jours pour y penser. Il revient me voir, comme convenu, et me sert une grande dissertation. « Tu sais que j'ai un rôle très important à Laval-des-Rapides. Je m'entends très bien, même si je suis libéral, avec l'administration de M. Gagné », etc. Après ce préambule — assez long —, il entre dans le vif du sujet et réclame des conditions monétaires substantielles. Je lui réponds sans hésiter qu'il n'en est pas question, que nous n'avons pas de fonds secrets et que je ne peux pas accepter ses propositions. Les négociations ont fini là.

Nous avons tout de même tenté notre chance à Laval-des-Rapides avec les trois autres conseillers municipaux qui formaient l'opposition à l'administration Gagné.

En fait, c'est le conseil municipal de l'Abord-à-Plouffe qui a parti le bal le 10 août 1960 en adoptant une résolution en faveur de la fusion des quatre villes. Le 12 août, le conseil municipal de Renaud adopte à l'unanimité une proposition dans le même sens. Le 18 août, le maire de Laval-des-Rapides, M. Claude Gagné, informé du projet de fusion, fait adopter, grâce à son vote prépondérant, une résolution refusant le projet. Votèrent pour la fusion MM. André Vaillancourt, Miville Ross et Marcel Dubé, et contre MM. Noël Dubé, Roland Nadon et Rosario Filiatrault.

Le 23 août 1960 fut une journée d'intense activité. Le conseil municipal de Renaud adopte une nouvelle proposition en faveur, cette fois, de la fusion de seulement trois municipalités, à l'exclusion donc de Laval-des-Rapides. Le 23 août également, Saint-Martin adopte à l'unanimité le projet de fusion des trois villes, tandis que l'Abord-à-Plouffe adopte, toujours le 23 août, une proposition visant — déjà — à donner le nom de Cité de Laval aux trois villes destinées à être fusionnées. Le bureau d'avocats Prévost, Trudeau et Leduc reçoit le mandat de préparer un projet de loi privé pour présentation à l'Assemblée législative du Québec. Jusque-là, tout allait bien.

C'est alors qu'il s'est passé des choses quelque peu bizarres. Dans Renaud, au cours du mois d'octobre, les choses tournent au vinaigre. Sous les pressions de l'aviseur légal de la municipalité, un avocat unioniste du nom d'André Ducharme, le maire Émile Demers et deux conseillers, Roland Sauriol et Albert Lavoie, changent d'opinion et amorcent une campagne anti-fusion. Le 5 octobre, le maire de Renaud, M. Émile Demers, cède aux préten-dues demandes des propriétaires de sa ville, mais en fait aux pressions de Roland Sauriol et d'Albert Lavoie, qui demandent la tenue d'un «plébiscite»; cette proposition cocasse fut rejetée par un vote de 4 à 2, les conseillers Raymond Fortin, Benoît Gravel, Adolphe Ouimet et Paul F. Sauriol (frère de l'autre) votant contre. Cet incident eut surtout pour effet de semer la zizanie entre les frères Sauriol. Le 25 octobre, 85 contribuables de Renaud s'oppo-sent à la fusion et demandent que les citoyens de Renaud soient consultés non par un «plébiscite», mais par «référendum». Puis, le 2 novembre, Albert Lavoie propose que Renaud se retire complè-tement du projet de fusion après que le maire Émile Demers ait pris longuement la parole: «Avant que le vote soit pris sur la motion de M. Lavoie, souligne M. Demers, je désire faire la déclaration sui-vante: à la suite d'une enquête personnelle que j'ai faite au sujet de ce projet de fusion, j'ai constaté que la population de la ville de Renaud est catégoriquement contre ce projet. En ma qualité de maire, je me déclare nettement opposé au projet de fusion et j'invite les échevins à bien réfléchir avant de donner leur vote sur la motion.»

Cette proposition d'Albert Lavoie fut quand même encore une fois rejetée par un nouveau vote de 4 à 2. Le maire opposa alors son veto au résultat de ce vote.

Le 1er décembre, le maire Demers a soumis un mémoire à
M. Lesage à l'effet que 94 % des propriétaires sont contre la fusion.
Il prétend qu'une fusion ne peut avoir lieu qu'avec des populations
ayant le même profil social, la même évaluation foncière, les mêmes
services publics, des dettes de même ampleur, les mêmes taux de
taxe, des budgets semblables, etc., et, bien sûr, qu'il faut qu'il y ait
consentement de la population. Manifestement, M. Demers était
exigeant et idéaliste.

Le 3 janvier 1961, un nouveau débat eut lieu au conseil municipal de Renaud qui renversa finalement le veto du maire Demers.

Il ne faut pas oublier que, pendant qu'avait lieu toute cette
valse-hésitation, le projet de loi était déjà rendu à Québec en
première lecture. Il fut entendu le 30 novembre 1960 au Comité des
bills privés.

Là, je commence à devenir un peu nerveux parce que le maire
de la ville de Renaud, M. Demers, décide de retenir les services d'un
avocat célèbre, Me Guy Favreau, ami de M. Lesage, qu'il avait connu
à Ottawa alors que Me Favreau était sous-ministre adjoint à la
Justice. M. Favreau devint d'ailleurs, en 1963, député libéral fédéral
du comté de Papineau, ministre de la Justice en 1964 et lieutenant
québécois du premier ministre du Canada, M. Lester B. Pearson. M^e
Favreau était mandaté par le maire de Renaud pour aller à Québec
s'opposer au projet de fusion au Comité des bills privés.

Devant toute cette contestation dans Renaud, M. Lesage prend
une décision, au demeurant équitable: il ordonne la tenue d'un
référendum le 16 janvier 1961 dans la ville de Renaud. Les partisans
de la fusion remportent ce référendum haut la main.

Puis, le 3 février 1961, eut lieu l'adoption par l'Assemblée
législative en troisième lecture du bill privé numéro 126 intitulé
« Loi constituant en corporation la Cité de Chomedey ». Mais, à
cette époque, il y avait aussi le Conseil législatif! Les projets de loi
devaient, en effet, recevoir également son assentiment, ce qui pré-
sentait un certain danger puisque ce Conseil était contrôlé majoritairement par des gens de l'Union nationale. Le leader du côté
libéral était M. George Marler. Je l'ai évidemment pressé d'agir,
mais il m'a avoué son impuissance devant le blocage mené par les

conseillers unionistes, et notamment par les Honorables Édouard Masson, Édouard Asselin et Olier Renaud.

À la suggestion de M. Marler, je me suis alors permis d'aller rencontrer M. Renaud. M. Olier Renaud était l'un des piliers de l'Union nationale au Conseil législatif. Il me dit : « M. Lavoie, c'est bien beau, votre projet de fusion, mais vous rendez-vous compte que vous faites disparaître le nom de ma famille puisque la ville de Renaud est ainsi appelée en l'honneur de mon père, Jos Renaud ! » Effectivement, ce dernier avait été député du comté de Laval à Québec dans les années trente du temps de Maurice Duplessis, alors que ce dernier était chef du Parti conservateur provincial, avant la naissance en 1936 de l'Union nationale.

J'avais tellement à cœur le succès de ma démarche que je lui ai dit que j'étais bien prêt à sacrifier le nom de Chomedey et à appeler Ville de Renaud le résultat de la fusion !

Les choses traînèrent pendant sept semaines et, finalement, le bill 126 fut sanctionné le 24 mars 1961, ce qui constitue la date de naissance de la ville de Chomedey, ainsi nommée en l'honneur du prestigieux Paul Chomedey, sieur de Maisonneuve. Le projet de loi prévoyait la création d'un conseil provisoire formé des 21 membres des trois conseils municipaux, soit les trois maires et les six conseillers municipaux des trois anciennes villes. Le conseil, plus précisément, était de nature provisoire jusqu'à la tenue d'une élection le 6 novembre suivant.

Si on y pense, cette fusion de trois villes a été réalisée dans un temps record de sept mois, soit de août 1960 à mars 1961, en dépit des obstacles multiples dressés par la ville de Renaud et le Conseil législatif. C'est quelque chose !

Il faut dire que l'idée de la fusion avait fini par faire son chemin dans l'opinion publique : c'est ainsi, par exemple, que dès le 31 août 1960 un groupe de citoyens, le « Comité de la fusion », s'était formé et avait fait savoir par communiqué juste avant le banquet de clôture du congrès de l'Union des municipalités du Québec qu'ils appuyaient entièrement leurs conseils municipaux (soit ceux de l'Abord-à-Plouffe, de Saint-Martin et de Renaud) dans le projet de fusion de ces trois villes. « Nous ne pouvons que prévoir des avantages dans ce projet de fusion. Nos villes ont tout à gagner et rien à perdre», déclaraient les signataires du communiqué, parmi lesquels on notait des noms prestigieux comme W. H. Perron, Paul Lagacé, M. J. H. Brien (oncle de Jean Drapeau), Léo Beaulieu et même Mᵉ Henri Vinet, avec qui j'ai toujours eu pas mal de fil à retordre et dont il sera souvent question par la suite.

De son côté, l'éditorialiste du quotidien *La Presse*, Alfred Ayotte, concluait son texte du 18 janvier 1961 par un appui au regroupement des trois municipalités: «En mettant en commun leurs différents avantages, elles se rendent mutuellement service... Bref, la nouvelle ville de Chomedey, tonifiée et rajeunie, peut entrevoir de brillants lendemains.»

Le 10 avril 1961 se tint la première assemblée pour le choix du maire. Je fus élu maire de Chomedey par 17 voix contre trois, soit celles d'Émile Demers, de Roland Sauriol et d'Albert Lavoie, tous trois de Renaud comme on peut s'en douter.

Dès cette première assemblée, il est arrivé un «incident diplomatique». Les employés des trois villes avaient été intégrés; le secrétaire-trésorier de l'Abord-à-Plouffe, M. Gaston Chapleau, jeune homme de grande compétence, devenait le secrétaire-trésorier de la nouvelle ville; M. Alphonse Goyer, de Saint-Martin, devenait son secrétaire adjoint. Au moment du choix du chef de police, le vote s'avéra être de 10 voix pour le chef Dion de l'Abord-à-Plouffe et, également, de 10 voix pour le chef Martel de Saint-Martin. Je dus prendre la décision de voter pour trancher et je le fis en faveur de M. Dion, ce qui déplut énormément à M. Jarry, l'ex-maire de Saint-Martin.

La nouvelle ville de Chomedey se mit donc en marche. La loi prévoyait que des élections générales devaient s'y tenir le 6 novembre 1961. L'activité municipale des trois anciennes villes fut intégrée rapidement et en douceur. C'était une époque de développement considérable dans les domaines résidentiel et industriel. En juillet était créé le Conseil d'initiative industriel et commercial, dont l'objet était de faire le lien entre le secteur privé et le conseil municipal.

C'était également en juillet 1961 que nous avons procédé à l'achat de 28 arpents de terre afin de créer le parc Berthiaume-du-Tremblay, à l'entrée de l'Île Paton. Cette transaction fut effectuée à un coût très bas puisque la Ville obtint ce million de pieds carrés pour 50 000 $, soit cinq cents le pied carré.

De plus, en octobre, nous avons décidé de célébrer la naissance de Chomedey par des festivités qui durèrent une semaine. Il fallait fêter la fusion afin de sensibiliser la population à ses avantages, créer un sentiment d'appartenance et faire connaître Chomedey.

Un monument fut érigé au coin du boulevard Labelle et du boulevard Chomedey: c'était le tripédium, structure du plus bel effet qui représentait, avec ses trois bases et sa flèche élancée, les trois villes à l'origine de Chomedey ainsi que l'essor auquel était promise cette nouvelle alliance municipale. Le tout s'élevait à partir d'un bassin doté d'une fontaine qui rappelait que l'eau est un élément essentiel de l'Île Jésus. Il est dommage que cette belle structure ait été détruite au moment de l'élargissement du boulevard Chomedey.

C'est Jean Lesage qui vint inaugurer le tripédium pendant la semaine des fêtes. C'était un grand orateur, et il fit à cette occasion une allocution remarquable. «Chomedey, déclara-t-il, est née dans la douleur. Je sais quelles ont été les difficultés affrontées par ceux qui voyaient loin, par ceux qui voulaient créer ce précédent dans le Québec. Vous, citoyens de Chomedey, donnez l'exemple à toute la province par votre civisme et par votre enthousiasme.»

En plus de M. Lesage, le ministre fédéral des Transports, M. Léon Balcer, le cardinal Léger et de nombreuses personnalités vinrent rehausser de leur présence la naissance de la nouvelle ville. Le cardinal n'hésita pas à en prédire le potentiel en déclarant que «les hommes d'aujourd'hui ne doivent pas bâtir pour eux-mêmes, mais bien pour leurs enfants et pour leurs petits-enfants».

Le sous-ministre des Affaires municipales, M. Jean-Louis Doucet, fut le conférencier invité à un grand banquet réunissant le 10 octobre 1961 plus de 1300 personnes provenant de toutes les municipalités de l'Île Jésus. «La fusion de trois villes pour former

Chomedey représente, déclara-t-il, une expérience unique au Canada dans le domaine municipal, expérience qui est par conséquent suivie de très près par les autorités provinciales. L'expérience de Chomedey se rattache à l'efficacité administrative, au groupement des moyens et des efforts et à l'économie des ressources financières. Elle mérite donc de retenir l'attention. »

M. Doucet mentionna ensuite l'ampleur du territoire que couvre Chomedey. Il souligna le pressant besoin pour cette ville de donner une impulsion particulièrement vigoureuse au développement industriel. « Chomedey, affirma-t-il dans cette allocution, paraît se prêter très bien à l'implantation de l'industrie, et j'exprime le vœu que l'établissement d'entreprises industrielles vienne contribuer au développement de la ville. »

Il y eut la journée des anciens, celle des citoyens, celle du clergé — de toutes allégeances religieuses —, celle du maire et de son conseil, celle des femmes, celle de l'industrie et du commerce, celle des enfants, celle des sports et, une fois parti, la journée du Québec ! Ces journées bénéficièrent de la participation de nombreux animateurs et artistes, tels Jean Duceppe, Nicole Germain, Jean Rafa, Murielle Millard.

Les fêtes eurent un succès énorme, toutes ces activités regroupant des milliers de personnes. Même M. André Lagarde, organisateur important de l'Union nationale et propriétaire de l'hebdomadaire *Le Courrier de Laval,* fit un éditorial, en définitive positif, dans lequel il vantait ma « stratégie » d'avoir pensé à organiser ces fêtes « grandioses » quelques semaines avant les élections municipales tout en attirant sur Chomedey l'attention des journaux et des stations de radio et de télévision.

Rétrospectivement, on constate que la ville de Chomedey a eu une courte existence, soit environ quatre ans et demi, depuis le mois d'avril 1961 jusqu'à la fusion de Laval au mois d'août 1965. L'activité économique y a été des plus fébriles, au point que le conseil municipal était obligé parfois de siéger deux fois par semaine.

Il y a eu de très grandes réalisations dans le domaine résidentiel : c'est pendant ces années que l'ensemble résidentiel Bellerive s'est bâti le long de la rivière des Prairies, en face de ce qui était à l'époque le parc Belmont. Il y a eu la réalisation de Havre-des-Îles, avec 400 unités de logement dans trois tours de douze à quinze étages. C'est aussi à cette époque qu'on a construit un premier édifice à bureaux, l'édifice GL sis boulevard des Laurentides, près du boulevard Saint-Martin.

Voici d'ailleurs une citation du *Daily Commercial News*, de Toronto, du 5 septembre 1963 : « *One hundred percent increase in building permits issued this year in Chomedy sets its rate of growth well ahead of all other metropolitan municipalities.* »

Les chiffres suivants parlent par eux-mêmes : entre la création de Chomedey (avril 1961) et la naissance de Laval (août 1965), la population de Chomedey était passée de 30 000 à 42 000 habitants, soit une augmentation de 40 % ; l'évaluation imposable de la ville était passée de 86,7 millions $ à 135,4 millions $, c'est-à-dire une augmentation de 63 %. Les permis de construction étaient passés de 8,5 millions $ en 1960 pour l'ensemble des trois villes, juste avant la création de Chomedey, à 16,9 millions $ en 1961, année de la fusion, puis à 12,7 millions $ en 1962, à 22,7 millions $ en 1963 et à 18,7 millions en 1964. Il y a donc eu un boom exceptionnel durant toute cette période.

Dès la création de Chomedey en 1961, nous avons procédé à l'établissement d'un plan directeur. Pour nous, un schéma d'aménagement du territoire était primordial. Nous avons signé l'une des premières conventions collectives de l'Île Jésus avec les employés municipaux. Une caisse de retraite pour tous les employés et un plan d'assurance-groupe étaient prévus dans cette convention collective. Nous avons voulu dès le départ avoir une administration moderne, avec de jeunes gestionnaires, et j'en mentionne quelques-uns : j'ai déjà parlé de M. Gaston Chapleau ; à l'évaluation nous avons engagé M. Yves Lachapelle (un expert dans son domaine et qui est resté à l'emploi de Laval jusqu'en 1995) ; M. Guy Lacouture fut choisi comme trésorier. M. Réal Gariépy fut nommé commissaire industriel (il resta à l'emploi de Laval jusqu'à sa retraite en 1988).

Un architecte-paysagiste devint responsable, à temps partiel, du Service d'embellissement. Nous avons créé un Service des achats et avons planté 7000 arbres. C'est ainsi que, dès qu'une maison se bâtissait, il y avait plantation par la Ville de deux arbres à l'intérieur des limites du terrain, et cela gratuitement. Chomedey a d'ailleurs été citée comme la « Ville des fleurs » dans le cadre d'un concours qui a connu une participation énorme de la population, avec réalisations de parterres de fleurs splendides.

Nous avons aussi créé un Service de police et un Service d'incendie, ce dernier à temps complet. Les petites municipalités environnantes ne disposaient que de pompiers volontaires. Nous avons même fourni à la population un Service d'ambulance gratuit. Un Service de bien-être social et un Bureau d'emploi pour combattre le chômage ont été créés. Par ailleurs, c'est en 1964 que fut réalisée la construction de l'Hôpital juif pour convalescents, comprenant 110 lits, qui jouit aujourd'hui d'une renommée à l'échelle nationale dans le domaine de la réadaptation.

Les loisirs n'ont pas été oubliés, bien au contraire : nous avons développé comme jamais le Service des parcs et terrains de jeux sous la direction exceptionnellement dynamique de M. Jean-Paul Banville. On a organisé un nombre considérable d'activités pour les jeunes, en créant, entre autres, de nombreuses ligues sportives, tout cela avec une participation remarquable, surtout si l'on considère le caractère cosmopolite de la population : des jeunes de toutes les nationalités et de tous les milieux sociaux étaient ainsi amenés, dans le cadre de ces activités sportives, à se côtoyer, à se connaître et, finalement, à s'estimer mutuellement. Nous étions d'ailleurs souvent cités en exemple pour la diversité des activités sportives prévues pour les jeunes. Signalons aussi la création du Centre d'art de Chomedey, qui fut rapidement très actif, l'établissement d'une première bibliothèque municipale et l'achat du parc Berthiaume-du-Tremblay.

Les infrastructures ont fait l'objet d'un effort considérable : élargissement de l'artère principale de Chomedey, le boulevard Labelle, sur toute sa longueur, ainsi que du boulevard Lévesque et du boulevard des Laurentides; ouvertures de la rue Notre-Dame et des boulevards Samson, Cartier et Chomedey; canalisation des ruisseaux Boudrias et Lapinière; construction d'une nouvelle usine de filtration d'eau qui a fait passer les quantités disponibles de trois millions de gallons d'eau à 13 millions; ouverture de 14 parcs municipaux, dont cinq parc-écoles qui, après entente avec les commissions scolaires, permettaient l'utilisation pendant les vacances d'été de toutes les installations, gymnases et piscines se trouvant dans les écoles. Il ne faut pas oublier la construction de l'Hôtel de Ville, qui est l'Hôtel de Ville du Laval d'aujourd'hui. Signalons également une amorce de transport en commun, desservant notamment le quartier Renaud, ainsi que le début de pourparlers, en 1963, avec M. Lucien Saulnier à Montréal pour l'extension du métro vers Chomedey. Le quotidien *La Presse* révéla d'ailleurs la tenue de ces négociations le 3 décembre 1963.

Nous avons créé un parc industriel grâce à l'achat d'un terrain de dix millions de pieds carrés payé 15 cents le pied et revendu à un prix stable de 25 cents le pied. Grâce à l'implantation de 32 nouvelles entreprises au cours de ces quatre années, 2000 emplois ont été créés. Ces entreprises étaient souvent importantes: Les Papiers Perkins, les Breuvages Cott, les usines Bonnex, Montreal Litho, etc. Un Conseil d'initiative économique a également été créé. Au mois d'août 1962, nous avons pris l'initiative de courtiser les industriels torontois en participant à l'Exposition nationale de Toronto: Chomedey y eut en effet un stand.

Ce furent en somme des années caractérisées par une activité incroyable. Pendant toute cette période, grâce aux investissements qui se faisaient dans Chomedey, le taux de taxation est demeuré le même, sans aucune augmentation, soit 90 cents du 100 $ d'évaluation. C'est la réussite du regroupement des trois villes qui m'a encouragé par la suite à étendre cette formule à l'ensemble des municipalités de l'Île Jésus et à travailler ainsi à la création de la ville de Laval.

1962 : MAJORITAIRE DANS LES 14 VILLES DE L'ÎLE JÉSUS

À LA SUITE DE LA FUSION créant Chomedey en mars 1961, il n'y avait plus que quatorze villes dans l'Île Jésus au lieu des seize originales. Quelques années auparavant, en 1959, un organisme intermunicipal avait été créé, la Corporation interurbaine de l'Île Jésus, où siégeaient les maires de l'île. Cette corporation, qui tenait lieu de conseil de comté et dont le maire de Sainte-Rose, M. Olier Payette, était à la fois l'initiateur et le président depuis le 11 mars 1959, n'avait cependant presque aucun pouvoir. M. Payette avait certes sollicité, avant mon arrivée, des pouvoirs accrus en soumettant à Québec en 1959 et en 1960 des bills privés dans ce sens, mais la législature lui avait toujours refusé ses demandes devant l'opposition de certaines villes de l'île qui craignaient que des pouvoirs accrus pour la corporation soient au détriment de leur autonomie.

Il y avait fort peu à faire avec un organisme qui détenait aussi peu d'autorité. Nous nous rencontrions chaque mois à Sainte-Rose pour siéger. On ne réglait à ces réunions que des choses de peu d'importance comme, par exemple, les fossés verbalisés des cultivateurs (une prérogative de l'ancien conseil de comté). Je me souviens que les réunions se terminaient rapidement.

Il y avait deux écoles de pensée dans cette corporation. M. Payette était d'une autre génération : il était en effet mon aîné d'une bonne trentaine d'années. Dès cette époque, j'ai pu rallier autour de moi des maires plus jeunes et plus progressistes, notamment les maires Marcel Pagé de Laval-Ouest, Robert Paradis de Vimont, Adrien Dussault d'Auteuil, Roger Provost de Pont-Viau, Charles Thérien de Duvernay et Rodolphe Lavoie de Saint-Vincent-de-Paul. Ces gens-là étaient ouverts à de nouvelles politiques. Ils constituaient, moi y compris, la majorité du conseil de la Corporation.

D'ailleurs, dès le début de 1962, j'ai jugé à propos de prononcer un discours que j'avais intitulé « Problèmes des municipalités contiguës dans un contexte urbain ». J'y soulignais qu'il y avait des bénéfices à retirer, non pas du renforcement d'organismes comme la Corporation, mais plutôt de l'intégration des territoires de plusieurs municipalités, et j'énumérais ces avantages : « L'intégration des municipalités contiguës donne les avantages suivants : la duplication des services (incendies, police, secrétariat, équipement, matériel, etc.) est éliminée ; la planification peut se faire sur une échelle plus vaste et plus ordonnée ; l'approvisionnement en eau potable et le traitement des eaux usées peuvent être effectués plus facilement et à meilleur compte ; le pouvoir d'emprunt de la nouvelle agglomération est augmenté ; le coût des services peut être réparti sur un plus grand nombre de personnes ; la promotion industrielle peut être menée d'une façon plus cohérente et plus positive. »

Les éléments les plus dynamiques de la Corporation inter-urbaine avaient en face d'eux des maires plus traditionalistes dirigés par M. Payette, soit MM. Marcel Villeneuve, de Saint-François, Lucien Dagenais, de Fabreville, Roger Vaillancourt, de Sainte-Dorothée, Claude Gagné, de Laval-des-Rapides, et Fernand Bibeau, de Laval-sur-le-Lac. On doit souligner que la plupart de ces « traditionalistes » étaient d'allégeance unioniste alors que les « progressistes » avaient plutôt tendance à militer pour le Parti libéral. On retrouvait ainsi un premier clivage important qui dura pendant toute la bataille de la fusion.

Il y avait donc au sein de cet organisme un désaccord, lequel s'est vraiment manifesté en février 1963 alors que les « progressistes » tentèrent en vain de faire élire le maire Provost de Pont-Viau comme président de la Corporation.

La Corporation avait cependant obtenu deux mandats à la fin de 1960, à la suite de l'adoption du projet de loi n° 142 que j'avais parrainé en tant que nouveau député à la Législature : elle pouvait établir un plan directeur présentant le réseau de routes intermunicipales déjà construites ou projetées dans l'Île Jésus. La Corporation pouvait également coordonner et améliorer le réseau routier, mais seulement de concert avec la ou les municipalités concernées. Par ailleurs, la Corporation pouvait uniformiser et percevoir la quote-part de la taxe de vente que les villes pouvaient imposer et qui était à l'époque de 2 %. La taxe étant imposée à l'échelle de l'Île Jésus, Québec versait ainsi mensuellement cette quote-part de 2 % perçue sur le territoire de l'île à la Corporation qui, elle, la distribuait à son tour aux municipalités au prorata de leurs populations. Il s'agissait de plusieurs millions de dollars, et cette somme constituait un apport considérable à la trésorerie des villes.

Je pris l'initiative dès le début de 1961 d'inviter l'urbaniste Jean-Claude Lahaye, une autorité au Québec, à proposer ses services à la Corporation, services qui furent retenus. M. Lahaye avait déjà été chargé de concevoir le plan d'aménagement de la nouvelle ville de Chomedey. Le mandat donné en l'occurrence par la Corporation était de préparer un plan directeur pour les routes de l'Île Jésus. M. Lahaye, dont les honoraires étaient de 127 000 $, devait chercher « à établir le potentiel de développement prévu dans chaque ville et à utiliser au maximum le travail déjà fait », selon les termes mêmes de l'entente. M. Lahaye travailla avec diligence et déposa son plan le 7 novembre 1961.

Certaines villes, comme Laval-des-Rapides et Pont-Viau, manifestèrent, au moment de la signature du contrat, des réticences à payer leur part des honoraires de M. Lahaye, en invoquant le fait que les futures grandes routes de l'île n'allaient probablement pas passer sur leurs territoires puisqu'elles étaient déjà entièrement bâties.

Imaginez ! Il ne s'agissait que de préparer un plan de réseau routier ! S'il n'y avait pas eu les fusions qu'on a connues par la suite, on n'aurait jamais réussi à mener à terme ces grands travaux routiers. Si des municipalités hésitaient à payer pour les plans, comment auraient-elles pu accepter de payer leur quote-part des travaux? C'était vraiment la ligue du vieux poêle!

L'Île Jésus était donc administrée par pas moins de 102 élus municipaux, dont 14 maires et 88 conseillers! Et, comme je viens de le rappeler, tout ce beau monde était chapeauté par un autre organisme, la Corporation interurbaine de l'Île Jésus, où siégeaient les maires. Certains d'entre eux étaient d'ailleurs les premiers à s'opposer à l'obtention des pouvoirs accrus que recherchait leur président, M. Olier Payette, au nom évidemment du beau principe de l'autonomie municipale.

Entre-temps, Louis Jarry était un peu déçu que je n'aie pas choisi le chef de police de Saint-Martin pour diriger la force constabulaire de Chomedey, et surtout que j'aie refusé de recourir aux services de son grand ami Charles-Édouard Gravel comme ingénieur-conseil. J'avais l'impression qu'il avait escompté que je lui laisserais éventuellement la mairie de Chomedey, étant donné que j'étais déjà député, avec toutes les obligations que cela comporte.

C'est alors qu'un groupuscule s'est formé: l'Alliance civique de Chomedey a été créée le 27 octobre 1961 en prévision des élections du 6 novembre (dix jours plus tard!) afin de faire la guerre à mon administration. On m'accusait de faire des dépenses extravagantes, notamment à l'occasion des festivités de Chomedey, et d'avoir recours au patronage. Le chef de ce groupe était le notaire Henri Vinet, qui avait été associé à l'étude de Me Louis Jarry, ainsi que Me Jean-Louis Léger, avocat et maintenant juge à la cour supérieure, et Albert Gagnon, constructeur actif et prospère dans le secteur domiciliaire. Tout ce beau monde était de Saint-Martin et, comme par hasard, d'allégeance unioniste. M. Gagnon, comme conseiller municipal de Saint-Martin, faisait partie du conseil provisoire formé jusqu'aux élections du 6 novembre.

Ce trio, que j'appellerai désormais «les trois conjurés», ne m'a pas lâché d'une semelle pendant des années, en fait jusqu'en 1965:

fort malchanceux en politique, ils ont tous mordu la poussière à chaque élection. Je bats en effet Vinet en 1961 à la mairie ; il perd contre Y.M. Kaplansky en mai 1965 comme candidat à l'échevinage, et également en novembre 1965 contre Benoît Renaud. Gagnon perd comme candidat à l'échevinage en novembre 1961 contre Jean-Guy Tétreault et en novembre 1965 contre Raymond Fortin, à la commission scolaire en 1964, à la mairie contre moi en mai 1965 et, pour ne rien oublier, à la mairie du village de Mont-Tremblant en 1995. Quant à Jean-Louis Léger, il perd son dépôt aux élections fédérales trois fois comme candidat conservateur en 1968, en 1979 et en 1980. Il est également battu par Claude Collin d'Action Laval à l'échevinage de la ville de Laval en novembre 1969. Il a finalement été nommé juge à la cour supérieure par le gouvernement Mulroney en 1987.

Henri Vinet s'est donc présenté en novembre 1961 à la mairie contre moi : il a formé une équipe, la nouvelle loi prévoyant que Chomedey devait avoir douze conseillers municipaux. Le résultat fut sans ambiguïté : M. Vinet récolta 1113 voix tandis que j'allais en chercher 4362. De plus, mes douze candidats à l'échevinage furent tous élus, et avec des majorités considérables.

Mon équipe était, de fait, formée de gens énergiques, et tous expérimentés dans leurs domaines respectifs. Dans Renaud, il y avait Raymond Fortin, Benoît Gravel, Gérard Groleau et Adolphe Ouimet ; dans Saint-Martin, la bataille fut menée par Claude Collin, Y. M. Kaplansky, Benoît Renaud et Jean-Guy Tétreault, frère du futur maire Jacques Tétreault ; enfin, dans l'Abord-à-Plouffe, je pouvais compter sur Steve Bodi, Lorne Bernard, Gaston Marleau et Fernant Vary.

Par la suite, nous avons décidé de bâtir l'hôtel de ville. Le choix du projet se fit dans le cadre d'un concours auquel 40 bureaux d'architectes ont participé.

À l'époque, avec trois synagogues et 10 % de la population, la communauté juive était importante à Chomedey. Malheureusement, plusieurs ont quitté et c'est dommage car leur contribution au développement économique et culturel de Chomedey, et par la suite de Laval, a été considérable. Ils ont été remplacés par des représentants de nombreuses communautés, notamment grecque, arménienne, portugaise, libanaise, asiatique et de plusieurs pays du Moyen-Orient. Je ne me souviens pas de problèmes de cœxistence entre tous ces groupes qui forment ensemble, encore aujourd'hui, une population d'une grande richesse culturelle, dotée d'une vitalité et d'un sens de l'hospitalité remarquables.

La communauté juive, qui se trouvait surtout dans la partie ouest de Saint-Martin, avait eu des expériences plus ou moins heureuses avec le maire Louis Jarry. Celui-ci éprouvait en effet certaines « réticences » à l'égard des communautés culturelles. Et, oui, je peux affirmer que ces groupes n'étaient pas trop bien traités dans Saint-Martin.

Ce n'était certainement pas le cas avec la nouvelle administration de Chomedey. Ma politique a toujours été animée par un esprit d'ouverture, par le souci de la tolérance et par le sens de la générosité. Lorsque M. Lesage était venu dévoiler le tripédium en octobre 1961, il avait accepté à ma demande de venir inaugurer, la « kipah » sur la tête, une synagogue qui venait de se bâtir, la Young Israel of Chomedey. Cela avait beaucoup impressionné nos amis juifs, car c'était la première fois qu'ils voyaient un premier ministre du Québec procéder à l'inauguration d'une synagogue.

La communauté juive m'a d'ailleurs été par la suite d'une fidélité remarquable. Il y avait une dizaine de bureaux de vote dans les quartiers où vivait principalement la communauté juive : il n'était pas rare, lors d'élections provinciales ou municipales, que j'obtienne dans certains de ces bureaux des majorités de 200 à deux ou de 210 à quatre. Je pense que même le rabbin de leur communauté n'aurait eu aucune chance s'il avait voulu se présenter contre moi ! Certains milieux me l'ont d'ailleurs reproché...

Et combien de fois n'a-t-on pas tenté de faire campagne contre moi en colportant le fait, inexact, que ma femme était d'origine juive. Combien de fois également des amis ne m'ont-ils pas demandé ce qu'il en était. Or le fait est que ma femme n'est pas juive. Je me souviens d'ailleurs très bien qu'un soir, lors d'une assemblée politique, un journaliste a demandé à brûle-pourpoint à ma femme si elle était juive. Régine lui a répondu avec beaucoup de dignité : « Non, je ne suis pas juive, mais, si je l'étais, j'en serais fière. Il se trouve que j'appartiens à la religion catholique, et j'en suis fière aussi. Est-ce que vous désirez voir mon certificat de baptême ? Ou bien vérifier si nous nous sommes bien mariés à l'église catholique Saint-Léon de Wesmount ? »

Les élections provinciales du 14 novembre 1962 furent vraiment des élections-surprise. Le thème, on s'en souvient, en était certes exaltant : la nationalisation de l'électricité au Québec.

Même si le programme du Parti libéral de 1960 prévoyait un nouveau découpage de la carte électorale, le temps a manqué pour mener à bien ce projet si bien que je me suis encore retrouvé avec 135 000 électeurs. Ma circonscription comprenait donc, comme en 1960, l'Île Jésus, Ahuntsic, Bordeaux et Crémazie.

Cette fois-ci, mon adversaire était Claude Gagné, maire de Laval-des-Rapides et beau-frère de l'organisateur unioniste André Lagarde. M. Gagné n'a recueilli que 31 370 votes pendant que je balayais le comté avec 66 415 votes, pour une majorité de plus de 35 000 votes. Seule Marie-Claire Kirkland-Casgrain avait eu une majorité supérieure dans Jacques-Cartier.

Fait intéressant pour l'avenir de l'Île Jésus au niveau municipal : j'avais obtenu des majorités dans chacune des 14 villes de l'île ! Ce sont ces résultats qui m'ont encouragé à continuer de préparer la deuxième grande fusion de l'Île Jésus. Je constatais également qu'il y avait une explosion démographique et un développement économique extraordinaires, particulièrement depuis la fusion de Chomedey.

Voici d'ailleurs un tableau illustrant cette explosion démographique :

	1951	1962	Augmentation
Fabreville	1 350	5 900	337 %
Laval-des-Rapides	5 000	20 500	310 %
Pont-Viau	5 100	18 100	255 %
Saint-Vincent-de-Paul	3 500	12 300	251 %
Chomedey	7 700	31 700	312 %
Duvernay	1 500	12 400	727 %
Ensemble de l'Île Jésus	37 000	137 000	270 %

À la veille de la fusion, en 1965, la population de l'Île Jésus était d'environ 170 000 personnes, soit une augmentation de 360 % par rapport à 1951. À ce rythme, les économistes et les démographes de l'époque prévoyaient une population d'environ un million pour l'an 2000. Mais ils n'avaient pas prévu la découverte de la pilule, les récessions et, surtout, l'exode vers Toronto et ailleurs de plusieurs milliers de personnes en réaction à l'effervescence nationaliste.

Toute cette explosion démographique se faisait sans plan directeur, sans coordination, sans schéma d'aménagement. En fait, l'Île Jésus, à l'exception de la nouvelle ville de Chomedey, s'enlisait dans une vocation de ville-dortoir à cause de l'absence de projets de développement économique. De petits hôtels de ville poussaient par-ci par-là. Quelques municipalités du sud de l'Île, comme Laval-des-Rapides, Pont-Viau, Duvernay et Chomedey, commençaient à cette époque à se doter de structures urbaines convenables tandis que les autres continuaient à manifester une vocation semi-rurale, comme Sainte-Dorothée, Auteuil, Vimont, Fabreville et Saint-François.

En fait, dès le début, j'étais préoccupé par l'absence de planification dans l'aménagement du territoire de l'Île Jésus. Il fallait trouver une façon d'aborder de façon rationnelle le développement coordonné des 14 municipalités de l'île. Et ce n'était certainement pas du côté de la «ligue du vieux poêle» qu'il y avait le moindre avenir. Cet organisme ne représentait en fait, à mon avis, qu'une pure perte de temps, dont l'existence ne faisait qu'exacerber l'individualisme de chaque patelin tout en provoquant à grands frais une duplication, et même une multiplication des installations et des services.

Ainsi, le succès des élections de 1962 a vraiment été pour moi l'élément déclencheur : je me suis senti assez fort pour me lancer immédiatement dans ce que j'appelle la « deuxième grande fusion », c'est-à-dire celle qui devait finalement mener à la création de Ville de Laval en 1965.

Mais je me souviens d'une chose : mon double mandat, en tant que député de Laval à Québec et en tant que maire de Chomedey, m'amenait à faire des semaines de 70 heures. Il a donc fallu que je fasse des choix : si j'ai gardé la direction de mon entreprise de développement et de construction, j'ai dû, en 1960, abandonner le notariat après dix ans de pratique intense.

Chomedey, qui n'avait en 1962 que 32 000 habitants, n'avait pas obtenu dans sa charte la possibilité de créer un comité exécutif. Les douze conseillers devaient ainsi siéger souvent deux fois par semaine, d'autant plus qu'à cette époque le conseil devait traiter un grand nombre de projets de développement. Mais le travail ne me faisait pas peur. Et puis ma victoire éclatante de 1962 m'avait donné confiance. Elle m'avait aidé à assumer mon double mandat et à mener à bien, et avec vigueur, la fusion qui a créé Laval. De plus, ce double mandat me procurait autorité et respect auprès des autres maires de l'Île Jésus, outre le prestige incontestable que me conféraient le succès du développement économique et l'essor de la création d'emplois dans Chomedey. En fait, c'est ce double mandat, formule disparue aujourd'hui, qui m'a permis de créer Laval. Sans cela, je peux affirmer que je n'aurais pas réussi cet incroyable regroupement.

En ce qui concerne le gouvernement du Québec, il faut se rappeler que le premier ministre Jean Lesage était plutôt prudent sur la question des fusions. Il savait que j'avais dû défoncer plusieurs portes pour réussir la fusion de Chomedey, qui n'impliquait que trois villes. Imaginez pour quatorze! En fait, j'ai eu des échanges très vifs avec lui, parfois même avec le poing sur la table, notamment à la fin de 1960. Mais il était certainement sous une pression incroyable avec des personnalités fortes comme Georges-Émile Lapalme à la Culture, René Lévesque aux Richesses naturelles et Paul Gérin-Lajoie à l'Éducation. Lors de la fusion de Chomedey, Pierre Laporte, qui m'a beaucoup aidé plus tard sur le plan législatif et qui a joué un rôle déterminant dans la création de Laval, était encore un journaliste influent au *Devoir*, et j'étais ainsi amené à traiter directement avec M. Lesage du dossier de Chomedey, ce qui provoquait parfois des étincelles.

En fait, c'est Jean Drapeau qui, indirectement, m'a donné un coup de pouce avec son projet « une île, une ville », dès 1961, en me donnant l'occasion d'établir un parallèle entre Montréal et la future ville de Laval. Par ce projet, le maire Drapeau visait à remédier aux disputes interminables que les banlieues entretenaient avec Montréal.

Je me suis donc servi de ce parallèle dans une lettre que j'ai écrite au premier ministre le 10 janvier 1961, quelques jours avant le référendum dans Renaud : « Il ne serait pas souhaitable, lui soulignais-je entre autres, que l'Île Jésus ait à faire face dans dix ou vingt ans aux difficultés que Montréal a à affronter présentement à cause de l'insouciance, du manque de grandeur de vue ou de la peur des responsabilités des administrateurs provinciaux antérieurs. »

Dans sa réponse à ma lettre, M. Lesage m'indiqua qu'il était d'accord avec mon analyse et que nous allions bientôt avoir l'occasion de le constater.

J'étais heureux et soulagé, d'autant plus que M. Lesage n'aimait pas que de jeunes députés fassent trop de vagues, car il avait certainement un côté un peu conservateur.

UN PARALLÈLE ENTRE MONTRÉAL ET L'ÎLE JÉSUS

Nous sommes en 1962, Chomedey existe depuis un an. Les fruits de la fusion commencent à se manifester. On se rend compte de plus en plus du potentiel économique de la formule, surtout dans le contexte de développement effréné de cette époque.

À Montréal, la polémique était déjà bien entamée entre l'équipe Drapeau-Saulnier, qui prônait « une île, une ville », et les villes de banlieue regroupées sous la bannière du maire de Ville Saint-Laurent, M. Marcel Laurin, ou du maire Reginald Dawson de Ville Mont-Royal. Je jugeais opportun de participer à ce débat : je croyais que l'Île Jésus, l'autre grande île de l'archipel d'Hochelaga, aurait une leçon à tirer de l'épreuve de force qui se déroulait sur l'île de Montréal et, surtout, des solutions auxquelles conduirait nécessairement cet affrontement.

Je me rendais compte que le développement rationnel de l'Île Jésus devrait se passer de la Corporation interurbaine. Cet organisme n'avait pas de pouvoir et ses membres étaient loin de s'entendre, comme nous l'avons vu, sur les moyens à mettre en œuvre pour procéder au développement rationnel du territoire.

Je me suis alors penché à fond sur l'histoire des deux îles. J'ai été à même de constater que l'Île Jésus ne formait au tout début qu'une seule entité, soit la seigneurie de l'Île Jésus, que ce n'est que par la suite que furent créées cinq grandes paroisses, avec tout d'abord Saint-François-de-Sale, à l'extrémité est, en 1720 en tant que paroisse et en 1845 en tant que municipalité, la même année que Sainte-Rose et que Saint-Vincent-de-Paul, cela à la suite de l'adoption d'une loi du Bas-Canada qui prévoyait l'érection civile des paroisses. Ce fut ensuite Saint-Martin, qui obtint sa reconnaissance civile en 1855. Puis ce fut Sainte-Dorothée, qui était déjà un démembrement de Saint-Martin, qui fut créée en 1869. Ainsi le territoire de l'île était passé d'une seigneurie unie à cinq paroisses divisées. Le village de Sainte-Rose fut créé en 1858 par démembrement de la paroisse de Sainte-Rose.

Les démembrements se sont poursuivis au xxᵉ siècle et on s'est retrouvé finalement avec 16 municipalités, dont voici la genèse :

— de la municipalité de la paroisse de Saint-Vincent-de-Paul sont nées en 1926 la municipalité de Pont-Viau, en 1952 la ville de Saint-Vincent-de-Paul et en 1959 la ville de Duvernay ;

— de la municipalité de la paroisse de Saint-Martin sont nés en 1912 la ville de Laval-des-Rapides, en 1915 le village de l'Abord-à-Plouffe, en 1953 la ville de Saint-Martin et en 1959 la ville de Renaud ;

— de la municipalité de la paroisse de Sainte-Rose sont nées en 1914 la municipalité de Sainte-Rose Est, ou Sainte-Rose de Lima, qui devint en 1957 la ville d'Auteuil ; également en 1914, la municipalité de Sainte-Rose Ouest, qui devint par la suite en 1957 la ville de Fabreville ; également en 1930 le village de Plage Laval qui devint par la suite la ville de Laval Ouest ;

— de la municipalité de la paroisse de Sainte-Dorothée sont nées en 1915 la ville de Laval-sur-le-Lac et en 1941 la ville des Îles Laval ;

— en 1904 fut créée la municipalité de la paroisse de Saint-Elzéar, qui devint la ville de Vimont en 1959 à la suite d'un démembrement de parties des paroisses de Saint-Martin, Saint-Vincent-de-Paul et Sainte-Rose.

— la dernière grande paroisse, Saint-François-de-Sale, n'a subi aucun démembrement depuis 1720 et devint ville en 1958.

Ces démembrements ont eu lieu à cause des débuts de l'urbanisation du territoire. Les entrées de pont, comme l'Abord-à-Plouffe, Laval-des-Rapides et Pont-Viau, avaient déjà commencé à s'urbaniser au début du siècle. Ces quartiers ont rapidement exigé des services comme l'aqueduc, des égouts, des chemins asphaltés, etc., sauf que dans les grandes paroisses la majorité des résidents étaient des cultivateurs qui n'étaient pas intéressés à payer pour ces services urbains, surtout destinés aux nouveaux arrivants. Et voilà bien la raison principale des démembrements qui ont eu lieu depuis le début du siècle. On notera en passant que tous ces démembrements ont eu lieu sans référendum, simplement sur requête au conseil de comté, lequel acheminait la demande à Québec qui passait une loi.

Nous arrivons donc au début des années soixante, alors en plein développement domiciliaire. La plupart des cultivateurs ou des maraîchers avaient vendu ou souhaitaient vendre leurs terres à des promoteurs immobiliers. L'agriculture était en perte de vitesse, souvent parce qu'il n'y avait pas de relève au sein des familles pour continuer l'exploitation des terres. Les cultivateurs s'empressaient donc d'accepter les sommes substantielles qu'on leur offrait pour leurs terres, en général de 150 000 $ à 300 000 $, ce qui représentait dans ces années-là des magots importants. J'estime que 80 % de ces terres ont été vendues pour faire du développement résidentiel.

J'en suis donc venu à la conclusion que les raisons qui étaient à l'origine de tous ces démembrements n'existaient tout simplement plus. Il était devenu évident que l'Île Jésus avait une vocation de plus en plus urbaine. C'est alors que je me suis demandé pourquoi l'on ne pourrait pas regrouper ces communautés nouvelles qui, du point de vue socio-économique, étaient toutes semblables : de nouveaux arrivants, des jeunes, en général de la classe moyenne, des travailleurs disposant de revenus réguliers, en un mot un groupe socio-économique remarquablement homogène. Des milliers de maisons se bâtissaient chaque année. Mais l'Île Jésus restait encore et toujours un dortoir : cette nouvelle population allait travailler à Canadair, ou ailleurs en dehors de l'île.

C'est alors que je me suis sérieusement interrogé sur la nécessité de toutes ces frontières imaginaires, qui avaient leur raison d'être à l'époque des grandes paroisses agricoles, mais qui, du fait de l'urbanisation, étaient devenues totalement inutiles.

Un simple exemple illustrera le caractère grotesque de la situation à laquelle on en était arrivé : en 1960, du côté est de la rue Saint-Luc, à Laval-des-Rapides, où passait la frontière entre Pont-Viau et Laval-des-Rapides, il y avait une rangée de maisons qui avaient leur salon dans Laval-des-Rapides et la cuisine dans Pont-Viau ! Les propriétaires de ces maisons relevaient des deux municipalités ; ils recevaient une évaluation municipale de chaque municipalité pour la partie de la maison concernée, et ils payaient des taxes aux deux municipalités ! C'était une situation aberrante. C'est ainsi qu'avant d'ériger une maison sur ces terrains, il fallait obtenir des permis de construction de deux municipalités différentes.

On peut donner un autre exemple, bien connu, des situations fantaisistes créées par ces frontières arbitraires : Saint-Vincent-de-Paul était complètement enclavé dans Duvernay, entre Duvernay-Est et Duvernay-Ouest, ce qui faisait que pompiers et policiers en poste à Duvernay-Ouest devaient traverser une autre municipalité pour répondre aux appels en provenance de Duvernay-Est ! Ne riez pas, car c'est encore la situation qui prévaut à Montréal lorsque les pompiers ou les travaux publics doivent traverser Montréal-Est ou Ville d'Anjou pour se rendre à Rivière-des-Prairies ou à Pointe-aux-Trembles, maintenant annexés à Montréal.

Tout le monde d'ailleurs a reconnu lors de l'enquête de la Commission Sylvestre que ces frontières devenues ridicules étaient appelées à disparaître ou à être modifiées.

Après avoir étudié à fond l'histoire de l'Île Jésus, je me suis attelé à celle de la ville de Montréal. J'ai constaté que vers 1880, alors qu'il ne se trouvait à Montréal qu'une population d'environ 100 000 âmes, les frontières de la ville étaient le fleuve Saint-Laurent au sud, la rue Sherbrooke au nord, la rue Iberville à l'est et la rue Guy à l'ouest. Une multitude de municipalités, maintenant annexées, entouraient Montréal : Hochelaga, Maisonneuve, Rosemont, Saint-Henri, Sainte-Cunégonde, Ville-Émard ; plus au nord, Ville de la Côte-Saint-Louis, Ahuntsic, Bordeaux, Cartierville, Notre-Dame-de-Grâce, etc. Or toutes ces municipalités ont été annexées par Montréal au fil des années, surtout au début du siècle, parce qu'elles étaient en faillite, ne pouvaient plus s'administrer ou étaient secouées par des scandales, vrais ou faux, comme à Ville Saint-Michel ou à Pointe-aux-Trembles.

Sans aucune planification, Montréal a absorbé ces municipalités l'une après l'autre. En fait, Montréal est le résultat d'une trentaine d'annexions, dont voici quelques exemples :

1893 : Ville de la Côte-Saint-Louis

1905 : Saint-Henri

1910 : Ville-Émard, Côte-des-Neiges, Bordeaux, Notre-Dame-de-Grâce, Rosemont

1916 : Cartierville

1963 : Ville de Rivière-des-Prairies

1968 : Cité de Saint-Michel

J'ai ensuite essayé de tirer une leçon du précédent montréalais pour l'appliquer à l'Île Jésus : je savais qu'il s'y trouvait déjà des municipalités qui avaient des difficultés financières, comme Vimont ou Saint-Vincent-de-Paul ; ou d'autres, mi-rurales, qui n'étaient pas en mesure de fournir aux citoyens les services appropriés, comme Sainte-Dorothée, Auteuil ou Saint-François. Allions-nous attendre qu'une ou deux fassent faillite pour les annexer à d'autres municipalités ?

Je me disais qu'en tant que responsable politique à double titre, c'est-à-dire en tant que maire de Chomedey, mais aussi en tant que député de toute l'Île Jésus, il était de mon devoir, avec l'aide de l'expérience montréalaise, de prévoir l'avenir.

J'ai toujours pensé que la meilleure façon d'imaginer le futur consiste à le préparer soi-même. Pas besoin d'être Einstein pour prévoir que la population de l'Île Jésus atteindrait plusieurs centaines de milliers d'âmes avant l'an 2000.

Les conclusions de mon étude comparative sur l'Île Jésus et Montréal m'amenaient à prendre des décisions qui n'étaient pas faciles et pas nécessairement populaires. Il fallait absolument agir vite, pendant que l'Île Jésus n'était encore développée qu'à 20 %.

Prenons l'exemple du boulevard Métropolitain à Montréal : c'est vers 1930 que le projet a pris forme. Or il n'a été réalisé qu'en

1960! Donc, plus de trente ans d'attente, et des coûts d'expropriation et de construction beaucoup plus élevés que prévu, tout ça
parce que les municipalités concernées par la construction de cette
artère essentielle ne réussissaient pas à s'entendre. N'oublions
jamais non plus que s'il y a maintenant à Montréal une grande
artère nord-sud comme la voie rapide Décarie, cela n'a pas été le
fruit d'un quelconque service de la planification de la Ville de
Montréal ; cette artère a été construite tambour battant à l'occasion
de l'Exposition de 1967.

Prenez le cas du pont Papineau qui part de l'Île Jésus et qui va
jusqu'au boulevard Henri-Bourassa dans l'est de Montréal, où il n'y
a aucune voie rapide nord-sud. Voilà un exemple concret du
manque de planification de la Ville de Montréal, aggravé par les
querelles avec les 31 municipalités d'alors au sujet des grands
projets comme l'épuration des eaux, la construction du métro, le
transport en commun et le partage du coût de services comme la
police.

Voilà pourquoi l'équipe Drapeau-Saulnier en était arrivée à la
conclusion que la seule solution valable était de faire « une île, une
ville ». Je n'irai pas jusqu'à dire qu'il s'agissait de la solution idéale,
notamment à cause des difficultés d'application. J'ai d'ailleurs
proposé en 1964 une formule sur laquelle j'élaborerai davantage
plus loin.

Nous, dans l'Île Jésus, nous n'avions qu'à regarder de l'autre
côté de la rivière des Prairies afin de ne pas répéter les erreurs de
Montréal et des municipalités environnantes dont l'une, Ville
Mont-Royal pour ne pas la nommer, alla même jusqu'à construire
une clôture le long du boulevard l'Acadie pour indiquer ses limites.
Notre territoire était pratiquement vierge, et il importait surtout de
planifier l'aménagement et le développement économique de l'île.

Il est intéressant de noter qu'à cette époque, c'est-à-dire vers
1960, il y avait un débat non seulement au Québec, mais également
au Canada, aux États-Unis et, en fait, dans le monde entier, sur les
problèmes engendrés par l'urbanisation. La guerre était finie depuis
une quinzaine d'années et les villes connaissaient une croissance

fulgurante. Mᵉ Carl Goldenberg avait fait une étude sur St. John au Nouveau-Brunswick et il proposait des fusions pour remédier aux problèmes de cette ville.

Les services de Mᵉ Goldenberg avaient également été retenus pour étudier les problèmes de Toronto où la mésentente régnait entre les 13 villes qui se partageaient le territoire de la Ville-Reine : il proposa que toutes ces municipalités fusionnent afin de devenir quatre villes. On n'a pas suivi tout à fait ses recommandations puisqu'en définitive six nouvelles villes furent créées, lesquelles d'ailleurs viennent d'être fusionnées en une mégalopole grâce à l'initiative du premier ministre Mike Harris et cela malgré la très vive résistance de certains milieux.

Des problèmes de même nature se posèrent à Calgary, à Winnipeg, à Londres, à Paris, à Miami, bref, dans un grand nombre de villes. Partout, l'urbanisation et des concentrations toujours plus fortes de population créaient des problèmes nouveaux, pour lesquels la classe politique avait souvent du mal à trouver des solutions.

1963 : IL EST TEMPS DE « BRASSER LA CAGE »

MA SITUATION ÉTAIT PRIVILÉGIÉE : maire de la plus importante municipalité de l'Île Jésus, je siégeais également au Parlement à Québec où je côtoyais Pierre Laporte, qui était depuis 1962 ministre des Affaires municipales et qui avait à cœur les problèmes municipaux. Il avait même déclaré en 1964 que l'année 1965 serait l'année du regroupement municipal. En fait, Pierre Laporte avait une approche à l'échelle du Québec, pas seulement locale ou montréalaise, dans sa recherche de solutions. Je suis convaincu qu'il aurait réalisé des réformes majeures dans l'Île de Montréal et sur la Rive-Sud, comme celles dans Laval en 1965, si le gouvernement libéral avait été reporté au pouvoir en 1966. Je regrette d'ailleurs que Robert Bourassa ne lui ait pas confié de nouveau en 1970 le portefeuille des Affaires municipales, car c'était un domaine qu'il connaissait fort bien.

De mon côté, j'ai estimé qu'il était de mon devoir de m'impliquer et de prendre mes responsabilités. En octobre 1963, il était devenu urgent à mon avis de provoquer un débat à l'échelle de l'Île Jésus, inspiré de celui qu'avait suscité le tandem Drapeau-Saulnier peu après leur retour sur la scène montréalaise.

En fait, comme je l'ai mentionné, j'avais déjà entamé tout un débat à la Corporation interurbaine de l'Île Jésus : la philosophie politique que je prônais et celle à laquelle adhérait son président,

M. Olier Payette, étaient inconciliables, et nous avions déjà eu l'occasion d'en découdre.

Nous sommes donc en octobre 1963, et voilà que surgit un problème d'eau potable à Fabreville. Je propose à Chomedey de commander une étude à un économiste, M. Henri A. Mhun, afin que soient évalués les avantages de fusionner Fabreville à Chomedey où se trouvait une importante usine de filtration d'eau. Nous avions des surplus d'eau potable, et Fabreville, comme l'on sait, est juste au nord de Chomedey.

Le rapport de M. Mhun fut favorable à la fusion avec Fabreville non seulement à cause de l'eau, mais également pour bénéficier des services municipaux bien établis de Chomedey, dont Fabreville était dépourvue. De plus, une telle formule permettrait à Chomedey de développer plus facilement sa section nord. M. Payette, en tant que maire de Sainte-Rose, est alors intervenu et a offert à Fabreville l'eau de Sainte-Rose. Cette offre était irréaliste parce que l'usine de Sainte-Rose n'avait pas la capacité nécessaire pour alimenter Fabreville.

Or j'avais déjà sensibilisé aux avantages d'une fusion un groupe de citoyens de Fabreville, dont M. Jean Giosi, qui allait devenir plus tard maire de Fabreville, ainsi que trois conseillers municipaux, MM. Claude Allard, Jean-Louis Raymond et Jacques Poirier. Tous quatre favorisaient ouvertement la fusion avec Chomedey. Par ailleurs, le conseil municipal de Fabreville fut saisi au mois de septembre 1963 d'une requête de 800 contribuables réclamant la fusion avec Chomedey. Par la suite, les deux conseils municipaux se sont rencontrés, mais il était manifeste que les possibilités de s'entendre étaient nulles. Le maire de Fabreville, M. Lucien Dagenais, farouche partisan de l'Union nationale, défendait sa sacro-sainte autonomie municipale et s'opposait mordicus à la fusion.

Par la suite, un règlement d'annexion fut soumis le 9 janvier 1964 au conseil municipal de Fabreville en faveur de la fusion avec Chomedey, mais ce règlement fut rejeté par quatre voix contre trois (contre : le maire et MM. Georges Brûlé, Henri Fleurant et Marcel Lacroix, et pour : MM. Claude Allard, Jacques Poirier et Jean-Louis

Raymond). Ça commençait déjà à être houleux dans l'Île Jésus : à cette assemblée municipale du 9 janvier, le promoteur de la fusion avec Chomedey, M. Jean Giosi, homme d'affaires de Fabreville, avait été expulsé de la réunion et enfermé derrière les barreaux par le maire Dagenais, simplement parce que ce dernier n'était pas d'accord avec les propos très vifs tenus par M. Giosi !

C'est ainsi qu'au mois de décembre 1963 Chomedey se déclarait prête à annexer non seulement Fabreville, mais également Sainte-Dorothée, une autre municipalité à l'ouest de Chomedey, dont les résidents pourraient ainsi bénéficier des services existant déjà à Chomedey.

C'est également à cette époque que j'ai proposé un réaménagement complet de l'île Jésus par la création de trois villes à partir des 14 municipalités existant alors. J'ai fait cette annonce le 4 décembre 1963 au cours d'une conférence de presse à laquelle tous les conseils municipaux de l'Île avaient été invités. « Si nous voulons progresser, leur ai-je dit, il est temps de voir loin et grand… Je suis persuadé que l'expansion de notre île dépend des regroupements. »

Le débat était vraiment amorcé, comme je le souhaitais. M. Olier Payette n'a pas tardé à répondre : le 10 décembre 1963, il a prononcé une conférence dans laquelle il s'opposait carrément à la création des trois villes parce qu'une telle opération signifierait la mort certaine de la Corporation, dans laquelle il avait mis tous ses espoirs et qui était, ne l'oublions pas, son bébé.

Le débat se retrouva au conseil de la Corporation interurbaine : il y eut en effet les 13 et 27 novembre 1963 deux assemblées très importantes de cet organisme, assemblées qui furent particulièrement houleuses. M. Payette, désirant toujours des pouvoirs accrus, voulut présenter un nouveau projet de loi. Plusieurs municipalités avaient des réticences à appuyer la formule de M. Payette parce qu'elle mettait en danger leur autonomie. C'est alors que j'ai proposé, secondé à ma grande surprise par le maire Claude Gagné de Laval-des-Rapides, « que cette Corporation s'adresse à la législature provinciale à sa prochaine session pour obtenir des pouvoirs additionnels ainsi définis :

— le pouvoir de légiférer sur des heures uniformes de fermeture pour les établissements commerciaux de toute l'Île Jésus ;

— le pouvoir de discuter avec la cité de Montréal et conclure une entente, s'il y a lieu, en vue du prolongement du Métro de Montréal dans l'Île Jésus ;

— le pouvoir d'instituer une commission régionale d'enquête pour étudier les modes d'administration, de financement et de développement de l'Île Jésus. »

Cette assemblée du 13 novembre a fini en queue de poisson parce que le maire Charles Thérien de Duvernay, secondé par M. Lucien Dagenais, a proposé un amendement qui reprenait la proposition que j'avais mise de l'avant, mais en ajoutant « que durant cette période d'enquête se terminant au plus tard le 31 décembre 1964 le nombre actuel des municipalités soit gelé ».

Évidemment, il y a eu immédiatement un débat. Chomedey proposait au même moment l'annexion de Fabreville et de Sainte-Dorothée. Je me suis donc opposé à l'amendement, qui a été cependant adopté, et l'assemblée a fini bizarrement, par un vote sur l'amendement mais en oubliant de voter sur la proposition principale. Le lendemain, le quotidien *La Presse* titrait : « Confusion à la Corporation interurbaine de l'Île Jésus ».

Comme l'on voit, le débat était bien engagé ! Et je ne lâchais pas : le 8 janvier 1964, je déclarais à la Chambre de commerce de Chomedey que l'Île Jésus devait fusionner ses villes au plus tôt ; le 23 janvier, j'affirmais devant la Chambre de commerce régionale de l'Île Jésus qu'avant de sauver les villes, il était plus important de sauver les contribuables.

On peut constater qu'à partir de ce moment (début 1964), les combattants se rangeaient et prenaient de plus en plus leur place, soit dans le camp des « traditionalistes », soit dans celui des « radicaux », comme on nous appelait. J'ai déjà indiqué que notre groupe comptait six maires, MM. Marcel Pagé de Laval-Ouest, Adrien Dussault d'Auteuil, Rodolphe Lavoie de Saint-Vincent-de-Paul, Roger Provost de Pont-Viau, Robert Paradis de Vimont et moi-même pour Chomedey. Du côté des maires traditionalistes, qui étaient également six, outre évidemment M. Olier Payette, de Sainte-Rose, il y avait MM. Marcel Villeneuve de Saint-François, Lucien Dagenais de Fabreville, le Dr Roger Vaillancourt de Sainte-Dorothée, Claude Gagné de Laval-des-Rapides et Fernand Bibeau de Laval-sur-le-Lac. Quant à Charles Thérien, le maire de Duvernay, il n'était pas encore branché... Notons ici que le maire Conrad Bélair de la ville des Îles Laval n'était pas impliqué, car sa municipalité ne faisait pas partie de la Corporation interurbaine.

De plus, il y avait les conseillers municipaux de l'Île Jésus, au nombre de 88, qui se répartissaient à peu près également entre « radicaux » et « traditionalistes ». J'avais d'ailleurs recruté des conseillers dans les villes traditionalistes : trois conseillers dans la ville des Îles Laval, soit MM. Robert Filiatreault, Roger Barbeau et J. P. Gagnon. À Sainte-Rose, j'avais gagné à ma cause les conseillers Marc Poirier et Gérard Vézina. Il n'y avait rien à faire avec Laval-sur-le-Lac. À Sainte-Dorothée, j'avais réussi à enrôler sous ma bannière Jacques Renaud, Urgel Nadon et Roméo Lajeunesse.

Surtout, j'avais l'appui de tous les échevins de Chomedey, de la quasi-totalité de ceux de Laval-Ouest et d'Auteuil, de la moitié de ceux de Vimont, ainsi que d'un ou deux échevins dans Saint-François.

FÉVRIER 1964 : LA COMMISSION SYLVESTRE EST CRÉÉE

DEVANT TOUT LE BROUHAHA survenant aussi bien à Montréal que dans l'Île Jésus, le ministre des Affaires municipales, Pierre Laporte, m'annonce — en privé — qu'il a l'intention de créer deux commissions d'études, l'une pour Montréal et l'autre pour l'Île Jésus.

Quelques jours plus tard, le 16 janvier 1964, lors d'un déjeuner du Club Richelieu-Montréal à l'hôtel Reine Elisabeth, il annonce qu'il se propose de créer trois commissions d'enquête : l'une pour étudier la question des municipalités de l'île de Montréal, l'autre pour la Rive-Sud de Montréal et la troisième pour l'Île Jésus. Le ministre précise que les commissions seront formées de trois membres et qu'il demandera, pour chaque commission, aux tenants des fusions de suggérer un commissaire et aux autonomistes d'en proposer également un, le ministre se réservant le droit de choisir le président de chaque commission.

Immédiatement après le discours de Pierre Laporte, M. Lucien Saulnier vient vers moi et me déclare, avec le langage un peu cru qui le caractérisait : « Lavoie, moi je veux pas me faire fourrer, et c'est moi qui vais être commissaire sur la commission de Montréal. Tu devrais faire la même chose et te faire nommer pour l'Île Jésus. » J'écoute M. Saulnier m'exprimer ses craintes, et finalement je me permets de lui dire que je ne suis pas d'accord avec lui parce que je vois mal comment on peut être dans les circonstances à la fois juge et partie.

Par contre, je lui ai demandé de me suggérer le nom d'une personne de son administration, un économiste si possible, connaissant bien le dossier, et qui pourrait être mon choix pour la commission de l'Île Jésus. C'est ainsi qu'il me recommanda éventuellement M. Georges Longval, économiste à la Ville de Montréal, qui travaillait très près de M. Saulnier et qui partageait nos idées.

Dès le 7 février 1964, la Commission Sylvestre était formée. Au nom des «radicaux», j'avais donc suggéré M. Georges Longval, tandis que M. Payette, qui avait été consulté par M. Laporte, avait proposé le bâtonnier C. N. Dorion, ex-maire de Courville, près de Québec, l'un de ses amis personnels, qu'il avait notamment fréquenté dans le cadre des activités de l'Union des municipalités. M. Payette était d'ailleurs le vice-président de cet organisme. De son côté, M. Laporte choisit comme président le juge Armand Sylvestre, de la cour des sessions de la paix.

La Commission Sylvestre avait pour mandat d'étudier les questions du regroupement des municipalités et de la restructuration politique de l'île et, finalement, de se pencher sur les autres problèmes municipaux et intermunicipaux. La Commission devait remettre un rapport préliminaire le 1er mai 1964 et déposer son rapport final le 30 novembre 1964.

Moi, de mon côté, je ne reste pas inactif. Dès le 21 février, soit deux semaines après l'annonce de la composition de la Commission Sylvestre, je fonde le Regroupement municipal de l'Île Jésus que je veux être un regroupement non partisan. Son objectif premier doit être la restructuration administrative de l'Île Jésus. De plus, je souhaite qu'il serve d'instrument d'éducation civique et politique pour les problèmes municipaux et intermunicipaux. Enfin, ce regroupement devra faire connaître aux autorités compétentes ses points de vue sur ces problèmes, ainsi que les solutions qu'il souhaite voir appliquer, par la présentation de mémoires et de recommandations.

Le regroupement était très représentatif. J'en étais le président ; les vice-présidents étaient René David, échevin de Duvernay, et J. Ronald Smith, président du Greater St. Martin Protestant School Board ; le secrétaire du Regroupement était Gérard Vézina, échevin de Sainte-Rose ; le trésorier, le notaire Rodrigue Chartrand, échevin de Vimont (plus tard maire de Vimont) ; les conseillers juridiques étaient Adolphe Prévost, Jean Allaire et Jacques Tétrault ; le président du comité de recrutement était Rudy Hébert, marchand de Vimont. Les patrons d'honneur du regroupement étaient Jean Rochon, député fédéral (libéral) de Laval, Rodrigue Bourdages, ancien député fédéral de Laval (conservateur), ainsi que les maires Roger Provost de Pont-Viau, Marcel Pagé de Laval-Ouest, Rodolphe Lavoie de Saint-Vincent-de-Paul, Robert Paradis de Vimont et Adrien Dussault d'Auteuil. Le Regroupement recruta plusieurs centaines de membres, échevins, commissaires d'école, ainsi qu'un bon nombre d'hommes d'affaires et de contribuables.

Cependant, je dois préciser ici que, quelques jours plus tard, M. Bourdages démissionnait. Vivant à Laval-des-Rapides, et très près d'André Lagarde et du maire Claude Gagné, il avait certainement eu des pressions de la part de ces messieurs l'incitant à se retirer.

C'est lors d'une réunion de la Ligue d'autonomie municipale à Sainte-Rose le 28 février 1964 que Rodrigue Bourdages a d'ailleurs expliqué, assez péniblement, que s'il s'était retiré du Regroupement municipal, dont j'avais annoncé la formation le 21 février et dont il était patron d'honneur, c'est parce qu'il était contre les regroupements municipaux ! « Je ne suis pas en faveur des annexions, s'est-il mis à clamer. Je suis citoyen de Laval-des-Rapides et comme je suis plus que satisfait de mon sort, je ne veux pas être annexé. » Et, comme si ça ne suffisait pas, M. Bourdages s'est enferré davantage en s'en prenant à l'objectivité de la Commission Sylvestre, ce en quoi il fut immédiatement contredit par le président de la Ligue, Me Jean-Louis Léger lui-même, qui déclara prudemment que, selon lui, « il ne faut aucunement mettre en doute l'impartialité de la Commission », pendant qu'un des membres de la Ligue, l'économiste Raymond Perron, déclarait qu'il ne pouvait croire que des gens sérieux comme le juge Sylvestre et l'avocat C. N. Dorion siégeaient sur une commission fantôme.

Mes adversaires, de leur côté, manifestement s'organisaient. Ils formaient, dès le 23 février, la Ligue de l'autonomie municipale de l'Île Jésus. Ils annonçaient que les deux grands objectifs de cette Ligue étaient le maintien des 14 municipalités de l'île et l'aménagement régional des services communautaires par l'intermédiaire de la Corporation interurbaine de l'Île Jésus. La Ligue était présidée par Mᵉ Jean-Louis Léger, avocat de Chomedey, et par M. John R. Allan, de Fabreville. Elle regroupait les maires et échevins anti-fusionnistes, pour la plupart ardents partisans de l'Union nationale, à l'exception cependant de M. Olier Payette, bien connu pour ses sympathies libérales.

Lors de cette première assemblée de la Ligue, le 23 février, le président de la Corporation interurbaine de l'Île Jésus, M. Olier Payette, pointe ses canons directement sur moi, après avoir condamné la Commission Sylvestre qu'il considère comme un instrument taillé sur mesure pour servir les ambitions des annexionnistes.

« Il est évident, déclare M. Payette, qu'il s'agit d'une vaste conspiration dont le but est d'éliminer les structures politiques actuelles de l'administration municipale pour arriver à une concentration du pouvoir. (…) On s'en rend compte très rapidement si l'on étudie l'origine de la Commission Sylvestre. Qui en a réclamé la création ? Ce n'est pas la population, ce ne sont pas les conseils municipaux, et encore moins l'organisme intermunicipal existant, la Corporation interurbaine de l'Île Jésus. C'est le maire-député de Chomedey qui, devant la possibilité d'une augmentation des pouvoirs de la Corporation interurbaine, a lancé une campagne d'annexion qui devait aboutir à la création de la Commission Sylvestre, désireuse de promouvoir, par un rapport favorable, l'idée des annexions. »

M. Payette oubliait simplement une chose, c'est que le 27 novembre 1963, comme je l'ai rapporté précédemment, la

Corporation interurbaine avait été saisie, sur ma proposition secondée par nul autre que M. Claude Gagné, maire de Laval-des-Rapides et antifusionniste notoire, d'une motion souhaitant l'institution d'une « Commission régionale d'enquête pour étudier les modes d'administration, de financement et de développement de l'Île Jésus ».

Le Regroupement municipal suscitait un grand intérêt. Plus de 400 personnes se pressaient, par exemple, le 3 mars 1964, à l'école Saint-Jean à Pont-Viau pour sa première grande assemblée. J'ai souligné alors dans mon allocution que l'Île Jésus saurait éviter, par des fusions, les erreurs de Montréal qui avait tenté l'expérience de la Commission métropolitaine de Montréal, laquelle s'était révélée être un fiasco. J'ai également vivement critiqué le projet de la Ligue d'autonomie municipale visant à donner beaucoup de pouvoirs à la Corporation interurbaine, ce qui conduirait de toute façon à la création d'une seule municipalité « avec 13 quartiers bâtards ». Le vice-président du Regroupement municipal et conseiller municipal de Duvernay, M. René David, qualifiait de son côté la formule de la Ligue de « palliatif qui ne sert qu'à retarder l'heure de vérité ».

Et nous n'arrêtons pas : le Regroupement expédie une lettre circulaire le 11 mars 1964 à 36 000 foyers de l'Île Jésus. Nous expliquons dans cette lettre que la fusion permettrait d'offrir des services au coût le plus bas possible tout en contribuant au règlement des problèmes de réseaux routiers et de transport en commun.

Ici, je dois évoquer le plan proposé le 18 février 1964, soit en plein milieu de cette période, par Paul Dozois devant les membres de la Chambre de commerce du district de Montréal. Personnalité respectée, Paul Dozois avait été, avant 1960, ministre des Affaires municipales dans le gouvernement de l'Union nationale. Son expérience était impressionnante : il avait notamment été membre du Comité exécutif de la Ville de Montréal, ainsi que de la Commission métropolitaine de Montréal. Élu député de la circonscription montréalaise de Saint-Jacques sous la bannière de l'Union nationale depuis 1956, personne posée et réfléchie, sa proposition eut un retentissement considérable : il annonça en effet à un auditoire sidéré que la Ville de Montréal allait annexer toutes les municipalités, 18 en tout, situées à l'est de Dorval au cours des cinq années suivantes ! Par la suite, les 12 autres municipalités à l'ouest de Dorval seraient également annexées à Montréal en temps et lieu. Il prit soin de souligner qu'il ne faisait valoir qu'une opinion personnelle, fondée toutefois sur 20 ans d'expérience dans le domaine des affaires municipales.

Paul Dozois déclarait également que, pour que son projet puisse se concrétiser, l'Assemblée législative devrait adopter une loi. « Cette façon de procéder me répugne, disait-il, mais je ne vois pas d'autre possibilité si l'on veut faire passer le bien général avant les intérêts individuels. » M. Dozois affirmait également que la formule la moins coûteuse était l'annexion des municipalités de l'île par la Ville de Montréal, plutôt que la création d'un gouvernement métropolitain avec tout ce que cela implique aux plans de l'organisation administrative et des dépenses supplémentaires. « Il me semble, soulignait-il, qu'il est beaucoup plus simple, économique et logique de donner cette responsabilité à la Ville de Montréal, qui est tout à fait en mesure de l'assumer. »

Cette déclaration de Paul Dozois, qui prônait de faire éventuellement une seule ville de toute l'île de Montréal, eut un retentissement considérable. Son projet, qui allait dans le sens du combat que je menais, a dû certainement semer le désarroi dans les rangs de la Ligue d'autonomie municipale de l'Île Jésus. Paul Dozois, reconnu comme l'autorité de l'Union nationale en matière de questions municipales, qui se déclare en faveur des annexions, c'est vraiment le monde à l'envers, ont certainement pensé les membres de la Ligue !

D'ailleurs, on n'a pas oublié de rappeler par la suite à Paul Dozois son discours à la Chambre de commerce, notamment quelques mois plus tard lors de l'étude à l'Assemblée législative du projet de loi créant la Ville de Laval, alors que son parti, l'Union nationale, s'opposait farouchement à la fusion des municipalités de l'Île Jésus en prônant l'autonomie municipale, en exigeant des référendums et en combattant de toutes les façons possibles les annexions sur l'Île Jésus. Pourquoi « une île, une ville » pour l'île de Montréal, mais pas pour l'Île Jésus ? Ce fut tout un débat, comme nous allons le voir.

« TRADITIONALISTES »
CONTRE « RADICAUX »

LES JEUX SONT FAITS, les positions sont prises. Nous entrons dans une période où les attaques contre le concept de regroupement dans l'Île Jésus se multiplient, dès le mois de mars 1964. Ces attaques sont dirigées contre Pierre Laporte, contre la Commission Sylvestre et contre moi-même. Elles ne dérougiront pas, et iront même en s'accentuant, jusqu'au mois de novembre 1965, soit au moment des premières élections dans Laval tel qu'elle est aujourd'hui. On attaque tout ce qui concerne les réformes.

Je constate que mes adversaires, pouvant difficilement s'attaquer à la logique du projet de regroupement, n'ont pas hésité à s'attaquer de façon mesquine à ses artisans. Vers la fin de cette campagne, ces attaques, comme nous le verrons, deviendront féroces et même perfides.

C'est le 15 mars 1964 que les choses commencent vraiment à se corser : la Ligue d'autonomie municipale tient une assemblée dans Laval-des-Rapides. En fait, c'était plutôt la « ligue du vieux poêle » qui se déchaînait contre le regroupement dans l'Île Jésus. Sept orateurs prennent la parole : ils racontent n'importe quoi. Par exemple, le président de la Ligue, Jean-Louis Léger, déclare que le problème majeur dans l'Île Jésus n'est pas l'annexion, mais la spéculation. Selon lui, l'annexion a pour seul but de servir mes intérêts personnels. Un autre, Jean-Charles Brouillard, déclare que Chomedey a l'un des budgets d'opération per capita et l'une des dettes per capita les plus élevés de la province. Ce seraient là les vraies raisons de mes efforts pour regrouper les municipalités de l'île. La panacée, d'après eux, serait, «pour faciliter la gestion du territoire», d'accroître les pouvoirs de la Corporation interurbaine dont je veux, d'après eux, me débarrasser parce que je n'arrive pas à la contrôler.

Il est vrai que les gens qui voulaient utiliser la Corporation comme cheval de bataille n'étaient pas contents : le 11 mars, lors d'une réunion de cet organisme, j'avais proposé et fait adopter une résolution (n° 64-18-M19) afin qu'aucun mémoire ne soit soumis à la Commission Sylvestre au nom de la Corporation, dont les membres entretenaient des opinions trop divergentes, et qu'aucun adhérent ne puisse se prononcer en son nom.

La mi-mars de cette année 1964 marque également l'entrée à Québec de l'Union nationale dans la bataille. Paul Dozois, critique unioniste en matière d'affaires municipales, prétend le 13 mars en Chambre que la Commission Sylvestre veut procéder avec une célérité excessive et, sans me nommer, que je ne serais pas étranger à cette façon d'agir. Le ministre Pierre Laporte répond à Paul Dozois et déclare qu'un délai sera accordé si la Commission Sylvestre en fait la demande. Quant aux insinuations à mon sujet, le ministre Laporte s'interroge à haute voix sur le mode ironique : «Est-ce qu'un député qui est maire d'une municipalité aurait exercé des pressions particulières sur le ministre ? On ne l'a pas dit. Est-ce qu'un député qui est maire aurait exercé des pressions sur des membres de la Commission ? Est-ce que cette Commission aurait été créée dans le but de satisfaire les ambitions d'un personnage ? »

Le lundi suivant, le 16 mars, l'Union nationale revient à la charge avec une nouvelle approche : les commissions chargées par le ministre Pierre Laporte d'étudier les problèmes municipaux de l'île Jésus et de Montréal n'auraient pas d'existence «légale». Le ministre réplique en affirmant qu'au contraire elles en ont une puisqu'en vertu du chapitre 206 des Statuts refondus, le ministre a le droit de surveiller l'application des lois concernant les municipalités, ce qui inclut la possibilité de faire enquête.

Le chef de l'Union nationale, M. Daniel Johnson, et M. Paul Dozois se lancent alors dans une énumération des trois raisons qui, selon eux, ont amené le gouvernement à procéder de cette façon : l'impatience du ministre d'en arriver à une solution rapide ; ma soi-disant hâte de recourir à des annexions pour accroître les possibilités d'emprunt de Chomedey ; enfin, la volonté de Lucien Saulnier de rattacher à Montréal les municipalités environnantes.

C'est à cette même séance du 16 mars que le ministre Laporte, donnant suite aux critiques énoncées la semaine précédente par Paul Dozois, annonçait que le mandat de la Commission Sylvestre était prolongé d'un mois.

Comme toutes ces calomnies au sujet de la situation financière de Chomedey commençaient à m'échauffer les oreilles, je contre-attaque le 18 mars 1964 en donnant une grande entrevue au journal *Opinions de l'Île Jésus* à l'occasion du troisième anniversaire de la fondation de Chomedey, et je publie les états financiers de la ville préparés par la firme de comptables agréés Deslierres, Arcand & Associés. Il en ressort que Chomedey est dans une excellente situation financière.

Je signale notamment au cours de l'entrevue les six points suivants : les citoyens de Chomedey paient le même taux de taxe foncière depuis la première année, soit 90 cents du 100 $ d'évaluation ; les services y sont de meilleure qualité parce que les infrastructures y sont maintenant meilleures ; l'évaluation imposable a presque doublé de 1961 à 1964, c'est-à-dire un rythme d'accroissement d'environ 20 % par an alors que la dette obligataire pendant ce temps n'augmentait que de 12 % ; le pouvoir d'emprunt de Chomedey s'est amélioré considérablement puisque la ville a pu vendre ses obligations à des taux d'escompte avantageux ; enfin, le climat économique de Chomedey s'est amélioré considérablement grâce à l'établissement de commerces et d'industries importantes qui ont atténué le caractère uniquement résidentiel que notre ville avait tendance à prendre, créant ainsi un développement économique qui fait l'envie de beaucoup de villes de la région métropolitaine.

Le 23 mars, à Pont-Viau, le Regroupement municipal tient une grande assemblée où je déclare que la forme actuelle des municipalités de l'Île Jésus est une véritable entrave au développement, que ce soit la construction de routes, la création d'un pôle industriel, l'unification du transport en commun, la construction de ponts ou le prolongement du métro. Cependant, j'annonce que notre réflexion est terminée et que nous allons proposer à la Commission Sylvestre la création de deux villes comme étape initiale.

Ces deux villes seraient d'égales dimensions. Elles seraient divisées par la voie ferrée du Canadien Pacifique qui, comme l'on sait, traverse l'île en son centre du nord au sud. Je signale également que la création de ces deux villes permettrait de mener à bien tous les développements que je viens d'énumérer. Elles formeraient les troisième et quatrième plus grandes villes du Québec et elles auraient, en outre, du poids au moment des négociations avec le gouvernement provincial. Je rejette la formule de Corporation interurbaine que l'existence de seulement deux villes ne justifie pas.

Quelques semaines plus tard, le 21 mai, c'est Pierre Laporte qui est attaqué par le président de la Ligue de l'autonomie, Me Jean-Marie Léger, puis par Olier Payette le 2 juin, parce que le ministre avait déclaré quelques jours auparavant qu'il entrevoyait des changements majeurs dans les structures municipales de l'Île Jésus, et ce «pour bientôt». Me Léger considère illogique l'attitude du ministre; Olier Payette, de son côté, somme Pierre Laporte de s'expliquer: la Commission Sylvestre ne serait-elle donc qu'une «fumisterie et un paravent, chargée d'entériner une décision déjà arrêtée»?

M. Laporte a répondu à ces critiques et a fort bien expliqué sa déclaration: il a souligné qu'il avait pris connaissance de tous les mémoires déjà soumis à la Commission Sylvestre et qu'il avait noté que presque tous les mémoires s'opposaient au statu quo et demandaient l'établissement de limites territoriales plus logiques. Si tous les mémoires n'étaient pas d'accord sur les fusions, tous demandaient des changements radicaux dans les structures administratives.

Au cours de toute cette période, la Commission Sylvestre s'était établie à l'hôtel de ville de Pont-Viau et, rapidement, elle a commencé à entendre les intervenants qui avaient déposé des mémoires. En tout, 40 mémoires ont été soumis : ils venaient de toutes les municipalités, les chambres de commerce, les ligues de propriétaires, les corps intermédiaires, des individus, etc.

Parmi toutes ces représentations, je retiendrai quatre mémoires. Il y a eu évidemment celui du Regroupement municipal, document étoffé d'au-delà de cent pages, avec des tableaux et des statistiques sur les finances des villes. Ce mémoire avait été préparé sous la direction du greffier de Chomedey, M. Gaston Chapleau, qui avait réalisé, je me plais à le souligner, un travail exceptionnel, même s'il avait des délais très serrés, avec l'aide de notre directeur des Parcs et terrains de jeux, M. Jean-Paul Banville. Nous n'avons pas eu recours à des experts-conseils. M. Chapleau avait déjà vécu la première fusion. Il était donc la personne toute désignée pour préparer le mémoire du Regroupement municipal. Il a également trouvé le temps de préparer pendant la même période le mémoire de Chomedey relatant l'expérience de ses trois premières années d'existence.

Il est intéressant de noter que dans le mémoire du Regroupement municipal, nous avons deux grands chapitres, l'un sur les problèmes locaux de l'île et l'autre sur la situation de la région de Montréal, qui était encore alors la métropole du Canada... Nous exprimions notre accord à l'égard d'un gouvernement central qui engloberait toute la grande métropole : Montréal, Laval et la Rive-Sud, cela afin de promouvoir l'essor de la région montréalaise à laquelle nous avions le vif sentiment d'appartenir.

« La justification d'un tel organisme, disait notre mémoire, est conditionnelle, cependant, à une représentation équitable et proportionnelle à l'importance des unités territoriales qui en feraient partie. Par exemple, l'île de Montréal pourrait déléguer quatre représentants, l'Île Jésus deux [soit un représentant pour chacune des deux municipalités que proposait à l'époque le Regroupement municipal] et la Rive-Sud deux également. Cet organisme métropolitain implique donc, comme condition initiale, des regroupements municipaux non seulement sur l'Île Jésus, mais également sur la Rive-Sud et sur l'île de Montréal. »

On doit rappeler que le contexte de cette période nous aidait à promouvoir de telles idées : il y avait eu le discours de Paul Dozois à la Chambre de commerce du district de Montréal, dont nous avons déjà parlé ; il y avait eu également un grand reportage dans le quotidien *La Presse* sur l'île de Montréal, reportage intitulé : « Un énorme et bizarre territoire — 200 milles carrés — 31 municipalités — Une île de Babel ». Ce reportage, très bien documenté, démontrait clairement les multiples problèmes auxquels Montréal faisait face, faute d'un bon plan directeur au départ. On pourrait republier cet article aujourd'hui, soit 34 ans plus tard, sans y changer grand-chose...

Quant aux problèmes locaux de l'Île Jésus, nous en étions arrivés à recommander deux villes dont les superficies et les populations seraient d'importance à peu près égale, et nous indiquions que cette solution pourrait fort bien n'être qu'une étape vers la constitution d'une seule ville dans un avenir plus ou moins rapproché. Je me souviens d'ailleurs d'une remarque du commissaire, C. N. Dorion qui, peut-être impressionné par mon plaidoyer, me demanda : « Mais, M. Lavoie, si vos arguments en faveur des fusions sont tellement probants, pourquoi ne pas proposer plutôt une ville, au lieu de deux ? » Surpris du fait que cette remarque vienne du commissaire qui avait été proposé par M. Payette, je n'ai pu que répondre : « Mais, monsieur le Commissaire, si je vous ai convaincu, la décision vous appartient. »

Un deuxième mémoire, également bien étoffé, avait été préparé par M. Claude Langlois, urbaniste de la ville de Duvernay, et fut remis le 28 avril à la Commission Sylvestre par la Ville de Duvernay, dont M. Charles Therrien était le maire. Ce mémoire proposait la

Au XIXe siècle, d'immenses radeaux venus de l'ouest venaient s'immobiliser devant l'Abord-à-Plouffe, à l'endroit où la rivière des Prairies est très large. C'étaient les « cages », et les hommes qui pilotaient ces énormes radeaux s'appelaient des « cageux ». Ces cages étaient divisées à l'Abord-à-Plouffe en radeaux plus petits, de façon à pouvoir franchir les rapides du Sault-au-Récollet et continuer ensuite leur route jusqu'à Québec où les énormes billots étaient chargés sur des bateaux pour être exportés en Angleterre.

Mon arrière-grand-père Jean-Baptiste Lavoie
(1807-1885) avait 20 ans au moment des
troubles de 1837.

Mon premier combat. C'était vers 1933 à Plage
Laval. À droite, mon père Zéphyrin.

Mon père Zéphyrin, vers 1915,
cherchant sa route en Floride
avec sa Ford Modèle T.

La famille Lavoie en excursion en Floride en 1931. De gauche à droite,,
mon père Zéphyrin, moi-même et ma mère Laura.

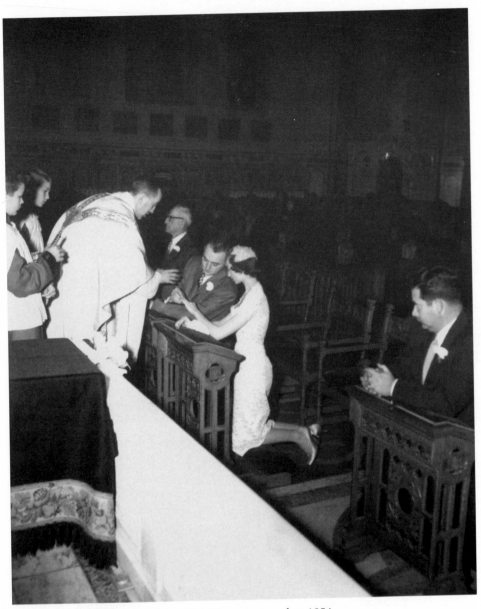

Jean-Noël Lavoie épouse Régine Lhéritier en novembre 1954.
Les témoins étaient Zéphyrin Lavoie et Raymond Lagacé.

Juin 1960 : assermentation comme député de Laval à l'Assemblée nationale du Québec en présence du premier ministre Jean Lesage.

15 octobre 1961 : inauguration par le premier ministre Jean Lesage du tripédium, monument érigé en l'honneur de la création de la ville de Chomedey.

Le tripédium.

La famille Lavoie célèbre la victoire que Jean-Noël avait remportée dans Laval avec une majorité de 34 574 voix à l'occasion des élections provinciales de 1962. De gauche à droite, Régine Lavoie, Martine, Sophie et Jean-Noël.

Août 1962 : visite du premier ministre Jean Lesage au stand de promotion de la ville de Chomedey à l'Exposition nationale de Toronto.

Février 1964 : le bureau de direction du Parti du regroupement municipal est constitué. Sont présents sur cette photo, de gauche à droite, MM. René David, Gérard Vézina, Roger Provost (qui était également maire de Pont-Viau), Jean-Noël Lavoie, président, Robert Paradis (également maire de Vimont), Rodolphe Lavoie (également maire de Saint-Vincent-de-Paul) et J. Ronald Smith.

L'hôtel de ville de Chomedey (jusqu'en novembre 1964).

L'hôtel de ville actuel de Laval.

Novembre 1964: inauguration du nouvel hôtel de ville de Chomedey (qui deviendra celui de Laval un an plus tard) par le ministre des Richesses naturelles, M. René Lévesque. De gauche à droite: le directeur de la police, M. Raymond Dion, Mme Lavoie, M. Lévesque, le révérend Wesley Ball, le rabbin Spiro et le curé Antoine Mondor.

Janvier 1964 : le ministre des Affaires municipales, M. Pierre Laporte, annonce devant les membres du Richelieu-Montréal réunis à l'hôtel Reine Élizabeth la création des commissions Blier et Sylvestre. De gauche à droite : MM. Jean-Noël Lavoie, maire de Chomedey et député du comté de Laval, Lucien Saulnier, président du Conseil exécutif de la Ville de Montréal, et Pierre Laporte.

NON
À L'ANNEXION

● Voulez-vous que Laval-des-Rapides disparaisse...? . . . . . NON = X

Janvier 1965 : la bataille des référendums fait rage dans l'Île Jésus. Ce tract, dont on voit l'entête ci-dessus, fut glissé sous toutes les portes de Laval-des-Rapides par les antifusionnistes.

Août 1965: premier conseil municipal de la nouvelle ville de Laval.
Il est composé de 21 conseillers municipaux, plus le nouveau maire,
M. Jean-Noël Lavoie.

Novembre 1965: les trois candidats à la mairie de Laval. De gauche à droite:
MM. Olier Payette, Jean-Noël Lavoie et Jacques Tétreault.

Juin 1968: Jean-Noël Lavoie et Pierre Elliott Trudeau se rencontrent pendant la campagne fédérale et ont l'air de bonne humeur.

Mars 1970: Pierre Laporte est l'orateur invité à l'assemblée d'investiture où Jean-Noël Lavoie est choisi par une large majorité nouveau candidat libéral dans le comté de Laval en vue des élections provinciales d'avril 1970.

Juin 1970 : Jean-Noël Lavoie devient président
de l'Assemblée nationale du Québec.

De 1976 à 1979, Jean-Noël Lavoie a assumé la fonction de
leader parlementaire de l'opposition à l'Assemblée nationale. À
sa droite, Gérard D. Levesque, chef intérimaire de l'opposition.

1992 : le gouverneur général du Canada, M. R.J. Hnatyshin, remet la médaille de membre de l'Ordre du Canada à M. Jean-Noël Lavoie.

1995 : à l'occasion du trentième anniversaire de la ville de Laval, les cinq maires qui ont dirigé la ville, accompagnés de leurs épouses, se retrouvent lors d'une célébration amicale. De gauche à droite : M. et Mme Lucien Paiement, M. et Mme Jean-Noël Lavoie, M. et Mme Gilles Vaillancourt, M. et Mme Jacques Tétreault et M. et Mme Claude U. Lefebvre.

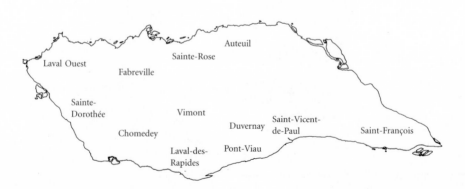

Auteuil

Sainte-Rose

Laval Ouest

Fabreville

Sainte-
Dorothée

Vimont

Saint-Vicent-
de-Paul

Saint-François

Duvernay

Chomedey

Laval-des-
Rapides

Pont-Viau

formation de six villes dans l'Île Jésus. La Commission fut impressionnée par la qualité de ce travail, et en fit état dans son rapport final. M. Langlois a d'ailleurs été par la suite engagé par la Ville de Laval comme directeur du Service d'urbanisme; il devint par la suite directeur-adjoint de la Ville. Il a pris sa retraite en 1991.

Il y avait également le mémoire que M. Olier Payette, en tant que maire de Sainte-Rose, avait produit. C'est un texte comportant des recommandations vraiment bizarres que M. Payette est allé exposer le 16 avril 1964 aux commissaires. La plus inattendue était certainement celle proposant que les frontières des municipalités de l'Île Jésus soient rectifiées de sorte que les 13 villes aient à peu près la même étendue et comptent sensiblement la même population une fois développées. Les commissaires ne donnèrent pas le sentiment d'être très impressionnés par les recommandations et par la performance de M. Payette.

Enfin, dans son mémoire soumis à la Commission le 20 mai, le Parti civique de Chomedey, dirigé par mes trois conjurés, Me Jean-Louis Léger, Me Henri Vinet et Albert Gagnon, déclare que l'expérience de Chomedey, formée par la fusion de trois villes, permettait de conclure que les annexions à l'échelle de l'Île Jésus ne seraient pas une solution valable. D'après le Parti civique, la Corporation interurbaine, si elle était dotée d'un comité central d'urbanisme, pourrait fort bien régler le problème de la planification dans l'Île. Les auteurs de ce pitoyable document n'ont pas pu résister à la tentation d'y aller d'une recommandation « ad hominem » : ils proposèrent vertueusement l'abolition de mon double mandat « pour éviter tout conflit d'intérêt ».

Nous arrivons ainsi au 17 juin 1964, date à laquelle la Commission Sylvestre dépose son rapport préliminaire. Mon opinion est qu'il s'agit d'un excellent document, réalisé dans un délai assez court, qui cerne bien tous les problèmes de l'Île Jésus. La recommandation principale est la création d'une ville ou, au maximum, de deux villes séparées par la voie ferrée nord-sud du Canadien Pacifique. Selon les commissaires, la seconde solution est pour l'instant la meilleure. Il faut noter que les villes des Îles Laval et de

Laval-sur-le-Lac ne sont pas incluses dans les recommandations de la Commission, ce qui me surprend un peu puisqu'il s'agit d'un tout géographiquement homogène.

Cependant, les recommandations préliminaires de la Commission ne plaisent pas à tout le monde. Les critiques les plus sévères ne tardent pas à fuser, que ce soit du côté de la Ligue de l'autonomie municipale ou du côté du Parti civique de Chomedey. Tous ces messieurs se retrouvent le 19 juin au soir à une réunion sous la présidence d'Olier Payette qui déclare que les membres de la Commission Sylvestre sont partiaux et incompétents. Le commissaire Dorion, son ami, n'a pas dû apprécier... De son côté, Mᵉ Jean-Louis Léger affirme que la Commission a manqué de sens de la « hiérarchie » : les commissaires ont négligé de parler du problème de la spéculation et ont placé le problème de l'urbanisme sur le même plan que celui des pompiers et des policiers. Pour Jean-Charles Brouillard, secrétaire de la Ligue de l'autonomie municipale, les doutes qu'il avait sur l'intégrité des commissaires sont confirmés par leur rapport : ils ont considéré leur mandat comme un jeu de politiciens.

Pour quelqu'un comme moi qui voulait brasser la cage des traditionalistes, c'était réussi. Le rapport préliminaire avait un retentissement considérable que le rapport final, déposé le 5 février 1965, vint confirmer en proposant en définitive « une île, une ville » pour l'Île Jésus.

Nous en arrivons maintenant à un événement qui a provoqué un tollé dans la classe politique : à la suite du dépôt le 17 juin 1964 du rapport préliminaire de la Commission Sylvestre, le ministre Laporte décide de présenter, le 30 juillet, un projet de loi à Québec aux dernières heures de la session, le projet de loi 70, qui décrète qu'il n'y aura pas d'élections municipales dans les Îles Jésus et Laval avant le 1ᵉʳ mai 1965. Cette mesure avait pour effet de suspendre les élections, prévues pour novembre 1964, dans les municipalités de Chomedey, Laval-Ouest, Fabreville, Vimont, Duvernay et Pont-Viau.

Le ministre précisait que ce projet de loi avait été déposé pour « empêcher que tout projet d'annexion ne fasse le sujet de campagnes électorales alors que la Commission d'enquête Sylvestre n'a pas terminé son étude sur les problèmes des municipalités des îles ».

Évidemment, le Parti civique et la Ligue de l'autonomie municipale ne sont pas contents et me tombent dessus à bras raccourcis. Le Parti civique se demande à haute voix si j'ai peur de me présenter devant l'électorat de Chomedey en novembre : « M. Lavoie croit sans doute qu'en mai prochain, moment où sont reportées les élections, les fusions ayant été décrétées, il s'adressera à une population différente. » Quant à la Ligue, elle déclare que le projet de loi 70 est une « mesure antidémocratique et un faux-fuyant en vue d'éviter que la population ne se prononce indirectement sur le problème des annexions ». La décision du ministre Laporte serait dictatoriale. Ce serait une nouvelle brimade pour l'autonomie municipale. Et la Ligue de tourner ses canons vers moi : elle déclare que « cette nouvelle loi ne peut que favoriser le maire Lavoie puisqu'il n'aura pas à répondre à la population de l'augmentation du fardeau des taxes ». Un peu plus tard, le 10 août, la Ligue me met au défi de mettre mon siège de député en jeu « pour permettre à la population de se prononcer » sur les projets de fusion.

De mon côté, je réagis évidemment au flot des allégations : j'annonce dès le 5 août 1964 que je vais faire pendant l'été le tour des municipalités de l'île pour vanter les avantages des fusions municipales et expliquer les motifs qu'a le gouvernement de suspendre jusqu'en mai suivant les élections municipales. Je ne me fais pas d'illusions cependant sur les effets de ma démarche : il y aura toujours malheureusement des esprits rétrogrades qui agissent comme si l'avenir n'existait pas.

Je publie également le 5 août 1964 une réplique élaborée au Parti civique et à la Ligue, dans laquelle je fais valoir qu'il faut envisager dans un avenir prochain une toute nouvelle structure politique et administrative de l'Île Jésus. Je rappelle que, de toute façon, il ne serait pas logique que le problème délicat des annexions soit le sujet de campagnes politiques, alors même que les experts de la Commission Sylvestre doivent remettre leur rapport final à l'automne. Je pose ce qui, à mon avis, est La grande question : quel administrateur public de l'Île Jésus voudrait laisser en héritage à ses enfants l'imbroglio que connaît notre grande voisine, Montréal ? Le même sort nous est réservé s'il n'y a pas une action immédiate. En conclusion, je cite le rapport préliminaire de la Commission Sylvestre qui fait preuve à mon avis d'une remarquable perspicacité lorsqu'il déclare : « À moins de donner à la population de l'Île Jésus les moyens physiques d'aspirer à l'unité de pensée, comme citoyens de l'île, on divisera les forces, face au progrès, au lieu de les multiplier. »

Cet été 1964 fut vraiment une saison d'accusations folichonnes. J'ouvre un beau matin de juillet l'hebdomadaire *Le Courrier de Laval* et je lis une annonce, payée par Albert Gagnon, vice-président du Parti civique de Chomedey, et intitulée « AVEZ-VOUS DÉJÀ REFUSÉ UN TERRAIN OFFERT GRATUITEMENT ? CHOMEDEY L'A FAIT ». Cette annonce disait en substance que le 25 octobre 1960 la Compagnie Cartier-Quémont avait offert un terrain gratuitement à Chomedey pour la construction de l'école Jean XXIII dans le quartier Renaud, et qu'en fin de compte l'école avait été bâtie ailleurs sur un terrain acheté au prix de 19 800 $.

Il y avait juste un problème avec cette accusation : Chomedey n'existait pas en octobre 1960 puisque la loi créant Chomedey avait été adoptée le 24 mars 1961 ! Ce qui fait que j'ai fait passer à mon tour dans le journal une annonce intitulée : « Monsieur Albert Gagnon, vous devenez de plus en plus RIDICULE », annonce dans laquelle je donnais un rapide cours d'histoire à l'intéressé tout en le sommant de se rétracter dans la prochaine édition du journal avec des caractères d'imprimerie de même format. On peut bien s'amuser un peu.

Au cours de ce même été 1964, le débat connut un nouveau tournant : les municipalités hostiles aux fusions se sont mises à évoquer la possibilité de tenir des référendums ; si mes souvenirs sont bons, c'est le conseil municipal de Saint-François qui, dès le 18 août, vota le premier pour la tenue d'un référendum. Et le 21 octobre, M. Olier Payette, président du nouveau Conseil inter-municipal de l'Île Jésus, qui avait remplacé la Ligue d'autonomie municipale, annonça la tenue de référendums dans plusieurs muni-cipalités de l'île afin de permettre aux citoyens de se prononcer sur les fusions. Nous allons examiner un peu plus loin cette affaire des référendums.

Pendant ce temps, les choses bougent dans Chomedey. La construction du nouvel hôtel de ville, notamment, est terminée en octobre 1964 ; l'activité dans tous les domaines est considérable et attire l'attention de tout le Québec. Sur le plan personnel, la seule note de tristesse de cette période est le décès à la mi-novembre de mon père qui était, j'ai déjà eu l'occasion de le dire, une personne remarquable et attachante à qui je dois beaucoup.

Le 22 novembre 1964, le nouvel hôtel de ville de Chomedey, qui est aujourd'hui celui de Laval, est inauguré par le ministre des Richesses naturelles, M. René Lévesque, alors ministre libéral, qui ne laisse planer aucune équivoque sur son opinion au sujet des problèmes intermunicipaux de l'Île Jésus. Le ministre m'encourage à poursuivre mon projet de regroupement municipal. « J'ai l'impression, lance-t-il, que les édifices que vous inaugurez aujourd'hui sont bâtis pour plus que le Chomedey d'aujourd'hui. Il faut unir nos forces : cela s'impose, car le regroupement des villes permet de se développer plus normalement et plus sainement. De toute façon, 1600 municipalités, c'est trop pour le Québec. » M. Lévesque s'est dit également très impressionné de voir les repré-sentants de trois confessions religieuses (catholique, protestante et juive) présents lors de cette inauguration. « Cela montre, a-t-il affirmé, que les barrières artificielles sont des choses que nous pouvons voir tranquillement diminuer. »

Ce nouvel hôtel de ville n'était pas un luxe, malgré certaines âneries qu'on a pu dire et écrire à ce sujet. Il représentait un inves-tissement d'un million et quart de dollars. Auparavant, l'admi-nistration de Chomedey logeait dans une mairie improvisée composée de deux maisons vétustes sises boulevard Lévesque près de l'usine de filtration. Le Conseil municipal siégeait au-dessus d'un lave-auto, boulevard Labelle. Pourtant, le personnel municipal de Chomedey comprenait près de 200 personnes et le budget annuel s'élevait à quatre millions et demi de dollars.

On se souvient que, dès l'été 1961, le Conseil municipal avait pris l'initiative de lancer, de concert avec l'Association des architectes du Québec, un concours d'architecture pour la création d'un ensemble comprenant l'hôtel de ville, le service de police, le service de lutte contre le feu et la cour municipale. Cette compétition suscita beaucoup d'intérêt au point que 40 projets furent soumis. Le jury était composé de son président, M. Jean Ouellet, architecte chargé du programme, de deux autres architectes désignés par leur association, MM. Victor Pruss et Maurice Gauthier, ainsi que de deux membres de l'administration municipale, le greffier, M. Gaston Chapleau, et moi-même. Ce jury décerna au mois d'octobre 1962 le premier prix à la société Affleck, Desbarats, Dimakipoulos, Libensold & Sise. Ces architectes de Montréal jouissaient d'une grande réputation au pays et ils avaient déjà gagné de nombreux concours de ce genre. Ils avaient à leur crédit la Place Ville Marie et la Place des Arts de Montréal. Le responsable du projet de Chomedey, M. Desbarats, devait devenir par la suite le doyen de la nouvelle faculté d'architecture de l'Université de Montréal.

Les plans sont donc approuvés durant l'été 1963 et l'on procède immédiatement aux demandes de soumissions publiques. Au mois d'août, les contrats sont accordés.

Nous avons dû également décider de l'emplacement de la mairie avant l'élaboration définitive de la structure architecturale. Où implanter ce futur centre civique? Dans l'Abord-à-Plouffe, endroit le plus populeux de l'île où l'idée même de la fusion avait pris naissance? Dans Saint-Martin? Dans Renaud? Le Conseil municipal arrête finalement son choix sur un site en pleine nature, sur le rang du Trait Carré (chemin du Souvenir), au centre géographique de la nouvelle ville, à la frontière des quartiers Saint-Martin et Renaud. Le conseil profite de l'occasion pour annoncer l'ouverture d'une nouvelle artère importante, le boulevard Chomedey, qui reliera les trois ex-villes directement au pont Lachapelle. Cette décision permettait non seulement de décongestionner le boulevard Labelle, déjà encombré, mais également de susciter de nouveaux investissements dans un secteur prometteur de la nouvelle ville.

Chomedey voit grand : on décide d'exproprier, au coût de 32 cents le pied carré, un terrain de 600 000 pieds carrés, ce qui représente trois fois les besoins immédiats. La municipalité mise en effet sur les projets futurs : bibliothèque, centre d'art, bureau de poste, édifices pour les services fédéraux ou provinciaux, etc. De toute façon, la municipalité peut toujours se départir des terrains en surplus : leur valeur a tellement augmenté depuis 1964 que toute vente constituera une bonne affaire pour la Ville, comme cela a été le cas il y a une dizaine d'années.

Le nouveau complexe occupe 31 525 pieds carrés, tout au fond d'une place publique agrémentée de talus verdoyants. Un premier édifice loge les bureaux de l'exécutif, les services administratifs et la salle de délibération du Conseil. Le deuxième édifice abrite le poste de police, la cour municipale et le poste des pompiers. L'édifice est construit selon des techniques qui sont alors toutes nouvelles au Canada.

En fait, je suis convaincu que cette réalisation architecturale, d'avant-garde pour l'époque, alliant un fonctionnalisme à une qualité de construction exceptionnelle, requérant des frais de maintenance et d'entretien réduits au minimum, sera pour longtemps un élément de fierté pour les Lavallois par son aspect toujours moderne. Un édifice public, dont la réalisation est une réussite, ne demeure-t-il pas d'ailleurs une œuvre d'art permanente, au même titre qu'une belle sculpture ou qu'un tableau de maître ? Les Lavallois peuvent être fiers de leur hôtel de ville.

Je souhaite enfin rappeler que Chomedey, en 1964, faisait l'objet d'un développement sans précédent. L'hôtel de ville représentait certes un investissement important, mais il y avait également beaucoup d'autres chantiers qui présageaient du dynamisme naissant de Laval. En fait, l'Île Jésus bourdonnait d'activités : entre

1956 et 1965 la population de ce qui était devenu Chomedey passait de 17 000 à 42 000 âmes; celle de Duvernay et Fabreville, respectivement de 3000 à 18 000 et de 2000 à 10 000; et celle de l'Île Jésus, de 69 000 à 170 000.

Chomedey, en 1964, évoluait dans tous les domaines et, sur le plan industriel, son essor attirait l'attention de toute la province. Dans un espace de temps relativement court, nous avons vu à cette époque un nombre sans cesse croissant d'entreprises s'y établir. Et je tiens à préciser que ces entreprises n'ont pas été attirées par des avantages ou par des privilèges, comme des réductions de taxes, mais simplement par le dynamisme qui animait la ville et par les possibilités qu'elle offrait aux entrepreneurs avertis.

LES RÉFÉRENDUMS

Cette deuxième vague de fusions aura vraiment suscité tout un débat! Avec le recul, je me rends compte que M. Olier Payette a toujours été de bonne foi. Il défendait sa cause honnêtement, à visière levée, pourrait-on dire. Il n'a pour ainsi dire jamais fait d'attaques personnelles. Il a gardé tout ce débat à un niveau élevé, ce qui n'a pas été le cas de mes trois conjurés, dont il a déjà été question, qui, eux, se sont livrés à des attaques malhonnêtes et malicieuses. Personnellement, durant toute cette affaire qui a duré environ quatre ans, je ne me suis abaissé à aucune attaque personnelle contre qui ce soit.

Je comprends la déception de M. Payette, l'amertume qu'il pouvait ressentir. Il était le plus ancien des maires de l'Île Jésus puisqu'il avait été élu dans les années cinquante. Il avait toujours cru à la Corporation interurbaine qu'il avait contribué à créer en 1959. Il croyait à cette formule, pour laquelle il a toujours réclamé des pouvoirs accrus, parce qu'il pensait sincèrement qu'elle serait de nature à promouvoir le progrès et l'avancement de l'Île Jésus.

C'était un homme très fier. Perdre la face lui était insupportable: maire de Sainte-Rose, vice-président de l'Union des municipalités, il savait fort bien qu'avec la fusion, la Corporation interurbaine disparaîtrait à tout jamais et que cela signifierait la fin de sa carrière politique.

Nous sommes donc au début de 1965; la remise du rapport final de la Commission Sylvestre est prévue quelques semaines plus tard. Les «traditionalistes» décident d'ouvrir un autre front: celui des référendums. Fabreville annonce le 8 décembre la tenue d'une consultation pour le 23 janvier 1965; le 30 décembre, Sainte-Dorothée choisit aussi le 23 janvier. Le 5 janvier, les villes de Sainte-Rose et de Saint-François en font autant, tandis que le 7 janvier, Laval-des-Rapides et Saint-Vincent-de-Paul se joignent aux précédentes pour annoncer qu'un référendum se tiendra effectivement dans toutes ces municipalités le 23 janvier 1965. Pont-Viau annonce qu'il y aura également référendum sur son territoire, mais dans son cas ce sera le 20 mars.

C'est le 7 janvier que M. Olier Payette choisit pour annoncer également la création du Conseil intermunicipal de l'Île Jésus, qui regroupe non seulement les sept maires, mais également des membres des conseils municipaux de 11 des 14 villes de l'île. M. Payette pensait ainsi résoudre son problème de représentativité. Le nouveau Conseil intermunicipal avait trois objectifs: représenter la population, prôner la coopération intermunicipale et, surtout, combattre la fusion des villes, comme je le préconisais. De l'autre côté, ma formation, le Regroupement municipal, comprenait également sept maires et des membres de conseils municipaux de 12 des 14 villes.

Le ministre des Affaires municipales réagit quelques jours plus tard et donne son opinion sur la question des référendums: tandis que *Le Devoir* annonce le 11 janvier que les Rapports Blier (concernant Montréal) et Sylvestre vont tous deux être remis incessamment à M. Laporte, soit le 15 janvier, ce dernier déclare reconnaître le droit des administrateurs municipaux à tenir des référendums, tout en ajoutant qu'il doute de leur valeur. Et Pierre Laporte n'hésite pas à souligner qu'il sait déjà que le rapport de la Commission Sylvestre est unanime, en dépit du fait que l'un de ses trois membres, l'avocat Charles N. Dorion, a été recommandé par Olier Payette, chef de file des antifusionnistes. Le ministre ajoute que le résultat de ces référendums n'aura guère d'influence sur la politique de son ministère.

Le Regroupement municipal, la formation politique dont je suis le président, a décidé de ne pas s'engager dans cette lutte référendaire. Il était en effet évident que les référendums allaient se tenir dans des villes contrôlées par des maires opposés à la fusion. Il aurait donc été, par exemple, difficile de vérifier la façon dont se déroulerait la votation ; il aurait été difficile d'avoir dans les bureaux de vote des représentants de notre option. Les fonctionnaires des municipalités regroupées sous la bannière de M. Payette étaient soit étroitement contrôlés, soit sous l'autorité de conseils municipaux antifusionnistes. On verra à cet égard l'expérience qu'on a eue à Laval-des-Rapides.

En fait, nous n'étions pas intéressés d'une part, à faire face à toutes sortes d'excès de démagogie et, d'autre part, même si nous avions été tentés de sauter dans cette mêlée, nous n'avions pas les fonds pour intervenir dans ces référendums. Le Regroupement municipal, les maires en faveur de la fusion et le ministre Laporte estimaient que le climat ne permettait pas de tenir des référendums objectifs.

M. Laporte avait d'ailleurs fort bien résumé la situation lorsqu'il a déclaré : « Va-t-on croire que le jugement très passionné de ces citoyens, chauffés à blanc pendant trois semaines contre le regroupement des municipalités, va prévaloir sur le jugement de trois commissaires qui, dans le calme et la sérénité, ont étudié la question pendant un an, surtout si l'on considère le fait qu'il y a unanimité des commissaires dans leurs conclusions ? »

Le tableau suivant présente les résultats des référendums tenus le 23 janvier :

Villes	Inscrits	Électeurs oui	non	% de parti-cipation
Saint-François	1 669	144	586	44 %
Sainte-Dorothée	1 600	225	636	54 %
Saint-Vincent-de-Paul	1 900	166	453	33 %
Fabreville	2 500	550	575	45 %
Sainte-Rose	1 740	160	816	56 %
Pont-Viau*	2 911	307	517	28 %
TOTAL	12 320	1 552	3 583	42 %
		(33 %)	(67 %)	(moyenne)

*Le référendum de Pont-Viau s'est tenu le 20 mars 1965.

En analysant ce tableau, on doit constater que, même si le débat public était général, le taux de participation n'a été que de 42 % en moyenne. On note également que les tenants de la fusion, sans qu'il y ait eu aucune campagne de leur part (sauf à Fabreville), ont tout de même représenté 33 % des votes exprimés, alors que le taux d'indifférence s'élevait à 58 % en moyenne. Rappelons également que seuls les propriétaires pouvaient voter lors de ces référendums.

Mais voici le bouquet : à la même date, toujours le 23 janvier, se tenait également à Laval-des-Rapides un référendum dont je n'ai pas tenu compte dans le tableau ci-dessus, et pour cause ! En voici les résultats extravagants. Nombre de voteurs inscrits : 5300 ; pour le oui : 142 ; pour le non : 3583, participation au vote : 70 %. Il faut souligner que, dans cette municipalité, les locataires avaient le droit de vote. De toute façon, ces chiffres étaient tellement fantaisistes que même les gens contre la fusion étaient un peu gênés.

Il existait à Laval-des-Rapides un Comité civique, dont le président était M. Jean-Paul Saindon, et qui était favorable à la fusion. Les gens de ce Comité ont tenté de surveiller la votation , le 23 janvier, se doutant bien que, avec la machine électorale qui existait à Laval-des-Rapides et qui était entre les mains d'André Lagarde et de ses compères de l'Union nationale, ce référendum pourrait se dérouler dans des conditions qui ne soient pas trop catholiques.

De fait, Me Gilles Duchesne, président d'élection et cousin du maire Gagné, a simplement refusé de nommer des représentants du *OUI* dans les bureaux de vote, sous le prétexte fallacieux qu'ils étaient déjà nommés, sans toutefois être en mesure de donner leurs noms. Ce qui est arrivé en vérité, c'est que les représentants du *OUI* et du *NON* ont été nommés par l'organisation d'André Lagarde. On n'est jamais mieux servi que par soi-même, n'est-ce pas?

De plus, pendant toute la journée du référendum, la force constabulaire de Laval-des-Rapides a refusé catégoriquement de vérifier le nombre de personnes qui entraient dans les bureaux de vote.

Il est également intéressant de noter que la moyenne des votes exprimés le 23 janvier 1965 dans les 42 bureaux de scrutin des cinq autres villes où il y avait référendum était de 103 personnes par bureau. À Laval-des-Rapides, cette moyenne était plus de cinq fois supérieure, soit 532 personnes par bureau!

Voici certaines données révélatrices à propos des votes négatifs exprimés : au bureau n° 5, 662 ; au n° 6, 665 ; au n° 7, 514 ; n° 3, 762. En somme, si on considère que le scrutin durait 10 heures, dans les bureaux 5, 6 et 3, il y a eu plus qu'un voteur à la minute, cela par une journée glaciale puisque le thermomètre indiquait moins vingt degrés Celsius.

Donc le Comité civique de Laval-des-Rapides (pro-fusion) a tenté tant bien que mal de surveiller la votation. Ses membres avaient assermenté des observateurs devant des juges de paix, à savoir M. Robert Roy, ingénieur, M. Miville Ross, ex-conseiller municipal, M. Jean-Claude Vaillancourt, ingénieur, Mmes Madeleine Vaillancourt et Marthe Vaillancourt (en passant, mentionnons que ces trois derniers étaient oncle et tantes du maire actuel de Laval, M. Gilles Vaillancourt), et M. Ronald Thall, un autre ingénieur.

Ces personnes ont déclaré sous serment s'être tenues dans des voitures à la porte de plusieurs bureaux de scrutin. Elles ont pu constater que, dans les bureaux n° 6 et n° 7, 236 personnes étaient entrées alors que l'on avait compté dans les boîtes de scrutin de ces deux bureaux 1119 bulletins. Au bureau n° 3, 360 personnes avaient franchi la porte alors que l'on avait compté 762 bulletins de vote…

Immédiatement après le référendum, le Comité civique a entrepris des procédures légales devant le juge Robert Hodge, de la cour des sessions de la paix. On a demandé le droit d'examiner les bulletins de vote, ce qui a été accordé par le juge mais à une date ultérieure. Cependant, ces procédures ont été abandonnées parce qu'un tel procès aurait duré six mois et que le moment s'y prêtait mal avec le dépôt le 5 février du rapport final de la Commission Sylvestre et l'approche de plus en plus évidente de la fusion.

Ce référendum du 23 janvier 1965 dans Laval-des-Rapides devrait faire partie de toute bonne anthologie de la politique québécoise comme exemple des excès que peut commettre une machine électorale. Cela n'avait aucun sens. La machine de l'Union nationale dirigée par André Lagarde s'était probablement emballée et avait simplement dépassé les bornes de la décence politique.

Il est d'ailleurs intéressant de souligner que, quelques jours avant la tenue de ce référendum, le même André Lagarde avait annoncé qu'il serait candidat contre moi à la mairie de Chomedey aux élections prévues pour le 5 mai suivant. C'était bizarre : je n'ai jamais pu m'expliquer comment il pouvait croire que les gens allaient le prendre au sérieux. André Lagarde était un résident de Laval-des-Rapides et il n'était même pas éligible comme candidat à la mairie de Chomedey…

En fait, André Lagarde était parfaitement au courant de ce qui se passait au sein de l'Union nationale ; il savait la lutte que son parti faisait au projet de fusion dans l'Île Jésus. Je pense qu'il cherchait une occasion, même farfelue, pour se mettre en évidence dans la bataille à venir, avant ou après la fusion qu'il savait imminente. C'est ce qu'il a obtenu en faisant part de ses ambitions dans Chomedey au journaliste Mario Cardinal, du *Devoir*, après une causerie, le 11 janvier, au Club Renaissance de l'Union nationale. Ce quotidien, faisant preuve d'habitude d'un esprit plus critique, tombait dans le panneau et titrait le lendemain : « André Lagarde fera la lutte à Noël Lavoie à la mairie de Chomedey». En fait, n'était-ce plutôt la mairie de la future Ville de Laval que Lagarde visait?

Le rapport final de la commission Sylvestre fut déposé le 5 février. Ce document comprenait trois volumes, dont un consacré aux statistiques. Il est intéressant d'en prendre connaissance parce que les trois commissaires avaient vraiment cerné toutes les dimensions historiques, sociales et économiques du potentiel de l'Île Jésus, et ce que cela signifiait pour l'avenir de l'île.

Voici d'ailleurs, pour mémoire, le texte des onze recommandations du Rapport Sylvestre:

1) La commission recommande la création d'une ville unique pour tout le territoire de l'Île Jésus, y compris les îles Laval et Laval-sur-le-Lac.

2) La commission recommande de donner le nom de «Cité de Laval» à la nouvelle ville.

3) La commission recommande la division du territoire en six districts représentés par un total de 16 échevins.

4) La commission recommande la création d'un conseil (comité législatif) formé d'un maire, de quatre membres du comité exécutif et de 16 échevins, ces derniers élus dans leur district respectif, tous élus pour une période de quatre ans.

5) La commission recommande la création d'un comité exécutif composé du maire, qui le préside, et de quatre membres, tous élus par la population entière de l'île.

6) La commission recommande que la détermination des pouvoirs entre l'exécutif et le législatif soit très précise, afin d'empêcher l'intervention des membres du législatif dans l'exécution des décisions prises par le conseil.

7) La commission recommande que soit prévue pour le maire et pour les membres du comité exécutif une rémunération suffisante pour leur permettre de consacrer tout leur temps aux affaires de la ville.

8) La commission recommande qu'en principe la Loi des cités et des villes s'applique à la nouvelle ville, en y apportant des

modifications et en tenant compte de la situation particulière de certains quartiers et des obligations contractées par certaines municipalités antérieurement à la fusion.

9) La commission recommande d'introduire dans la charte de la nouvelle ville les parties du Rapport Sylvestre préparé pour la cité de Québec, et dont les commissaires font état dans un autre chapitre du présent mémoire.

10) Afin d'enrayer la spéculation, la commission recommande l'adoption d'une législation qui soit dans le sens et dans l'esprit du mémoire présenté en 1963 à la Commission royale d'enquête sur la fiscalité par le comité canadien de la recherche sur la taxation.

11) La commission recommande l'étude immédiate de la situation actuelle dans l'île pour ce qui concerne le drainage, l'aqueduc, les usines de filtration et d'épuration.

Dans ce rapport final, on insistait donc sur l'importance d'un centre unique de décision. Les Commissaires concluaient que leur formule constituait l'unique moyen d'unifier les forces vives de l'île.

Par ailleurs, la Commission rejetait la formule des référendums pour des motifs aussi bien de droit que de fait. « Nous tenons pour illégale, à cause du manque de contiguïté, la tenue de référendums sur la fusion de toutes les villes en une seule, affirmait-elle. Nous sommes d'opinion, d'autre part, que la Législature peut, par une loi, décréter la fusion et former la ville unique. »

Invoquant ensuite des motifs de fait, les commissaires ont même été jusqu'à prendre le contre-pied de certaines idées reçues au sujet des référendums et ils ont déclaré : « Nous estimons antidémocratique le fait de demander au peuple de statuer sur une question fort complexe dont on ne l'a pas instruit au préalable. » Voilà une opinion que les rédacteurs professionnels de questions référendaires devraient méditer.

Le juge Sylvestre n'a d'ailleurs pas hésité à venir discuter lui-même de cette prise de position le 9 février 1965, soit quelques jours après la publication du rapport qui porte maintenant son nom, devant les membres du Club Kiwanis de Duvernay-Pont-

Viau. Il déclara d'abord que la formule du gouvernement supra-municipal avait été rejetée parce qu'elle aurait provoqué des chicanes perpétuelles. Le juge précisa ensuite que la tenue de référendums avait été également rejetée en raison de l'atmosphère survoltée dans l'Île Jésus, en soulignant que, contrairement à certaines rumeurs, il n'y avait eu aucune ingérence de la part du ministre Pierre Laporte. Le juge Sylvestre terminait enfin son allocution en rappelant que les problèmes de l'Île Jésus ne pouvaient être comparés à ceux de Montréal et qu'on ne pouvait donc, pour cette raison, appliquer les mêmes solutions dans les deux îles.

Le juge Sylvestre revint à la charge le 24 juin 1965: «Les problèmes financiers de l'Île Jésus sont des problèmes de croissance rapide», affirmait-il. Selon lui, l'urbanisation, accélérée par l'arrivée d'une population jeune, avait entraîné un développement rapide des services municipaux. De plus, le peu de diversité de l'assiette fiscale augmentait les charges. Le sol était peu utilisé et il était presque exclusivement occupé par le secteur résidentiel. Toujours selon le juge, il fallait donc diversifier l'utilisation du sol afin que le fardeau fiscal ne soit pas uniquement supporté par les citoyens résidants. Il préconisait donc l'accroissement de l'activité commerciale et industrielle de l'île.

La commission estimait que chaque ex-ville devait, après la fusion, rester responsable de ses propres dettes. Elle proclamait l'urgence d'appliquer un plan directeur d'aménagement.

Le Rapport Sylvestre comportait également une analyse intéressante du concept de l'autonomie municipale. Cette analyse avait un caractère particulièrement opportun alors que nous vivions une vague de référendums pilotés par une Ligue dont les membres n'avaient que le mot «autonomie» à la bouche.

D'abord, qu'est-ce que l'autonomie municipale? Existe-t-elle seulement? Autonomie, précisent les commissaires, signifie «liberté totale et indépendance dans l'exercice d'un pouvoir non délégué». On peut parler d'autonomie dans les relations d'un pays à un autre. Mais «il ne peut être question d'autonomie dans les relations de municipalités entre elles, ou entre le pouvoir central et les municipalités».

Dans le cas du Québec, il y a décentralisation politique des pouvoirs conférés par la constitution; on peut alors parler d'autonomie. Mais dans le cas, par exemple, des municipalités de l'Île Jésus, les corporations municipales sont le résultat d'une décentralisation administrative. Ainsi, la décentralisation politique vise l'activité gouvernementale alors que la décentralisation administrative ne vise que des pouvoirs d'administration.

La province a le droit de légiférer en vertu d'une puissance qui lui appartient en propre: elle peut se donner elle-même des règles dont la valeur juridique ne dépend d'aucune autre autorité. La corporation municipale, au contraire, ne possède que des pouvoirs de réglementation dans certains services administratifs. Elle ne peut légiférer et les actes qu'elle peut accomplir n'ont d'autre valeur juridique que celle que leur accorde spécifiquement la province, laquelle décentralise ainsi ses pouvoirs. Il en résulte que les municipalités jouissent d'une large mesure d'indépendance administrative et «nous croyons, disent les commissaires, que c'est dans ce sens que nos administrateurs municipaux parlent d'autonomie municipale». Il reste, en fait, que juridiquement cette fameuse autonomie n'existe pas puisque la province peut toujours modifier l'exercice des pouvoirs qu'elle a délégués.

J'ai d'ailleurs développé cette argumentation le 24 février 1965 à l'Assemblée législative à Québec au cours du débat en deuxième lecture sur le projet de loi nº 13 intitulé «Loi de fusion volontaire des municipalités». Je citais vers la fin de mon intervention Tocqueville, qui déclarait dans *De la démocratie en Amérique*: «Une nation doit établir un système de gouvernement libre, mais, sans l'institution municipale, on n'aura jamais l'esprit de liberté.» Je rappelais également que «nous sauvegarderons le palier municipal, qui est nécessaire en démocratie, si nous pouvons créer des entités plus fortes par le regroupement de municipalités qui peuvent s'administrer elles-mêmes et qui peuvent se faire entendre et dialoguer avec le pouvoir provincial».

Peu après le dépôt du rapport, le ministère des Affaires municipales a décidé de consacrer une somme de 50 000 $ pour l'impression et la diffusion d'un bulletin d'information sur les recommandations du Rapport Sylvestre. Ce bulletin serait distribué à toute la population de l'Île Jésus. Évidemment, l'opposition à Québec, et notamment Daniel Johnson, Jean-Jacques Bertrand et Paul Dozois, se mit à déchirer sa chemise en déclarant qu'il était inacceptable que l'argent des contribuables serve à faire de la propagande, ce à quoi le ministre Laporte répondit simplement qu'il s'agissait d'informer la population.

Finalement, le rapport final de la Commission Sylvestre n'a rien changé au comportement des antagonistes. Ce rapport était pourtant bien structuré et bien conçu. La lutte, en fait, continua en s'accentuant.

UN DÉLUGE D'ACCUSATIONS

Deux semaines ne se sont pas écoulées depuis la publication du rapport final de la Commission Sylvestre que le maire Payette déclare qu'il s'agit d'une vaste conspiration. Il attaque tout le monde: le ministre des Affaires municipales Pierre Laporte, les membres de la Commission Sylvestre et les promoteurs de la fusion.

De son côté, l'Union nationale enchaîne le 24 mars 1965 à l'Assemblée législative avec des attaques contre tout ce qui était favorable aux fusions. Daniel Johnson déclare notamment, au comité des subsides, que l'un des deux documents d'information sur le Rapport Sylvestre, une brochure illustrée destinée à tous les citoyens de l'Île Jésus, servirait à vendre «des recommandations litigieuses avec des fonds publics». Le chef de l'opposition déclare également que «la campagne de propagande» porte sur un domaine dans lequel je serais en «conflit d'intérêt» du fait de mes deux fonctions de maire de Chomedey et de député de Laval.

Le premier ministre Lesage intervient alors et reprend le chef de l'opposition en lui rappelant que, s'il a des accusations de conflit d'intérêt à porter contre un député, il doit le faire devant le comité parlementaire des privilèges et élections, et non en comité des subsides réuni pour adopter un budget supplémentaire. Daniel Johnson flaire le piège et déclare que tout ce qu'il dit, c'est que «le maire de Chomedey, également député à l'Assemblée législative, est celui, et c'est de notoriété publique, qui a prôné la solution qu'a entérinée le Rapport Sylvestre ». C'était faux : la solution que j'avais proposée à la Commission était la création de deux villes, et non pas d'une seule, ce qui fut la recommandation de la Commission.

Des prises de position pour et contre les fusions fusent de toutes parts. Une dizaine d'orateurs antifusionnistes prennent la parole le 7 février 1965 lors d'une assemblée que *Le Devoir* du lendemain qualifie de « tiède manifestation à l'Île Jésus contre le Rapport Sylvestre ».

Par contre, des appuis au regroupement des municipalités de l'île se font aussi entendre. Le 10 février, la Corporation inter-urbaine de l'Île Jésus, par un vote de 7 à 5, se déclare favorable aux recommandations de la Commission Sylvestre et accorde même un vote de félicitations aux membres de cette commission.

Par ailleurs, les délégués d'une instance de la Fédération des travailleurs du Québec, le Conseil du travail de Montréal, qui parlaient au nom de 150 000 travailleurs, adoptaient à la fin de février une résolution appuyant les conclusions des rapports Blier (sur Montréal) et Sylvestre. Le CTM constatait que « les développe-ments rapides des dernières années ont conduit à l'anarchie et maintes municipalités sont privées des services nécessaires. Si l'on ne veut pas que se répète sur l'Île Jésus ce qui est arrivé sur l'île de Montréal, le gouvernement provincial doit intervenir immédiate-ment. » N'oublions pas que cette résolution a été rédigée par le CTM en 1965, et non en 1997 !

Du côté des médias, les commentaires étaient plutôt positifs, à l'exception évidemment du *Montréal-Matin*, l'organe de l'Union nationale. Le 7 avril, *Métro-Express* appuyait le principe du regrou-pement municipal dans l'Île Jésus et déclarait en éditorial : « Force nous est faite de reconnaître le bien-fondé du principe même du projet d'annexion. Il y va certainement de l'intérêt de la population de l'Île Jésus [...] Il est parfaitement justifiable que le gouverne-ment provincial veuille éviter sur l'Île Jésus les problèmes presque insolubles qui se posent sur l'île de Montréal, parce qu'il y a vingt, trente ou quarante ans, on n'a pas eu le courage de prendre les mesures qui s'imposaient. Le gouvernement a choisi la voie la moins facile en décidant de légiférer aujourd'hui pour demain. C'est la voie la plus méritoire. La seule raisonnable. »

L'opinion anglophone suivait également les événements avec grand intérêt. Le 9 avril, le *Montreal Star* abordait de façon constructive la question du regroupement municipal de l'Île Jésus. « *Whatever problems are created by the forthcoming unification program — and it would be foolhardy to pretend there will be no problems — Île Jésus will at least be able to grow in an orderly fashion. Its unit administration will be able to deal in advance with those problems of development and jealousy so painful in the Montreal agglomeration. What happens will be watched with the closest atention by other civic leaders because all of them must realize that the pilot project must be adapted, in varying degree, to any area which the government considers inefficient, trouble-ridden or where inter-municipal cooperation seems unattainable.* »

Il faut souligner également l'appui de CJMS, l'une des stations radiophoniques de Montréal les plus écoutées en 1965, qui diffusait le 10 février un éditorial intitulé : « L'Île Jésus, deuxième ville française d'Amérique ». Pressentant que les anti-annexionnistes allaient tenter par tous les moyens de me livrer un combat sans merci, CJMS leur rafraîchissait la mémoire en déclarant : « Ceux qui ne sont pas d'accord avec la Commission Sylvestre et qui s'opposent à la fusion des 14 municipalités actuelles en une seule ville auraient grand intérêt à se souvenir que les villes de Renaud, Saint-Martin et l'Abord-à-Plouffe sur l'Île Jésus ont eu tout à gagner en fondant la Cité de Chomedey il y a quelques années. Cette initiative du député de Laval a rapporté des dividendes. Chomedey n'est-elle pas aujourd'hui l'une des municipalités les plus populeuses, les plus prospères de la banlieue montréalaise ? De trois petites villes qui végétaient, on a fait une cité forte... Alors que l'Île Jésus en est encore à la période de son développement et alors que les circonstances le permettent, il est temps d'agir afin que les payeurs de taxes, présents et futurs, ne puissent reprocher aux responsables de la chose publique de n'avoir pas prévu les problèmes et les mésa-ventures dont Montréal se ressent encore. »

De son côté, la Chambre de commerce de Chomedey votait deux résolutions à l'unanimité le 8 février : elle appuyait les recommandations de la Commission Sylvestre et exprimait le souhait « qu'une décision soit prise sans délai par les autorités gouvernementales compétentes de constituer une seule ville sur l'Île Jésus ».

D'autre part, par un vote unanime, des centaines de citoyens venus de tous les coins de l'Île Jésus prièrent à la mi-février le gouvernement provincial de mettre en application au plus tôt les principales recommandations du Rapport Sylvestre. Cette assemblée était certainement la plus représentative jamais tenue depuis les débuts de la discussion publique sur le regroupement. On y comptait en effet une demi-douzaine de maires, soit MM. Roger Provost, Rodolphe Lavoie, Charles Thérien, Marcel Pagé, Robert Paradis, Adrien Dussault, une trentaine de conseillers municipaux, des représentants des commissions scolaires et des responsables d'associations les plus diverses.

J'ai pris la parole à cette grande assemblée, en soulignant que la solution Sylvestre était la seule façon de fournir à tous des services publics égaux à des taux qui le soient aussi. J'ai également signalé dans mon allocution que la fusion ferait de Laval la deuxième ville de la province et la neuvième du Canada, ce qui ne pourrait qu'attirer les investisseurs.

Vers la mi-février 1965, il était devenu évident que mes adversaires avaient de la difficulté à promouvoir leurs idées. Les appuis au regroupement des municipalités de l'Île Jésus étaient nombreux et bien structurés ; le juge Sylvestre était accessible et faisait valoir à chaque occasion le bien-fondé des recommandations de sa Commission.

C'est alors que mes adversaires décidèrent de prendre les grands moyens en se lançant dans une véritable campagne de dénigrement et de calomnies contre moi. À court terme, ils cherchaient à me démolir à l'approche des élections prévues dans Chomedey pour le 3 mai 1965.

Pendant la fin de semaine du 20 février, un véritable tissu de faussetés, intitulé « Dossier du Parti civique de Chomedey », fut adressé au procureur général du Québec, Me Claude Wagner, au ministre des Affaires municipales, M. Pierre Laporte, et aux 94 députés à l'Assemblée législative. Le dossier avait 23 pages et portait contre moi une série d'accusations tout aussi mensongères les unes que les autres, sur lesquelles je reviendrai. En deux mots, le Parti civique de Chomedey réclamait une enquête sur moi et mon administration, ainsi que des poursuites judiciaires.

Dès le lundi suivant, je contre-attaque et fais parvenir au procureur général, avec copies à MM. Lesage et Laporte, le télégramme suivant : « Ayant appris qu'une enquête est demandée à mon sujet, suis très favorable à la tenue d'une telle enquête et vous prie humblement d'y procéder sans délai afin de faire connaître la vérité sur mon compte et que cessent les attaques malicieuses qui ont pour but de nuire au projet de fusion que je préconise dans l'Île Jésus. »

Le lendemain, 23 février, tous les journaux du matin faisaient état du « dossier » du Parti civique de Chomedey. À trois heures de l'après-midi, je me lève à l'Assemblée législative sur une question de privilège et je démolis avec vigueur, point par point, les calomnies du « dossier », sans oublier de souligner dès le départ que ce document n'est pas signé. Et je précise : « N'y trouvant aucune signature, j'ai vérifié ce matin même au service des compagnies à Québec, au Greffe des raisons sociales à Montréal ainsi qu'à la bibliothèque du Barreau à Montréal et je n'ai trouvé aucun enregistrement pour le Parti civique de Chomedey. »

Ensuite, je règle définitivement la question, également au dossier, de mes soi-disant relations avec un trafiquant de drogue, du nom de Lucien Rivard, qui venait de s'échapper de prison. « Avant de réfuter chapitre par chapitre ce prétendu dossier, je veux nier catégoriquement que Lucien Rivard, dont il est question en ce moment à l'enquête Dorion, soit mon client, tel qu'il est dit en première page du *Montréal-Matin* de ce jour et je déclare que je n'ai jamais eu affaire ni de près ni de loin avec lui. Je réserve à ce sujet mes recours contre ce journal. »

Puis, après avoir réfuté les allégations du document, je déclare à la fin de mon intervention : « J'ai chargé, M. le Président, ce matin même, mes procureurs d'instituer sans délai toutes les procédures nécessaires en libelle diffamatoire contre les responsables de ce prétendu dossier. »

Un aspect extrêmement important de cette affaire était que le document n'était pas signé. Cela n'a pas empêché l'Union nationale de poser des questions et de presser le ministre de faire enquête. En fin de compte, je crois que c'est l'Union nationale elle-même qui a révélé les noms des personnes qui étaient derrière cette affaire. Toujours est-il que ces personnes ont déclaré, selon *Le Devoir* du 27 février, qu'elles endossaient la responsabilité du « Dossier du Parti civique de Chomedey » : il s'agit du trio que j'ai l'habitude d'appeler les « trois conjurés », c'est-à-dire Me Jean-Louis Léger, Me Henri Vinet et M. Albert Gagnon, lesquels étaient effectivement les têtes dirigeantes de ce parti.

Je ne perds pas de temps et j'intente dès le 2 mars une poursuite en diffamation en cour supérieure contre mes trois accusateurs. Le montant de l'action, pour dommages à ma réputation personnelle, à ma réputation professionnelle et en indemnité est de 300 000 $.

Ce « dossier » comprenait quatre chapitres ; l'un portait sur de prétendus transferts de propriété pour des fins électorales, transferts qui auraient été effectués en 1958, soit sept ans auparavant. J'ai déclaré en Chambre là-dessus que je pouvais affirmer qu'aucun des acheteurs n'avait été inscrit sur la liste électorale et n'avait voté aux élections tenues en 1958 à l'Abord-à-Plouffe.

L'autre chapitre du « dossier » concernait de soi-disant faux sceaux de compagnies. On avait déjà soulevé cette question, lorsque j'avais contesté l'honnêteté du référendum dans Laval-des-Rapides, au sujet d'incidents qui s'étaient produits au moment du référendum dans Ville de Renaud en janvier 1961, soit quatre ans auparavant. Cette affaire avait été soulevée une première fois en janvier 1964, au début de la bataille des fusions. L'auteur Roger-J. Bédard a élaboré sur cette question dans son livre *La bataille des annexions* publié en janvier 1965. Et finalement, le Parti civique ressortait cette vieille histoire dans son dossier de fin février 1965.

Voici les faits : lors du référendum de 1961 dans Renaud, il y avait sur la liste électorale 787 électeurs, dont 84 compagnies ; 526 voteurs se sont exprimés, dont 56 compagnies. On sait que pour que les compagnies aient le droit de voter à des référendums, il fallait qu'elles désignent un représentant.

Passons immédiatement au résultat du référendum : le OUI l'avait remporté par 310 votes contre 199, pour une majorité de 111 voix. Le ministère des Affaires municipales avait délégué comme présidents d'élection deux notaires de Saint-Martin : Mᵉ Léo Taillefer et Mᵉ Gérard Lavoie. Comme il s'agissait d'un référendum où il n'y avait pas beaucoup d'électeurs, tous les votes étaient importants. Les tenants du OUI, dont je faisais partie, ont donc sollicité les compagnies afin qu'elles passent des résolutions pour désigner un représentant. Un certain nombre d'entreprises, une quarantaine si ma mémoire est bonne, ont donné suite à nos demandes, même s'il a fallu les contacter à Montréal ou à New York puisque ces compagnies étaient loin d'avoir toutes leur siège social dans la ville de Renaud.

Nous obtenons donc ces résolutions en bonne et due forme, signées par le secrétaire de chaque compagnie. Un de nos organisateurs soumet ces résolutions aux deux présidents d'élection pour que les représentants de ces entreprises puissent obtenir le droit de vote. Le notaire Gérard Lavoie, qui était le neveu du maire Demers de Renaud, opposé à la fusion, ne cachait pas ses couleurs et, comme son oncle, était opposé à la fusion. Il nous a déclaré qu'il refusait d'accepter certaines résolutions en invoquant le prétexte qu'elles n'arboraient pas le sceau de la compagnie concernée.

Or tous les légistes, juristes, avocats, comptables et hommes d'affaires savent depuis de nombreuses années que personne n'exige plus les sceaux sur les résolutions de compagnies. Les sceaux sont faits quand on incorpore la compagnie. Ils sont chez l'avocat ou le comptable, mais — et je peux l'affirmer étant moi-même notaire — ce n'est pas une obligation légale d'apposer le sceau sur les résolutions. Mᵉ Lavoie refuse néanmoins plusieurs de ces résolutions en prétextant que les sceaux n'étaient pas apposés.

Nous retournons voir les représentants des compagnies et réussissons à localiser les sceaux, sauf 17 qui ne savaient plus où ils étaient. Ces représentants nous ont autorisés à faire fabriquer des sceaux pour satisfaire les contraintes que nous imposait Mᵉ Gérard Lavoie. Ces sceaux ont été faits à la maison W. D. Armstrong au coût de dix dollars pièce. C'est Gaston Clermont qui est allé faire fabriquer les 17 sceaux chez Armstrong, rue Notre-Dame Ouest. Gaston Clermont était à l'époque un tout jeune homme, dont l'oncle Roch Clermont, un courtier en assurances respecté de l'Abord-à-Plouffe, était mon organisateur en chef.

Les sceaux neufs ont été apposés sur les résolutions, lesquelles furent remises ensuite aux présidents d'élection afin de légaliser le droit de vote de ces 17 compagnies. Les représentants de ces entreprises ont alors voté.

Tout était parfaitement légal, mais on dirait qu'il y a dans ces objets anciens que sont les sceaux une dimension mystérieuse. Auparavant, on utilisait de la cire chaude que l'on marquait avec une chevalière, grosse bague dont le dessus en plateau comportait en relief armoiries ou initiales. Ce sont des objets qui peuvent donner lieu facilement à un traitement médiatique à sensation.

Soyons réalistes : formulons l'hypothèse que ces sceaux n'auraient pas dû exister, que ces 17 compagnies n'auraient pas dû voter ; allons plus loin, et supposons que ces votes étaient complètement illégaux. Qu'est-ce que cela aurait changé au référendum puisqu'on l'a gagné par 111 voix de majorité ! On s'est tout de même servi de ce scandale bidon en 1964 et en 1965 pour tenter de mettre en cause mon intégrité. J'ai d'ailleurs fait parvenir au ministre de la Justice Claude Wagner un dossier complet sur une enquête que j'ai faite moi-même, et il n'y a eu aucune suite à ce dossier parce qu'il n'y avait aucune matière à contestation.

Je tiens à fournir ces précisions sur cet incident, car, pendant cinq ans, on m'a cassé les oreilles avec le soi-disant affreux « scandale des sceaux ».

Le troisième chapitre portait sur l'affaire de l'Île Paton. J'ai répondu à ces allégations dans ma question de privilège, mais j'ai l'intention de fournir ici un certain nombre de précisions supplémentaires. Chaque fois que le conseil municipal de Chomedey devait prendre des décisions sur des travaux concernant les infrastructures à réaliser sur cette île, je faisais inscrire au procès-verbal de l'assemblée, comme le veut la Loi des cités et villes, que je ne pouvais pas participer aux délibérations parce que je détenais des intérêts dans ce projet en tant qu'actionnaire minoritaire.

C'est en 1964 que le magnifique projet domiciliaire de Havre-des-Îles et de l'Île Paton démarrait, nécessitant la construction de trois ponts. Le premier, au coût de 80 000 dollars, permettait l'accès à un projet de construction de six millions de dollars : les trois tours de Havre-des-Îles. Les deux autres ponts, qui relient l'Île Paton à la terre ferme et à l'Île Nouvelle, où se trouve Havre-des-Îles, ont coûté 270 000 $ chacun pour un total de 540 000 $. Ils ont été payés dans une proportion de 75 % (soit 405 000 $) au moyen d'une taxe spéciale affectant uniquement les propriétaires de l'Île Paton et de 25 % (soit 135 000 $) par le fonds général de la Ville. Je prédisais à l'époque (nous étions en 1964) que les investissements pour ces ponts allaient générer des constructions domiciliaires de 40 millions de dollars.

Mes estimations étaient conservatrices, car présentement, en 1997, cet ensemble domiciliaire est évalué à 218 millions de dollars. Cette valeur atteindra d'ici peu 250 millions du fait que certains terrains ne sont pas encore bâtis. Cet ensemble immobilier produit des revenus annuels en taxes municipales et scolaires de l'ordre de 4 millions de dollars, et cela depuis plus de 25 ans. Pas mal, pour un investissement public initial de 540 000 $! En 1965, pour mes adversaires, il s'agissait du « scandale des ponts ». Or il n'y a pas de scandale lorsque 540 000 $ d'investissements rapportent en 25 ans aux autorités publiques cent millions de dollars.

Il y avait enfin un dernier chapitre où l'on tentait de me relier à Lucien Rivard qui était à cette époque une vedette médiatique. C'était un trafiquant de drogue, qui a d'ailleurs été reconnu coupable par la suite, et qui avait été incarcéré à la prison de Bordeaux. Il s'en était évadé. On a tenté de me relier à ce personnage en insinuant que j'avais joué un rôle dans son évasion ! C'était vraiment une accusation grave et vicieuse qui attirait évidemment énormément d'attention. Deux potins du journaliste Maurice Côté du *Journal de Montréal* constituent de beaux exemples des excès auxquels le jaunisme peut mener.

Le 4 mars 1965, Maurice Côté annonce une nouvelle entièrement fausse : « C'est par l'entremise de Me Jean-Noël Lavoie, député de Laval et maire de Chomedey, que M. Antonio Pilon a été nommé directeur-adjoint de la prison de Bordeaux. On sait que Me Claude Wagner vient de le suspendre, de même que six gardes, à la suite de l'évasion de Rivard. » Or la vérité est que ce M. Pilon est pour moi un illustre inconnu. Le 13 mai, il récidive avec un autre canard : « Me Jean-Noël Lavoie, député-maire dont on parle de plus en plus sur l'Île Jésus, pourrait-il nous dire le nombre exact de gardes qui sont entrés à la prison de Bordeaux par ses influences ? Nous pourrions nous renseigner auprès de Rivard, mais il refuse obstinément de dire où il se cache. »

On verra d'ailleurs par la suite que j'ai intenté au *Journal de Montréal* une action en libelle, que j'ai gagnée.

Dans ma question de privilège, j'ai répondu à toutes ces accusations. Il ne faut pas oublier que tout cela se passe au mois de février 1965, à deux mois à peine de l'élection dans Chomedey où j'ai bien l'intention d'être à nouveau candidat à la mairie.

Il est évident que cette campagne de salissage, entreprise d'une manière aussi systématique, n'était pas une façon logique d'attaquer un homme public qui est en place. S'il n'est pas qualifié, s'il fait des choses illégales dans l'administration de sa ville, la façon normale de procéder est de le contester devant les tribunaux et d'attaquer son éligibilité, et non de réclamer des demandes d'enquête au gouvernement. Cette campagne était d'autant moins pardonnable que deux de mes trois « conjurés » avaient une formation juridique, l'un comme avocat et l'autre comme notaire.

Mais je ne me démonte pas et je rends coup pour coup. Au beau milieu de toutes ces insinuations et attaques vicieuses, j'obtiens le 11 mars 1965, en correctionnelle, des sommations de comparaître pour libelle diffamatoire contre le *Journal de Montréal*. Le procès a eu lieu, et j'ai obtenu enfin le 31 octobre 1967 un jugement, soit deux ans après la création de la ville de Laval, contre le *Journal de Montréal* qui est déclaré coupable de libelle diffamatoire à mon endroit pour avoir accolé le 23 février 1965 ma photo à celle de Lucien Rivard, pour avoir souligné cette photo de légendes nous représentant comme de grands amis, et pour avoir récidivé le 10 mars avec des insinuations similaires contre moi.

Le juge Irénée Lagarde condamnait par ailleurs la société éditrice du *Journal de Montréal* à 500 $ d'amende et à des frais de 200 $ devant être versés à mes avocats. Cette pénalité était vraiment dérisoire. Je ne sais pas combien ce procès m'a coûté personnellement en frais d'avocats, mais je suis sûr que cela se montait certainement à plusieurs milliers de dollars. De plus, le juge Lagarde a refusé que des dommages me soient versés en faisant remarquer que ma carrière politique n'avait pas été entravée par la publication de ce libelle et que mes électeurs ont continué à me faire confiance. Le juge Lagarde faisait allusion à l'élection provinciale de juin 1966, mais il ne tenait aucun compte de la défaite que j'avais subie en novembre 1965 à l'élection municipale de Laval quelques mois après la parution de cet article.

Le 6 avril 1965, soit un mois avant l'élection prévue dans Chomedey, une autre demande d'enquête, mais « royale » cette fois-là s'il vous plaît, est adressée au premier ministre Jean Lesage par un groupe de 542 électeurs résidant dans la ville de Chomedey. Ce document est distribué à nouveau à tous les membres de l'Assemblée législative. On notera en passant que 542 signatures est un chiffre dérisoire lorsqu'il s'agit d'une population de 40 000 âmes comme celle de Chomedey.

Cette demande d'enquête portait sur un prétendu profit de 19 000 $ réalisé sur une expropriation par une compagnie du nom de Estoril Development Corporation, dont j'étais un actionnaire minoritaire. Ce document se limitait à cette demande d'enquête. La journée même du dépôt du rapport, le 5 avril, le premier ministre Lesage déclare en Chambre que ce mémoire ne mérite aucune considération.

Le Parti civique a finalement accouché d'une déclaration faite le 28 avril par Albert Gagnon, candidat à la mairie de Chomedey. Notez bien que nous étions à cinq jours des élections dans Chomedey! Le but de la conférence de presse tenue par M. Gagnon était de faire savoir que le Parti civique intentait une action en déqualification contre moi en tant que maire de Chomedey pour « conflit d'intérêt dans l'exercice de ses fonctions » puisque, selon mon adversaire, le gouvernement du Québec refusait de donner suite à la demande d'enquête royale des 542 signataires.

Cette action en déqualification, selon les déclarations du Parti civique, devait m'être signifiée « d'ici la fin de semaine ». Mais cette prétendue bombe n'a pas fait long feu puisque cette action ne m'a jamais été signifiée. On cherchait simplement de toute évidence à créer un effet médiatique négatif à la veille de l'élection.

Puis, le 3 mai, ont lieu les élections municipales dans Chomedey, élections qui, on s'en rappelle, avaient été retardées par une loi spéciale. Albert Gagnon, mon adversaire à la fonction de maire, remporte 2167 voix tandis que j'obtiens la confiance de 4201 électeurs. Les 12 échevins de mon équipe sont réélus.

On m'avait reproché, quelques mois auparavant, de ne pas tenir de référendum dans Chomedey sur la fusion. J'ai en fait profité de ces élections municipales pour poser clairement la question de confiance. L'enjeu, en ce qui me concernait, portait avant tout sur mon projet de fusion des municipalités de l'Île Jésus. La réponse de la population de Chomedey fut claire : elle appuyait largement le regroupement des municipalités de l'Île Jésus.

Ce même jour se tenaient d'autres élections municipales dans l'île, élections qui avaient également été retardées. Marcel Pagé, pro-fusionniste, est réélu maire de Laval-Ouest. Un nouveau venu, membre du Regroupement municipal, Me Rodrigue Chartrand, est élu maire de Vimont. Charles Thérien, qui était identifié au camp des partisans de la fusion, est réélu maire de Duvernay. À Fabreville, Jean Giosi déloge le maire traditionaliste Lucien Dagenais. Par contre, nous subissons une défaite à Pont-Viau où le candidat en faveur de la fusion, Roger Provost, est battu par un nouveau venu, dont on parlera plus tard abondamment, Mᵉ Jacques Tétreault.

Les journaux de l'époque rapportent en général que ces élections ont été une victoire pour le camp des fusionnistes, des «radicaux» comme l'on disait également.

LA GUÉRILLA PARLEMENTAIRE

Même si ma victoire aux élections de Chomedey du 3 mai avait été éclatante, je n'étais pas au bout de mes peines. Je n'avais peut-être pas mesuré la force des adversaires auxquels je m'attaquais ainsi que la capacité de représailles de certains grands intérêts. Je dérangeais.

Quelques semaines auparavant, M. Fernand Bibeau, maire de Laval-sur-le-Lac, au cours d'une rencontre à Québec, avait discuté avec moi de l'exclusion de Laval-sur-le-Lac de la future Ville de Laval. Je lui avais laissé entendre que c'était inimaginable. Il m'avait alors prévenu de m'attendre à une lutte des plus féroces, que tous les moyens seraient bons pour contester et combattre ce projet et que l'on allait m'attaquer de toutes les façons possibles, et qu'on s'en prendrait même à ma famille.

Je m'attendais donc à de la turbulence, mais peut-être pas à ce point... Cela a commencé au début de mai 1965 alors que le débat politique autour de la fusion s'envenimait de plus en plus. Mon gérant de banque, M. Fabien Lavigueur, de la succursale de la Banque Canadienne Nationale de Saint-Martin, me prévient que son bureau-chef lui demandait d'exiger de moi le remboursement de ma marge de crédit de 75 000 $. Rien que ça ! Il faut faire ici une distinction : il ne s'agit pas de la Banque Nationale d'aujourd'hui, mais de l'ancienne Banque Canadienne Nationale qui s'est fusionnée quelques années plus tard avec la Banque Provinciale pour former la Banque Nationale du Canada. M. Lavigueur, donc, en bon directeur de banque, me dit : « Ne vous en faites pas avec ça. Vous êtes un bon client ici depuis une quinzaine d'années. Vous n'avez jamais été en défaut. Votre père a été un fidèle client avant vous. Je vais arranger ça. » Deux ou trois jours plus tard, il me rappelle de nouveau pour me dire qu'il ne comprend vraiment rien : « Le bureau-chef me harcèle. Il faut absolument que vous payiez. »

Le 10 mai, je reçois une lettre d'avocat du bureau Laprade, Bordua et Reinhardt avec une mise en demeure m'enjoignant de payer immédiatement 75 000 $. Le 27 mai, je reçois un bref d'assignation de la cour inscrit par un certain Vincent Barré, comptable, qui était maintenant le détenteur des billets que j'avais signés pour obtenir ma marge de crédit. La banque, n'ayant pas le culot de me poursuivre personnellement, avait cédé ces billets à ce M. Vincent Barré qui, lui, me poursuivait comme détenteur des billets.

Vous pouvez vous imaginer à quel point cette période pouvait être intense : la Chambre siège à Québec ; le débat y atteint son paroxysme comme nous allons bientôt le voir ; j'étais occupé autant dans l'Île Jésus qu'à Québec ; bref, je n'avais pas beaucoup le temps de m'occuper de mes propres affaires. Je prends un arrangement de peine et de misère avec le bureau d'avocat, et au mois d'août je trouve le moyen de leur donner un acompte de 25 000 $, au mois de décembre 1965 un autre acompte de 25 000 $, tous ces acomptes étant versés directement à la Banque Canadienne Nationale et non à ce M. Barré, qui n'avait donc agi que comme prête-nom. En mars 1966, sept mois après la création de Laval, il y a même eu une saisie de ma résidence. J'ai négocié. Finalement, j'ai réussi vers le mois d'août 1966, un an après la fusion, à acquitter définitivement ma « dette ». Mais la réalité est que l'on avait tenté de me mettre en faillite. Je n'ai pas besoin de vous dire que j'ai immédiatement cessé de faire affaires avec la Banque Canadienne Nationale.

Tout cela montrait avec quel acharnement on cherchait à me détruire. Découvrir d'où venait tout ce harcèlement fut chose facile : il y avait au bureau de direction de la Banque Canadienne Nationale un certain M. Louis Hébert, qui en était le président, et M. Georges O. Clermont. Tous deux étaient propriétaires à Laval-sur-le-Lac.

J'ai d'ailleurs été informé que M. Georges O. Clermont, qui était un homme d'affaires influent de Montréal et propriétaire, entre autres, de Clermont Automobiles rue Saint-Denis, avait à cette époque abondamment courtisé M. Lesage, et même jusqu'en Floride où le premier ministre était allé se reposer. M. Clermont ne le lâchait pas d'une semelle, que ce soit au Surf Club ou au club de golf Indian Creek, pour tenter de le convaincre que Laval-sur-le-Lac ne fasse pas partie de la future ville de Laval.

Nous sommes donc au début de juillet 1965 et c'est à ce moment qu'a commencé la véritable guérilla parlementaire. Les maires de Laval-des-Rapides et de Pont-Viau, MM. Claude Gagné et Jacques Tétreault, tous deux identifiés à l'Union nationale et contre le regroupement municipal, lancent l'idée d'une « fusion volontaire » de ces deux villes en vertu de la nouvelle loi qui avait été adoptée, la loi n° 13, facilitant les fusions volontaires. C'était en fait une tentative pour empêcher la grande fusion et faire ainsi échec au projet de création d'une ville unique. L'éditorialiste de *La Presse* Guy Cormier signale le 25 mai que la « faiblesse fondamentale de ce mouvement dans le cas de Pont-Viau et de Laval-des-Rapides, est qu'il s'arrête en bon chemin. Car, écrit-il, si la mise en commun des services et des ressources est un principe valable, pourquoi ne pas en étendre l'application au plus grand nombre possible ? »

Finalement, c'est le 23 juin que le conseil des ministres s'est décidé à soumettre à l'Assemblée législative un projet de loi prévoyant la fusion intégrale des 14 municipalités de l'Île Jésus.

Le 26 juin, M. Lesage s'est rendu à Laval-sur-le-Lac à l'occasion du cinquantième anniversaire de cette municipalité. La cérémonie se fit en grande pompe, avec défilé de vieilles voitures, une partie de golf, des fêtes et des cocktails un peu partout, ainsi qu'un banquet présidé évidemment par le maire, M. Fernand Bibeau. Les invités d'honneur étaient le premier ministre, le ministre des Affaires municipales, M. Pierre Laporte, et le député, c'est-à-dire moi-même.

Le banquet le soir se tint dans la grande salle du club de golf de Laval-sur-le-Lac. Il y avait environ 350 personnes, ce qui fait que cette salle était archi-bondée. Lorsque l'on a présenté la table d'honneur, j'ai craint que le plafond ne s'effondre quand les noms de Pierre Laporte et de Jean-Noël Lavoie ont été prononcés tellement les huées étaient vigoureuses, à la grande consternation de Françoise Laporte et de ma femme Régine. Par contre, lorsque l'on a présenté M. Lesage, ce fut plutôt un accueil poli.

Le maire Bibeau prononça l'allocution de bienvenue dans laquelle, après avoir fait l'historique de sa ville et en avoir souligné la beauté et les avantages, il demanda à M. Lesage : « Attendez avant d'imposer la fusion. » Puis ce fut au tour du premier ministre à prendre la parole. La salle était survoltée.

« Laval-sur-le-Lac fut et est votre responsabilité et elle le demeurera, lui lança M. Lesage. Je verrai moi-même à ce que le projet de loi concernant la fusion des municipalités de l'Île Jésus qui sera présenté à la législature exclue Laval-sur-le-Lac. » Et la salle de manifester avec chaleur son enthousiasme pendant que Pierre Laporte et moi-même assistions avec résignation à ces débordements.

Et M. Lesage en remettait : « Il est possible de bâtir l'avenir, déclarait-il, sans rompre avec le passé. Ce n'est pas une faveur que nous vous faisons, mais justice que nous vous rendons. » Ce qui amena l'hebdomadaire *Dimanche-Matin* à titrer son article du 27 juin : « Lesage s'engage : Laval-sur-le-Lac ne fera pas partie de Cité de Laval ».

Sauf que le lendemain les lecteurs de *La Presse* pouvaient lire en manchette : « Pas d'exception ; Laval-sur-le-Lac sera annexée. — Lesage contredit par son ministre. » Le journaliste de *La Presse*, Jacques Filteau, avait obtenu la veille une entrevue avec Pierre Laporte qui, contredisant Jean Lesage, affirmait : « Laval-sur-le-Lac sera annexée ; il n'y a pas d'exception pour aucune des 14 municipalités concernées. »

Le journaliste précisait que le seul privilège dont jouirait Laval-sur-le-Lac serait un article spécial stipulant que le règlement de zonage de Laval-sur-le-Lac ne pourrait être modifié sans le consentement de la majorité des propriétaires du futur « quartier » Laval-sur-le-Lac.

De son côté, M. Lesage se tirait tant bien que mal de cet incident en prétendant qu'il avait été mal cité. C'est ainsi qu'il affirmait à *Montréal-Matin* que le mot « exclusion », qu'il avait utilisé lors de son discours à Laval-sur-le-Lac, s'appliquait non pas à cette municipalité, mais à son règlement de zonage.

Après un court ajournement, la Chambre reprit le 6 juillet ses travaux et le projet de loi n° 63 prévoyant la création de la ville de Laval fut déposé en première lecture. La deuxième lecture du « bill Laval », comme disaient les journalistes, eut lieu le 9 juillet. L'intervention que fit à ce moment-là Pierre Laporte fut magistrale. De mon côté, j'avais également préparé un discours substantiel. Après M. Laporte, M. Dozois prit la parole pour démolir le projet de loi en affirmant que c'était d'après lui « un monument au cynisme », et non un « projet magnifique », comme venait de l'affirmer Pierre Laporte. Après le discours de M. Dozois, je ne bouge pas alors que, normalement, c'est à moi d'intervenir. Je vois M. Johnson de l'autre côté des banquettes qui me fait signe de me lever, à plusieurs reprises, avec des petits signes impatients de la main. Mais je ne me lève toujours pas. Pourquoi? Parce que, si j'étais intervenu, il était évident que M. Johnson aurait pris la parole après moi pour me démolir, en parlementaire astucieux et redoutable qu'il était. Il savait qu'en prenant la parole avant moi pour me critiquer j'aurais eu le droit, d'après les règles du code parlementaire, de lui répliquer, occasion que M. Johnson ne voulait pas me donner. Étant donné que ni M. Johnson ni moi ne prenions la parole, le projet de loi se retrouvait immédiatement adopté en deuxième lecture. Ainsi, mon meilleur discours aura été celui que je n'ai jamais fait!

Je peux révéler maintenant que Pierre Laporte et moi avions établi une stratégie: M. Laporte s'occupait de l'adoption et de la défense du projet de loi au Parlement tandis que, de mon côté, je devais faire le travail nécessaire sur le terrain, c'est-à-dire dans l'Île Jésus. C'est la raison pour laquelle je suis intervenu très peu à l'Assemblée législative. De toute façon, M. Laporte était un brillant parlementaire et il possédait remarquablement ses dossiers, notamment celui de la fusion des villes de l'Île Jésus.

À la suite de l'adoption le 9 juillet en deuxième lecture du «bill» 63, le comité des bills privés devait siéger le 13 juillet. Du 9 au 12 juillet, l'opposition s'évertua à dénoncer le projet de loi 63. Le dimanche 11 juillet, le Conseil intermunicipal de l'Île Jésus organisa dans Pont-Viau une assemblée antifusionniste à laquelle assistaient environ 3000 personnes, parmi lesquelles on comptait de nombreux créditistes. Quatre orateurs furent invités à y prendre la parole : le maire de Pont-Viau, Me Jacques Tétreault, qui déclara que l'application du bill 63 serait la mesure la plus dictatoriale depuis la Confédération ; le président du Parti civique de Chomedey, Me Henri Vinet, qui affirma que la fusion ne servirait que les intérêts des gros spéculateurs, dont je serais le «chef» ; le maire de Sainte-Rose, et principal organisateur de la manifestation, M. Olier Payette, qui exhorta les citoyens de l'Île Jésus à «défendre les libertés chèrement acquises par nos pères au prix du sang» et qui leur déclara que le gouvernement était mal informé par Pierre Laporte et par moi-même.

Le quatrième orateur invité par les organisateurs était nul autre que M. Réal Caouette. Comme on dit, quand on est mal pris, on se déprend comme on peut... Flairant le ridicule d'une telle intervention, les dirigeants du Conseil de coordination intermunicipal de l'île de Montréal, les maires Laurin, Séguin et Crépeault, qui faisaient la lutte au tandem Drapeau-Saulnier, avaient rejeté l'invitation de leurs homologues de l'Île Jésus à se rendre à cette manifestation, alléguant que «l'immixtion d'un représentant d'un parti politique fédéral est inopportune».

Le chef du Crédit social à Ottawa est en grande forme ce soir-là. Un puissant système de haut-parleurs permet d'entendre sa voix non seulement sur le terrain de stationnement du centre commercial du boulevard des Laurentides, mais également à travers tout le quartier.

Et M. Caouette donne pendant 30 minutes le spectacle que la foule demandait et pour lequel il avait été invité : insistant sur le fait qu'il était seulement « un petit Canadien français qui veut aider vos maires à tuer dans l'œuf le microbe que certains politiciens veulent répandre à la grandeur de la province », il saute à pieds joints dans la controverse et invite « les patriotes de l'Île Jésus à se rendre en masse à Québec, même s'il faut qu'ils perdent une journée de travail, pour défendre leurs droits contre les Iroquois de Québec ». Le chef du Crédit social affirme que tout le monde doit s'intéresser à cette affaire : « Aujourd'hui, c'est l'Île Jésus. Demain, ce sera la Rive-Sud ou encore Rouyn-Noranda. » Finalement, le bouillant chef créditiste, comme disaient les journalistes de l'époque, termine son numéro en s'écriant : « Vive Québec ! Vive l'Île Jésus ! Vive l'indépendance de l'individu ! »

De son côté, le même jour, le chef de l'opposition à l'Assemblée législative, M. Daniel Johnson, s'en va à Armagh, dans le comté de Bellechasse, se livrer à une attaque en règle contre la fusion des villes de l'Île Jésus et contre moi-même, ce qui a dû, j'imagine, passionner les braves gens du comté de Bellechasse. « Il est reconnu dans les milieux politiques, clame M. Johnson, que le député de Laval a fait marcher le ministre des Affaires municipales qui, à son tour, a imposé au premier ministre et ses collègues une mesure qui répugne à la décence. » Et le chef de l'opposition a poursuivi en déclarant que « si le bill 63 est adopté dans sa forme actuelle, aucune municipalité du Québec ne sera à l'abri des coups de force, et c'en sera fini de l'autonomie municipale et des fusions volontaires ».

La semaine allait être chaude !

Les anti-annexionistes organisent donc, le mardi 13 juillet, jour de la convocation du comité des bills privés pour l'étude du bill n° 63 créant la ville de Laval, une marche sur Québec. Le « convoi de la liberté », comme ils l'appellent, démarre à 7 heures du matin du centre commercial de Pont-Viau et se dirige vers Québec en empruntant la route n° 2 par Trois-Rivières. Dès le début, cette tentative est un échec. Ils devaient être des milliers à bord de

800 ou 900 autos : il n'y a que 50 voitures et deux autobus, soit en tout environ 250 personnes. On s'attendait que des défenseurs de l'autonomie municipale se joignent aux manifestants le long du parcours : il n'en fut rien.

Ainsi, malgré la publicité monstre que certains journaux ont accordée à cette marche, elle a tourné en queue de poisson. La plupart des manifestants étaient membres de l'Union nationale, ce qui explique pourquoi seuls Daniel Johnson et Paul Dozois sont allés à leur rencontre. Du côté du gouvernement, personne ne s'est déplacé pour aller leur parler. Ils ont donc passé le temps à réciter les litanies sous la houlette de Me Henri Vinet et à chanter une *Marseillaise* adaptée pour l'occasion.

> Allons, enfants de l'Île Jésus,
> Le jour de l'attaque est arrivé.
> Contre Laporte et ses bévues,
> La bataille enfin est lancée. (bis)
> Le voyez-vous ce paria,
> Vouloir nous imposer cette loi.
> Il veut, comme scélérat,
> Nous enlever nos villes et nos droits.

C'est le respecté journaliste Jean-Louis Gagnon qui eut le mot de la fin à propos de cette marche sur Québec : dans le *Journal de Montréal* du 16 juillet, sous le titre « Quand la montagne accouche d'une souris : Réal Caouette ayant parlé pour ne rien dire, la Marche sur Québec fut un four », c'est avec vigueur que M. Gagnon vilipendait toute l'opération. Il écrivait en effet avec sa verve habituelle : « Les créditistes auront du mal à s'en consoler, mais l'éloquence tapageuse de M. Réal Caouette n'a rien donné : à peine 250 personnes ont participé à la marche sur Québec pour protester contre le regroupement des 14 municipalités de l'Île Jésus. Ce fiasco-maison devrait ouvrir les yeux à tous ceux qui s'opposent au principe même de la fusion en invoquant cette autonomie municipale dont ils n'ont jamais su faire usage et qui encore aujourd'hui est une entrave au progrès économique et social des régions. »

Le lundi 12 juillet, le quotidien de l'Union nationale *Montréal-Matin* fait siennes les accusations lancées contre moi par Daniel Johnson et par Paul Dozois. Selon ce journal, « la fusion vise à faire de M. Jean-Noël Lavoie, maire de Chomedey et député libéral de Laval à Québec, le grand manitou de la nouvelle ville, et à convertir l'Île Jésus en château-fort de l'organisation libérale ». Et Joseph Bourdon, l'un des éditorialistes de ce journal, invite même « la population de l'Île Jésus et de toute la province [à] seconder l'Union nationale dans ses efforts pour faire échouer cette odieuse manœuvre ». C'était vraiment l'appel aux armes contre le projet de créer Laval.

Le maire des Îles Laval, M. Conrad Bélair, antifusionniste notoire, ne devait pas avoir la situation bien en main, car le 12 juillet la motion suivante est adoptée au conseil municipal par quatre voix contre deux : « Il a été proposé par M. R. Barbeau et secondé par M. J.-P. Gagnon que le conseil municipal de la Ville des Îles Laval se dissocie des déclarations faites récemment et des projets chimériques du maire Conrad Bélair en ce qui a trait aux problèmes des annexions. Les opinions qu'il a énoncées sont strictement personnelles. »

Le maire Bélair avait fait à l'hebdomadaire *La Patrie* une déclaration selon laquelle il s'opposait tellement à ce que sa municipalité fasse partie de la future ville de Laval (même si sa ville était en fait un ancien démembrement de la paroisse Sainte-Dorothée) qu'il était prêt à démolir le pont reliant les Îles à l'Île Jésus, et à faire plutôt construire un nouveau pont vers l'Île Bizard ! Au moins, ce fut une occasion de franche rigolade dans une période somme toute assez tendue.

M. Laporte avait invité tous les intéressés à se faire entendre le mardi 13 juillet à Québec. Il y avait une véritable foule : des représentants de toutes les municipalités de l'Île Jésus étaient là. Les antifusionnistes avaient retenu les services d'une sommité du Barreau de l'époque, le Bâtonnier Jean Martineau, accompagné de Me Emé Lacroix, expert en droit municipal. Les 14 maires de l'Île Jésus étaient présents avec de nombreux échevins, ainsi que des membres d'un grand nombre d'organismes civiques et municipaux de l'île. Pierre Laporte a fait une prestation extraordinaire pour expliquer, disséquer et défendre le projet de loi.

Au beau milieu de tout ce brouhaha, des élections se tiennent le lundi 19 juillet dans Saint-François. Un nouveau maire est élu en la personne du candidat du Regroupement municipal, M. Lucien Girardeau, qui défait, grâce à une vigoureuse campagne bien menée, le maire sortant autonomiste, M. Marcel Villeneuve, avec 758 voix contre 517. M. Villeneuve était depuis longtemps un farouche défenseur de l'autonomie municipale, et sa défaite, survenant en plein débat sur le bill 63, eut beaucoup de retentissement.

Finalement, c'est le jeudi 22 juillet, après bien des escarmouches, que le bill 63 est adopté en troisième lecture par l'Assemblée législative après que le gouvernement eut rejeté la plupart des amendements proposés par l'Union nationale. Mais il restait encore l'étape du Conseil législatif qui n'avait pas encore été aboli et qui était encore contrôlé majoritairement par d'anciennes nominations de l'Union nationale. Comme M. Johnson se battait avec acharnement pour aider son ami André Lagarde, que je voyais constamment à cette époque déambuler dans les galeries et les couloirs du Parlement pendant l'étude du projet de loi, il organisa évidemment le blocage de ce projet de loi au Conseil législatif. Toutefois, cela commençait à devenir joliment énervant parce que la session devait se terminer dès le début d'août.

Le Conseil législatif ramène alors le jeudi 5 août certains amendements qui avaient été soumis à l'Assemblée législative par l'Union nationale, mais qui avaient été rejetés. Le projet de loi est donc à nouveau bloqué. Le lendemain, M. Lesage prend le mors aux dents et déclare que « ça va passer ou ça va casser ». Il fait savoir à plusieurs personnes, dont un grand nombre de journalistes, que si le Conseil législatif n'accepte pas le projet de loi sur Laval, il va ajourner la session au mardi suivant, 10 août. On aura alors à étudier une requête ou adresse à la reine demandant l'abolition pure et simple du Conseil législatif, requête que le conseiller juridique du gouvernement, Me Louis-Philipppe Pigeon, était déjà en train de rédiger.

De plus, cette épreuve constitutionnelle extrêmement grave ne pouvait qu'entraîner automatiquement un scrutin général anticipé à brève échéance, soit au cours de l'automne. La tension atteignit son paroxysme lorsque l'on vit apparaître dans les galeries du Conseil législatif l'organisateur en chef du Parti libéral du Québec, M. Henri Dutil. « On m'a fait venir », déclara-t-il laconiquement au correspondant du quotidien *Le Soleil*. Le patron de la machine libérale n'ajouta rien d'autre, mais sa présence en ce moment de grande tension ne contribuait en rien à calmer les esprits.

C'est alors que Jean Lesage, excédé, m'a fait venir et m'a déclaré : « Jean-Noël, est-ce que tu tiens absolument à ton projet de loi ? » « La question ne se pose pas, lui ai-je répondu, au point où nous en sommes rendus, ce serait impensable de tout laisser tomber. » « Eh bien, me dit le premier ministre, il y a un seul amendement sur lequel on ne peut pas faire lâcher le Conseil législatif, c'est celui qui fait que les élections de la nouvelle ville de Laval, prévues pour novembre 1966, soient avancées au mois de novembre 1965, dans trois mois. » J'ai évidemment mentionné à M. Lesage que c'était là une échéance très courte pour mettre en place la nouvelle ville et préparer des élections.

Cependant, même si j'étais lessivé, vidé, épuisé, je tenais tellement à la création de cette nouvelle ville que j'en arrivais à considérer la date de ces élections comme étant en définitive secondaire. Devant la très forte possibilité que le projet ne se concrétise jamais, j'ai donc dit à M. Lesage que je n'avais pas d'autre choix que d'acquiescer aux exigences du Conseil législatif contrôlé par l'Union nationale. Quelques minutes plus tard, le leader de l'Union nationale au Conseil législatif, Me Édouard Asselin, annonçait que son groupe majoritaire adoptait le projet de loi 63 créant la ville de Laval tel qu'amendé.

Il est évident que la stratégie d'André Lagarde, qui veillait au grain, était appuyée à fond par Daniel Johnson. Ils savaient tous les deux que j'allais être élu maire par la vingtaine de maires et échevins qui allaient composer le conseil provisoire municipal de la nouvelle ville, que j'aurais la responsabilité de mettre sur pied une nouvelle administration en intégrant les 800 fonctionnaires des 14 municipalités de l'Île Jésus, et que je n'aurais que trois mois, d'août à novembre, pour réaliser cette révolution administrative… et préparer les élections. Pendant ce temps, le duo Lagarde-Johnson aurait la possibilité d'organiser à loisir sa campagne électorale.

Et c'est bel et bien ce qui s'est produit : je n'ai pas vu la campagne électorale ! Je couchais pratiquement à l'hôtel de ville. Je faisais des journées de 18 heures. Le conseil exécutif siégeait presque tous les jours, ce qui fait que je n'ai pas pu consacrer le temps qu'il fallait aux élections de novembre.

Pendant ce temps, André Lagarde, organisateur en chef de l'Union nationale et véritable mentor de Daniel Johnson, son faiseur d'image, son « kingmaker » comme diraient les Américains, pouvait tout organiser à sa guise pour enfin réussir à me battre. Fiduciaire de l'Union nationale, qu'il a largement contribué à restructurer, président du quotidien *Montréal-Matin*, André Lagarde était un homme tout-puissant. De plus, il contrôlait totalement Laval-des-Rapides, où il résidait.

Toujours est-il que la ville de Laval existe officiellement depuis le vendredi 6 août 1965. C'était le dernier jour de la session et il était 17 heures 15 à l'horloge du Parlement de Québec.

6 AOÛT 1965:
LAVAL EST NÉE

INCROYABLE, mais vrai: Laval existait! Cette naissance avait été le résultat d'une incroyable course contre la montre. La tension était vraiment devenue par moment presque insupportable. Si le projet de loi n'avait pas été adopté à ce moment-là, ce fatidique 6 août 1965, je suis convaincu que la ville de Laval n'aurait jamais vu le jour.

Je me demande en effet si le gouvernement Lesage aurait repris ce projet de loi dans une session subséquente, avec l'imminence d'élections générales au début de 1966. En ce qui me concerne, cela aurait été une amère défaite: je ne sais si j'aurais eu le courage et les nerfs assez solides pour poursuivre le combat avec toutes les attaques et le harcèlement dont j'avais été victime. Ensuite, l'Union nationale, portée au pouvoir en juin 1966, n'est certainement pas ce parti qui aurait réalisé la fusion des municipalités de l'Île Jésus, après l'avoir décriée et combattue de toutes ses forces comme il l'avait fait pendant des années.

Je veux saluer la contribution d'un certain nombre de citoyens à la création de la ville de Laval. Entouré de collaborateurs fidèles, de sept maires «radicaux», d'un lieutenant de la première heure, Raymond Fortin, je désire souligner l'apport de Me Adolphe Prévost, un de mes anciens confrères de classe devenu une sommité en droit municipal, qui fut par la suite nommé juge de la cour du

Québec. Il est l'une des personnes avec qui j'ai travaillé le plus étroitement à la réalisation de ce projet. Me Prévost m'avait admirablement secondé au moment de la création de Chomedey : c'est notamment lui qui avait préparé le projet de loi créant Chomedey, se faisant ainsi connaître et apprécier de Pierre Laporte et de son sous-ministre, Me Jean-Louis Doucet. Sous-ministre sous l'Union nationale, la compétence exceptionnelle de Me Doucet avait amené le gouvernement libéral à lui faire confiance à son tour.

Or, à la fin de 1964, Me Doucet nous a prévenu qu'il n'avait pas de légistes en nombre suffisant pour travailler sur le projet de loi en vue de la création de Laval. Il avait déjà plusieurs projets de lois en chantier dans le domaine municipal pendant la même session, notamment le projet de loi 13 sur les fusions volontaires, ce qui faisait que les gens de son ministère en avaient plein les bras.

J'ai donc offert à Me Doucet les services de Me Adolphe Prévost pour préparer la charte de la future ville de Laval, à condition qu'il nous fournisse le personnel de soutien nécessaire. Me Doucet a accepté, et Me Prévost s'est mis à la tâche de rédiger le projet de loi, et même deux projets de loi. Je m'explique : nous ne savions pas, à la fin de 1964, quelles seraient les conclusions de la Commission Sylvestre dont le rapport définitif n'a été déposé que le 5 février 1965. Dans son rapport préliminaire, on se souvient que la Commission Sylvestre semblait opter pour une ville, ou au maximum deux villes, l'une à l'est et l'autre à l'ouest de la voie ferrée du Canadien Pacifique. C'est pourquoi j'ai demandé à Me Prévost de préparer deux projets de loi par mesure de prudence : l'un pour une ville, dont le nom serait Laval, et l'autre pour deux villes qui se seraient appelées Chomedey dans l'ouest et Duvernay dans l'est.

Lorsque la Commission Sylvestre s'est finalement décidée pour une seule ville, et que nous avons eu la bénédiction du ministre Laporte, on a alors retenu le projet de loi de la ville de Laval, et c'est Me Prévost qui en a préparé la charte définitive. Tout le monde reconnaît, y compris chacun des maires qui se sont succédé à Laval, que ce soit MM. Tétreault, Paiement, Lefebvre ou Vaillancourt, que la charte de Laval est un modèle du genre. De fait, avec ses 43 articles

répartis sur 26 pages, elle n'a subi pratiquement aucun amendement majeur depuis 32 ans.

Surtout, elle est rédigée de manière à éviter le genre de conflit
qui a secoué en janvier 1997 l'Hôtel de Ville de Montréal et qui a
contribué à miner l'autorité du maire Bourque. En effet, à Laval, il
est prévu que le maire est chef de l'exécutif et qu'il en choisit les
membres. Il a le pouvoir de les nommer et de les démettre. Il y a
quelques années, le maire Lefebre a démis MM. Bossé et Corbeau
de leurs fonctions de membres du comité exécutif de Laval, et cela
n'a jamais été contesté.

Je vais maintenant révéler une démarche faite auprès de moi
qui, je pense, n'a jamais été divulguée auparavant. Pendant la
guérilla parlementaire, au tout début de juillet 1965, l'ingénieur
Paul-Aimé Sauriol, du bureau d'ingénieurs Desjardins-Sauriol, et
un ami intime d'André Lagarde, fait part à Me Adolphe Prévost que
André Lagarde aimerait qu'une rencontre ait lieu entre Daniel
Johnson et moi, en sa présence, dans la suite du chef de l'opposition au Château Frontenac. J'ai accepté cette invitation et je me
suis rendu au Château Frontenac, accompagné de Me Prévost. Dès
le début de cette réunion, MM. Johnson et Lagarde m'ont prévenu
qu'ils allaient faire une lutte féroce contre le projet de loi 63. Je leur
ai dit qu'ils n'avaient pas besoin de me prévenir et que j'avais des
yeux pour voir.

Après ce petit conditionnement psychologique, M. Lagarde a
pris un ton plus conciliant et m'a fait une proposition. « Revenez
donc à deux villes, comme la Commission Sylvestre vous l'avait
tout d'abord suggéré. Ces villes seraient effectivement divisées par
le chemin de fer. Toi, Lavoie, tu contrôleras la ville de l'ouest et moi
je contrôlerai la ville de l'est. Penses-y bien. Vous, les libéraux, vous
êtes aussi bien de changer votre fusil d'épaule. Modifiez le projet de
loi. Faites deux villes, et cela passera à l'Assemblée législative et au
Conseil législatif comme une lettre à la poste. »

Je n'ai pas réfléchi très longtemps : ma réponse a été négative. Je
leur ai signalé que la Commission Sylvestre s'était en définitive
prononcée en faveur d'une seule ville à l'unanimité, et cela après un

an d'enquête, de mûre réflexion et moult rencontres. Je leur ai donc dit qu'il ne fallait pas compter sur moi pour participer à ce genre de manigances, et cela mit fin à la rencontre.

Il est d'ailleurs intéressant de constater que le projet de loi créant Laval a semé la zizanie, au sein de l'Union nationale, entre députés et conseillers législatifs. Les députés, comme Jean-Jacques Bertrand entre autres, reprochaient vivement aux conseillers législatifs de leur propre parti d'avoir « plié devant l'intimidation et le chantage du gouvernement ». Les députés de l'Union nationale ont même tenu un caucus pour désavouer les membres du Conseil législatif de leur propre parti parce qu'ils n'avaient pas bloqué totalement le projet de loi créant Laval. Ces mêmes députés unionistes ont également boudé, en guise de protestation, la réception protocolaire habituelle, où les conseillers législatifs étaient présents, réception qui faisait suite à l'ajournement de la session.

La discorde était si profonde au sein des rangs unionistes que le leader de l'Union nationale au Conseil législatif, M. Édouard Asselin, crut bon de publier un communiqué six jours plus tard, soit le 12 août pour prétendre « qu'on aurait tort de penser que les conseillers de l'Union nationale ont eu peur des menaces d'adresse à la reine et des menaces d'élections » lors de l'analyse du bill créant la ville de Laval. On se tromperait, affirmait encore Édouard Asselin, « si l'on croyait qu'un souci d'intérêt personnel ou de sécurité » a inspiré l'attitude des conseillers législatifs, qui ont été plutôt guidés par le souci de ne pas plonger la province dans des élections générales.

La loi 63 intégrait les 14 municipalités de l'Île Jésus en une seule ville appelée Laval. Elle ordonnait la tenue d'élections générales le dimanche 7 novembre suivant, soit seulement trois mois après son adoption. L'un de ses articles prévoyait l'intégration de tous les employés municipaux. La loi indiquait qu'un conseil municipal provisoire serait créé et qu'il serait composé des 14 maires et de huit échevins, soit en tout 22 membres.

Il y avait donc six maires traditionalistes, Conrad Bélair, des Îles Laval, Fernand Bibeau, de Laval-sur-le-Lac, Claude Gagné, de

Laval-des-Rapides, Olier Payette, de Sainte-Rose, Jacques Tétreault, de Pont-Viau, et Roger Vaillancourt, de Sainte-Dorothée. Les maires radicaux étaient au nombre de huit, soit Rodrigue Chartrand, de Vimont, Adrien Dussault, d'Auteuil, Jean Giosi, de Fabreville, Lucien Girardeau, récemment élu dans Saint-François, Rodolphe Lavoie, de Saint-Vincent-de-Paul, Marcel Pagé, de Laval-Ouest, Charles E. Thérien, de Duvernay et moi-même, de Chomedey.

Outre les 14 maires, le conseil comprenait huit échevins, soit Normand Prescott, de Duvernay, Lorne Bernard, Raymond Fortin, Y. M. Kaplansky et Gaston Marleau, tous les quatre de Chomedey, ainsi que les échevins Guy Brochu, représentant Auteuil, Saint-François et Vimont, Noël Dubé, de Laval-des-Rapides, et René Patenaude, de Pont-Viau.

Sur les 22 membres du conseil municipal provisoire, je pouvais donc compter sur 14 «radicaux», les huit autres étant considérés comme des traditionalistes.

La loi créant Laval prévoyait que la première assemblée de ce conseil municipal devait se tenir le 16 août. On devait alors procéder à l'élection du maire intérimaire de la nouvelle ville. Je fus donc élu et devins de ce fait président du comité exécutif. On devait également procéder à la nomination du comité exécutif, composé du maire et de quatre échevins choisis par le maire dès la première assemblée du conseil. J'ai donc décidé que le comité exécutif serait composé de Charles E. Thérien, Me Rodrigue Chartrand, Y. M. Kaplansky et Marcel Pagé, tous des administrateurs expérimentés, M. Thérien assumant également la fonction de président intérimaire. La loi prévoyait l'élection d'un président du conseil municipal par l'ensemble de ses membres. J'ai proposé Normand Prescott, qui fut choisi.

Après cette première assemblée, mon vieil ami Raymond Fortin me raccompagne à ma voiture, s'assoit à côté de moi sur la banquette et me reproche — avec quelques bonnes raisons sans doute — de ne pas l'avoir nommé au comité exécutif alors qu'il avait été mon premier bras droit et mon premier collaborateur dès le début de la bataille pour la création de Chomedey. J'ai dû lui expliquer que, à cause des contraintes et à cause de la représentativité dont je devais tenir compte à l'échelle de l'Île Jésus, je n'avais pas pu le nommer, mais que j'avais l'intention de le faire après l'élection du 7 novembre puisque j'étais convaincu que certains membres du comité exécutif ne seraient pas réélus. Et ce pauvre Raymond m'a gardé dans la voiture jusqu'à deux heures du matin à me faire des reproches. Je reconnais qu'en homme fier qu'il est je l'avais profondément blessé. Inutile de dire que j'ai trouvé la séance assez longue.

Les élections devaient se tenir le 7 novembre suivant. Le territoire de l'Île Jésus était divisé en six quartiers, soit Auteuil avec deux échevins, Chomedey avec sept échevins, Duvernay avec sept échevins, Laval-sur-le-Lac (qui comprenait également les Îles Laval) avec un échevin, Saint-François avec un échevin, et enfin Sainte-Rose (qui comprenait Sainte-Rose, Fabreville et Laval-Ouest) avec trois échevins.

Chaque ancienne ville demeurait responsable de ses dettes et obligations. Dans les années qui ont suivi cette disposition a connu des modifications ; on a décidé sous l'administration Tétreault que tout ce qui était en commun devenait, comme les hôtels de ville, entre autres, la responsabilité de toute la ville.

La loi exigeait que la nouvelle ville procède à l'établissement d'un plan directeur et d'un schéma d'aménagement dans les 48 mois. Tel que promis, l'ancienne ville de Laval-sur-le-Lac formait une zone spéciale destinée à protéger son urbanisme : aucun changement de zonage ne pouvait s'y faire sans le consentement par référendum des citoyens de l'ancienne ville. La Corporation interurbaine était abolie.

La nouvelle loi comportait des correctifs, ou des solutions, à des problèmes existant dans certaines villes qui avaient des difficultés financières. Entre autres, la ville de Saint-Vincent-de-Paul avait fait construire une piscine au parc de la Nature au coût de 350 000 $. Or ces dépenses n'avaient pas été autorisées, conformément aux lois et règlements. La piscine était terminée depuis un certain temps, mais la ville n'était pas en mesure de payer le constructeur, les

Piscines Valmar. Il y avait également le cas de la Ville de Vimont qui avait fait des travaux (égouts, aqueducs, pavages, trottoirs, etc.) pour un montant total de 1 100 000 $ sans se conformer aux obligations de la loi, et qui, par conséquent, ne pouvait pas payer l'entrepreneur, les Constructions Lagacé. Ces villes-là auraient bien pu se retrouver en tutelle si le contracteur avait été impatient...

D'autres villes auraient pu se trouver en position précaire si la fusion n'avait pas eu lieu. Et je pense, entre autres, à Sainte-Rose, dirigée par M. Olier Payette. Ce dernier, sans doute agacé par le développement industriel intense que connaissait depuis quatre ans Chomedey, annonçait avec éclat, au mois de janvier 1965, la venue à Sainte-Rose d'une entreprise soi-disant importante, «Canada Flooring 1964 Limited», sur un emplacement de 4,5 millions de pieds carrés dans la partie est de Sainte-Rose. De fait, le conseil municipal de Sainte-Rose, pour satisfaire aux exigences de cette compagnie, avait adopté le 23 novembre 1964 deux règlements d'emprunt au montant de 378 000 $ pourvoyant à l'expropriation d'un grand terrain. Cette annonce avait attiré mon attention surtout à cause du millésime 1964 indiquant qu'il s'agissait d'une toute nouvelle incorporation de compagnie. C'est pourquoi, dès mon entrée en fonction comme maire de Laval au mois d'août 1965, j'ai demandé à notre commissaire industriel, M. Réal Gariépy, de me fournir un rapport sur ce dossier. Ce qu'il produisit le 28 septembre 1965. Ce dossier m'intriguait parce que Laval héritait des obligations souscrites par l'ex-ville de Sainte-Rose.

Ce rapport nous dévoila que l'offre de la compagnie signée par son vice-président et acceptée par Sainte-Rose contenait des avantages exorbitants pour cette entreprise. Choix d'acheter le terrain ou de le louer; fourniture des services municipaux par la ville; en cas de location, obligation de la Ville d'ériger un bâtiment d'une valeur pouvant atteindre deux millions de dollars; choix par la compagnie de l'entrepreneur et des professionnels, etc.

Le commissaire industriel terminait son rapport: «L'entente entre la cité de Sainte-Rose pèche gravement contre les principes essentiels du mécanisme normal et usuel de l'émission de prêts hypothécaires ou de financement par "lease-back" qui prévalent dans le monde des affaires… » À ma connaissance, après la création de Laval, toutes les négociations ont cessé entre la compagnie et la nouvelle ville. Le dossier fut fermé.

Toutefois, la procédure d'expropriation entamée par Sainte-Rose se continuait et la Régie des services publics majorait en 1967, deux ans après la fusion, la valeur des terrains expropriés, obligeant la ville de Laval à adopter, le 4 juillet 1967, un règlement d'emprunt additionnel de 431 000 $. En résumé, ce terrain a coûté à Laval la somme de 809 000 $ en capital depuis 1965 et au moins deux fois ce montant en intérêts. Tout ça pour un terrain non productif que la ville n'a pas encore réussi à revendre après 32 ans.

L'histoire de ce pénible dossier ne se termine pas là. Mes recherches, entreprises dès 1965, m'apprenaient que le capital autorisé de la société Canada Flooring 1964 Ltd., incorporée en 1964, était divisé en cent actions ordinaires d'une valeur au pair de 10 $ chacune. En somme, le capital-actions de la compagnie était immobilisé à la somme de 1000 $ dont 20 actions seulement étaient souscrites au fonds de la compagnie. Cette compagnie avait un actif de 200 $! Peut-on croire qu'une municipalité de 8000 âmes puisse s'aventurer dans des investissements de millions de dollars sans vérifier la solvabilité de l'entreprise dont elle encourage l'implantation et sans exiger au préalable des garanties élémentaires? Les petites municipalités sont exposées à ces risques à cause du manque de rigueur de leur gestion et, également, par leurs ressources limitées qui ne leur permettent pas d'embaucher des cadres qualifiés et compétents.

Par ailleurs, fait inusité qui s'explique sans doute parce que la création de Laval n'a pas de précédent, la loi sanctionnée le 6 août statuait que les 14 villes n'existaient plus, que la ville de Laval était créée et que le premier conseil municipal provisoire devait se réunir le 16 août. Ces dispositions avaient pour effet de créer, entre le 6 août et le 16 août, un véritable no man's land juridique. S'il y avait eu une émeute, il n'y avait aucune autorité civile légalement responsable. Il n'y avait pas de maire, et les fonctionnaires n'avaient plus ni statut ni patrons.

Il faut signaler ici, pour bien rendre compte du climat de cette période, que la création de Laval avait bénéficié en général de l'appui des ténors médiatiques de l'époque, à l'exception évidemment du *Montréal-Matin* qui a fait preuve tout le long de ce débat de la plus aveugle partisanerie. Les éditoriaux de Renaude Lapointe dans *La Presse*, de Paul Sauriol dans *Le Devoir* ou de Jean-Louis Gagnon dans *Le Journal de Montréal* faisaient tous valoir que le bon sens et la raison militaient en faveur des regroupements municipaux.

Le premier conseil municipal du 16 août était également très important pour une autre raison : il fallait nommer les cadres supérieurs de la ville. J'avais évidemment réfléchi longuement aux choix qui s'offraient pour ces nominations. Je prévoyais ce qui allait se passer, à savoir que la loi allait être adoptée et que la nouvelle ville devrait être dotée presque instantanément de ses hauts responsables administratifs. Cependant, tant que la loi n'était pas sanctionnée, j'avais un fil à la patte : je ne pouvais pas passer des annonces dans les journaux ou tenir des concours pour procéder au recrutement. Après tout, je n'allais devenir maire que lors de l'assemblée du 16 août au moment même où il fallait nommer ces cadres supérieurs.

De toute façon, j'avais conclu au cours de ma réflexion qu'il y avait deux postes délicats à remplir : c'était d'une part le gérant et, par ailleurs, le directeur de la police. Je ne voulais pas choisir ces deux personnes clés parmi les responsables des anciennes municipalités. Je ne voulais pas qu'il se crée de chapelles autour de fonctions aussi importantes.

J'ai donc décidé d'en parler discrètement au sous-ministre des Affaires municipales, Me Jean-Louis Doucet, pour obtenir ses suggestions. C'est ainsi que M. Doucet m'a recommandé M. Marc Perron, un Beauceron, un jarret noir comme on les appelle, responsable alors des finances municipales au ministère, et qui avait remis sur pied deux villes mises en tutelle, Ville Jacques-Cartier et Ville Laflèche. Me Doucet m'a signalé en badinant que M. Perron était un jeune cadre compétent mais qu'il était un « bleu » et que son père avait même été député de l'Union nationale. Je lui ai répondu, à mon

tour avec un sourire, que ce n'était pas grave et que j'allais certainement réussir à le convertir.

J'ai rencontré M. Perron à Québec et je lui ai proposé officieuse-
ment de devenir gérant de la nouvelle ville, même si la loi n'était
pas encore adoptée. Je lui ai rappelé que des élections étaient prévues pour le mois de novembre et je lui ai proposé tout d'abord une
entente à court terme. Il n'aurait pas à déménager sa famille à
Montréal, mais il gérerait la ville jusqu'au 7 novembre, date des
élections, en prenant un congé sans solde de son ministère.
M. Perron a accepté cette formule. Il s'est logé dans un motel à Ville
Saint-Laurent. Il rentrait à Québec le vendredi soir retrouver sa
famille et revenait à Laval le lundi matin. De plus, si j'étais réélu
maire le 7 novembre, je lui proposais d'établir alors un engagement
à long terme. C'est comme ça que M. Perron fut engagé.

Mais toute l'affaire ne fut pas aussi simple. En effet, la loi
prévoyait qu'il fallait l'appui des deux tiers du conseil municipal
pour l'embauche des cadres supérieurs. Or M. Tétreault et ses amis
traditionalistes, sautant sur la première occasion de se manifester,
déclarèrent, dès la première réunion du 16 août, qu'ils s'opposaient
à l'engagement de M. Perron.

J'ai suspendu l'assemblée pour quelques minutes et j'ai demandé
à M. Tétreault de venir avec moi dans une petite salle à l'arrière
rencontrer M. Perron, et là nous avons eu une petite conversation
amicale. «M. Tétreault, lui ai-je dit, ce n'est pas convenable de
bloquer l'administration de la ville dès la première assemblée. Je
vous présente M. Perron. C'est un haut fonctionnaire de Québec et,
comme vous, sa famille est de tradition Union nationale. Ce ne
serait tout de même pas normal si la ville de Laval se retrouvait ce
soir sans gérant. Il faut que les affaires roulent. On n'a pas le droit
de fermer les hôtels de ville. On doit assurer la paye des fonctionnaires. Si les gens veulent demain des permis de construction
ou ont des affaires à régler avec les autorités municipales, on doit
pouvoir leur répondre. Nous avons 800 employés et nous sommes
responsables de 170 000 habitants, il n'est pas question de fermer la
ville pendant 15 jours pour mettre nos affaires en place.»

Monsieur Tétreault est revenu dans la salle du conseil et a retiré son objection. On a donc engagé M. Perron et il a agi comme gérant de la ville pendant 23 ans d'une manière absolument remarquable. D'ailleurs, son engagement n'est pas passé inaperçu à Québec: lors d'un tournoi au club de golf de Lachute quelques semaines plus tard, je m'étais fait un peu houspiller par Pierre Laporte. «Écoute-moi bien, là, Jean-Noël, t'es pas pour commencer à vider mon ministère!» C'est le seul que je suis allé cherché à Québec de toute façon.

Quant à la police, j'avais consulté M. Claude Wagner, qui était procureur général et qui connaissait bien les rouages de la police. Il m'a conseillé d'engager un haut gradé de la police de Montréal, M. Léo Lequin, qui a dirigé la police de Laval jusqu'à sa retraite quelques années plus tard.

Ensuite, j'ai proposé l'intégration dans les autres fonctions de tous les fonctionnaires compétents qui étaient déjà en place dans les anciennes villes. Dès le début, soit le 25 août 1965, nous avons adopté le règlement n° 2 créant les services municipaux de la ville de Laval. Voici la liste de 16 services: le Service des achats et des magasins, le Service du bien-être, le Service des incendies, le Service de la récréation, le Service de l'évaluation, le Service du personnel, le Service d'urbanisme, le Service de la police, le Service du génie, le Service de la trésorerie, le Service du greffe, le Service du commissariat industriel, le Service de la recherche et de la statistique, le Service du contentieux, le Service de la santé et même le Service des affaires culturelles.

Nous avons engagé M. Ernest Houper, qui venait de la Ville de Montréal, comme directeur du Service du personnel. Cette fonction exigeait un homme d'expérience, car la nouvelle ville comptait environ 800 employés. M. Claude Lamy, auparavant directeur des services de Duvernay, a été nommé gérant adjoint en raison de sa compétence reconnue. À la Récréation, nous avons nommé quelqu'un de bien connu à l'époque, M. Arthur Lessard, qui occupait auparavant le même poste à Pont-Viau. En ce qui concerne l'Urbanisme, seule Duvernay disposait d'un urbaniste compétent à plein temps, M. Claude Langlois, qui se vit confier cette responsabilité à l'échelle de Laval. La seule ville qui avait des ingénieurs à plein temps était Chomedey; M. Marcel Nadeau, de Chomedey, a donc été nommé directeur du Service du génie, et Jean-Paul Lépine, également de Chomedey, directeur adjoint de ce service. Au Service de la trésorerie, nous avons embauché comme directeur l'ancien secrétaire-trésorier d'une ville qui s'opposait vivement à la fusion, M. Bernard Langevin, de Pont-Viau, parce que c'était un très bon gestionnaire. Pour le Service du greffe, le choix était assez difficile: M. Gaston Chapleau, de Chomedey, était un secrétaire-trésorier très compétent, mais c'était plutôt un chercheur, qui avait fait de nombreuses études et des travaux de qualité. Finalement, ce fut M. Jean Galarneau qui fut choisi: il venait de Laval-Ouest et avait une longue expérience comme greffier pour tenir les registres et les procès-verbaux du conseil. M. Ronald Bourcier, d'Auteuil, devint le greffier-adjoint. Quant à M. Chapleau, intellectuel féru de statistiques et de travaux savants, il fut nommé directeur du Service de la recherche et de la statistique. MM. Chapleau, Galarneau et Bourcier sont restés plus de vingt ans au service de Laval.

Au Service de l'évaluation, chargé de l'évaluation des immeubles, M. Yves Lachapelle, qui était déjà évaluateur à plein temps de la ville de Chomedey, et auparavant de l'Abord-à-Plouffe alors qu'il avait à peine une vingtaine d'années, fut choisi. D'une grande compétence, M. Lachapelle est resté au moins 30 ans à la direction de ce service. Quant au Commissariat industriel, service qui existait déjà à Chomedey à cause de son parc industriel, son responsable, M. Réal Gariépy, en fut nommé directeur pour l'ensemble de Laval. Nous avons toujours gardé de bonnes relations même s'il s'est laissé convaincre par l'Union nationale d'être candidat contre moi aux élections provinciales de 1970 lorsque j'ai fait un retour réussi à la politique provinciale en me faisant élire à nouveau comme député du comté de Laval.

Ce fut vraiment une époque stimulante où les affaires étaient menées tambour battant. Il y avait des réunions du comité exécutif presque tous les jours, soit 45 séances en trois mois, tandis que le conseil municipal siégeait 14 fois du 16 août au 6 novembre. La ville s'est mise en marche sans heurt.

Certes, on a connu certaines difficultés monétaires : je me rappelle que c'était une période de resserrement de crédit dans les banques. Certaines villes, du fait peut-être de la fébrilité de cette période de fusion, avaient négligé la perception des taxes et le paiement de leurs comptes. Il existait un certain laxisme dans l'administration des finances. En septembre, lors d'une réunion de l'exécutif, le trésorier me signale qu'il allait manquer de fonds. Je suspends la réunion et je téléphone à M. Pierre Fréchette, un bon ami qui était vice-président à la Banque Royale. Je lui dis que je communiquais avec lui en tant que maire de la nouvelle ville de Laval. Il faut préciser que les villes de l'Île Jésus étaient clientes, principalement, de la Banque Canadienne Nationale, de la Banque Provinciale et, à Chomedey depuis peu, de la Banque de Montréal.

Laval est maintenant une ville importante. C'est même la deuxième ville du Québec. Cela dit, je lui demande si sa banque serait intéressée à se joindre aux trois autres. « Certainement », me répond-il. Il faut savoir que toutes les grandes villes ont en effet des « pools » de banques qui se partagent leurs opérations financières. « C'est bien simple, lui ai-je dit, nous avons besoin de deux millions de dollars. Ne me demande pas les états financiers des 14 villes pour pouvoir les étudier et les éplucher, avec ta réponse dans un mois. Je veux une réponse dans les 24 heures. Nous avons besoin de deux millions pour les affaires courantes. Par après, je t'enverrai les états financiers des 14 ex-villes et tu pourras les examiner à loisir. »

Une heure plus tard, M. Fréchette me rappelait. « Dis à ton trésorier de se rendre à notre succursale du centre Saint-Martin. Il y a deux millions à votre disposition. » C'est comme ça que ça se réglait les affaires de Laval. Rondement.

En fait, la création de la deuxième ville du Québec faisait naître une dynamique nouvelle. C'était vraiment étonnant. Le développement domiciliaire se faisait à un rythme sans précédent. Durant les premiers sept mois de 1965, les 14 villes avaient accordé des permis de construction pour une valeur totale de 24,5 millions de dollars. Dans les deux premiers mois (août et septembre) d'existence de la nouvelle ville de Laval, nous avons émis des permis de construction pour 14,5 millions de dollars. Sur une base mensuelle, l'émission de ces permis avait plus que doublé !

C'était un véritable feu roulant. Les anciennes villes avaient procédé à des emprunts temporaires pour l'exécution de différents travaux. Il a fallu faire une émission d'obligations de 10 millions de dollars pour consolider tous ces emprunts, d'autant plus que le moment était propice puisque nous avions pu obtenir par un syndicat financier un taux avantageux de 6,38 %. Nous reparlerons un peu plus loin de cette émission.

Il a fallu également nommer un juge municipal, comme le prévoyait la loi. Le poste était convoité par un collègue de l'Assemblée nationale, Me Jean-Baptiste Crépeau, député de la circonscription montréalaise de Mercier, appuyé d'ailleurs par ses amis, la ministre Marie-Claire Kirkland-Casgrain et le député Harry Blank. Personnellement, je voyais d'un bon œil la nomination de Me Crépeau comme juge municipal à Laval. Je n'ai su que plus tard que le ministre de la Justice, M. Claude Wagner, n'était pas trop favorable à cette nomination. Mais alors que M. Wagner était en vacances, le premier ministre Lesage, étant ministre intérimaire de la Justice, a nommé Me Crépeau juge de la cour municipale de Laval. Me Crépeau libérait ainsi le comté de Mercier pour une jeune vedette du Parti libéral, qui avait manifestement l'appui de M. Lesage, M. Robert Bourassa. On sait que M. Bourassa devint en effet député de Mercier en juin 1966.

Ces trois mois connurent également un développement économique considérable. La société Papiers Perkins annonçait un investissement de deux millions de dollars à l'occasion du déménagement de son siège social et de son usine dans Laval. Bell Canada supprimait les frais d'interurbain sur le territoire de Laval, créant ainsi un incitatif pour le développement économique de l'île. Les Immeubles Bellerive, au bord de la rivière des Prairies près du pont Lachapelle, annonçaient la construction de deux autres édifices de

23 étages. Un complexe industriel pharmaceutique s'est aussi installé dans le parc industriel, ce qui représentait un investissement de trois millions de dollars.

UNE CAMPAGNE ODIEUSE

UNE CAMPAGNE ODIEUSE a été menée par mes adversaires au fur et à mesure que nous nous rapprochions de l'échéance du 7 novembre 1965.

André Lagarde avait préparé ses armes. Pour lui, et pour l'Union nationale, ces élections revêtaient une importance capitale. Le Parti libéral était au pouvoir depuis 1960, soit depuis six ans. Les élections générales provinciales approchaient rapidement et celles dans Laval pouvaient être considérées comme une répétition générale pour les troupes unionistes. De plus, André Lagarde avait des ambitions politiques personnelles, comme nous l'avons vu précédemment. Il voulait se mettre sur la carte politique, en prononçant des conférences, en rencontrant les médias, etc. On se souvient qu'il avait déclaré à Mario Cardinal, alors journaliste au *Devoir*, qu'il voulait se présenter comme maire de Chomedey alors qu'il n'y habitait même pas.

Mais finalement, c'était la mairie de Laval que visait M. Lagarde. Cependant, comme c'était un spécialiste de la publicité et du marketing, il avait fait faire un sondage dans la ville de Kitchener, en Ontario. Kitchener est reconnue comme ville-type pour les sondages. Il avait fait circuler trois photos : la sienne, celle de Jacques Tétreault et la mienne. Comme les résultats de ce sondage se révélèrent positifs pour M. Tétreault, M. Lagarde est allé chercher M. Tétreault comme candidat à la mairie de Laval et il est devenu non seulement son bras droit, mais également son mentor et son éminence grise.

On doit également mentionner le rôle joué en faveur de M. Tétreault par Paul Gros d'Aillon, alter ego d'André Lagarde, longtemps journaliste à *Montréal-Matin* et conseiller très proche de Daniel Johnson. M. Gros d'Aillon avait largement contribué à la victoire de M. Johnson sur M. Jean-Jacques Bertrand lors du congrès à la chefferie de l'Union nationale le 23 septembre 1961.

En somme, on peut dire que la campagne électorale dans Laval, prévue par le projet de loi 63 pour le 7 novembre 1965, a été démarrée par Daniel Johnson : en effet, dans sa déclaration du 10 août 1965, soit quatre jours après la sanction de la loi créant Laval, il accusait Pierre Laporte « d'avoir fait adopter une loi pour faire d'un collègue député libéral le petit roi d'un territoire de 80 000 âcres et d'une population de 170 000 âmes ». M. Johnson déclarait de plus que mon élection comme maire pro tempore de la nouvelle ville ne fermerait pas le dossier Laval pour autant. Il ajoutait : « Ce que je sais, c'est que l'affaire de l'Île Jésus est cent fois pire que tout le tripotage qu'on a pu relever ces dernières années dans les municipalités... La population a l'ultime recours de l'élection de novembre prochain, et c'est là que peut être sauvé le principe de la démocratie. »

On a vu tout de suite la direction que la campagne allait prendre lorsque Jacques Tétreault a fait connaître son slogan. C'était : « Un homme propre pour une ville neuve. » Manifestement, ils n'avaient rien d'autre à faire valoir que les vieilles calomnies au sujet de « l'affaire Rivard » et du pseudo-scandale des ponts.

Par la suite, dans une conférence de presse qu'il donne le 15 septembre au Reine Elisabeth, Jacques Tétreault annonce la création d'un parti municipal, l'Alliance démocratique de Ville de Laval, qui défendra la « moralité » et combattra le « gangstérisme ». Lors d'une autre rencontre avec les médias le 22 septembre au restaurant Sambo, Jacques Tétreault, par le biais de la prose caractéristique de son attaché de presse Paul Gros d'Aillon, annonce que le progrès de l'Île Jésus ne sera pas celui « d'une minorité d'Argonautes agressifs » et que les contribuables de Chomedey m'auraient « permis de réaliser environ 3 000 000 $ de profit personnel ». Bref, mes adversaires étaient prêts à dire n'importe quoi pour en arriver à leurs fins.

Le 6 octobre, devant ses amis du Parti civique de Chomedey, Mᵉ Jacques Tétreault devient soudainement un spécialiste du développement économique et leur sert un laïus intitulé « La promotion industrielle et commerciale dans l'Île Jésus ». Candidat à la direction de la nouvelle ville, après en avoir combattu férocement la création, le voilà soudainement tout à fait favorable à la fusion !

De mon côté, je procédais le 7 octobre à l'inauguration officielle de la campagne électorale de ma formation politique, le Regroupement municipal de Laval. Entouré des 21 candidats du parti à la fonction d'échevin, je rendais public un programme électoral en 12 points ainsi que notre slogan pour la campagne : « Laval une réalité, LAVOIE UN RÉALISATEUR » ou , en anglais, « VISION — CREATIVITY — LEADERSHIP — LAVOIE FOR LAVAL ». Le parti s'était même doté d'un emblème : c'était un hexagone, allusion aux six nouveaux quartiers de la ville, à l'intérieur duquel se trouvaient, comme dans une ruche, 14 alvéoles symbolisant les 14 municipalités dont la fusion avait donné la ville de Laval.

Les douze points du programme portaient sur le développement du réseau routier et du transport en commun, les mesures en faveur de la récréation et des loisirs, la construction d'un hôpital général de 500 lits, des mesures en matière d'urbanisme, la création d'un Service municipal des affaires culturelles, la création d'un Service de bien-être social pour aider les personnes dans le besoin, l'abolition du poste de péage de l'autoroute 15, la création de zones industrielles, des plans d'assurance-groupe et de pension pour les employés de la Ville, la canalisation des rivières et, enfin, l'institution d'une Commission d'enquête sur l'évaluation et la taxation des terrains, conformément à la recommandation du Rapport Sylvestre, avec modification éventuelle du champ de taxation.

Ce fut ensuite, à la mi-octobre, la bataille autour de l'émission de 10 millions $ d'obligations de la ville de Laval. Il faut se rappeler qu'à la date de la création de Laval, les emprunts temporaires des 14 municipalités de l'Île Jésus étaient de 10 millions $. Normalement, ces emprunts auraient été remboursés à même les émissions que chaque municipalité aurait effectuées sur le marché des obligations. Mais, d'une part, la nouvelle administration de Laval faisait face à des demandes de travaux nouveaux suite au développement économique accéléré qui avait suivi la création de la ville (on se souvient que l'on est passé en moyenne de 2 millions $ de permis de construction par mois à 7 millions $ par mois après le 6 août); d'autre part, à l'automne de 1965, l'argent était rare, donc plus cher sur les marchés financiers. Comme il n'était pas question de ralentir le développement économique, il fallait plutôt rembourser les banques par une émission d'obligations, et rétablir une nouvelle marge de crédit auprès des banques, ce qui fut fait.

C'est pourquoi le Comité exécutif de Laval, avec l'assentiment de la Commission municipale de Québec, a autorisé la maison Bélanger Inc. à former un syndicat avec les trois banques habituelles de la nouvelle ville et 16 maisons de courtage afin de vendre 10 millions $ d'obligations de gré à gré. Or c'est à l'unanimité des membres présents que le conseil municipal ratifiait le 6 octobre la proposition de ce syndicat, soit 10 millions $ à un prix de 97,07, soit un taux de 6,38 %.

Soudainement, Jacques Tétreault, qui était absent du conseil municipal du 6 octobre, se réveille et se met à déchirer sa chemise en public à propos des conditions de l'émission. Le 19 octobre, notamment, il y va d'une déclaration selon laquelle j'aurais fait perdre 400 000 $ à la ville en faisant accorder sans soumission l'émission à 6,38 %.

Ce que M. Tétreault et ses conseillers oubliaient ou feignaient d'oublier, c'est qu'il était impossible de procéder par soumission à cause de l'importance de l'émission. Il y avait également le fait que, comme trois banques importantes et seize courtiers s'étaient groupés dans le même syndicat, cela limitait nécessairement les chances de pouvoir former un autre syndicat. L'empressement des courtiers et des banques à accepter la responsabilité de vendre une émission de 10 millions $ de la nouvelle ville de Laval, et ce même empressement des banquiers de renouveler le crédit de la nouvelle ville, dérangeait sans doute la campagne de M. Tétreault pour la mairie.

Monsieur Tétreault devait vraiment être mal pris : il en était réduit à attaquer la décision du Conseil prise à l'unanimité le 6 octobre, alors qu'il était absent, même si cette décision avait été endossée par des échevins de sa formation, comme Fernand Bibeau et Noël Dubé.

« Mentez, mentez, il en restera toujours quelque chose ! » Ç'aurait pu être le slogan de mes adversaires pendant cette campagne, dont je n'ai en fait qu'un vague souvenir, occupé comme je l'étais, avec les autres membres de l'exécutif et les cadres supérieurs, à mettre la nouvelle ville sur ses rails. Je me rappelle encore de leurs messages sur CFGL-Laval et de la voix grave de Mario Verdon débitant des insanités sur mon compte à longueur de journée. J'écoutais ça dans ma voiture quand je circulais. C'étaient des attaques continues, d'une incroyable virulence, sur ma moralité et mon intégrité.

Je me suis toujours perçu, sur le plan personnel, comme un bâtisseur, comme un promoteur et comme un homme de vision, en un mot comme quelqu'un pour qui la politique, à quelque niveau que ce soit, municipal ou provincial, permet de faire progresser son milieu à condition de faire preuve d'imagination, d'esprit d'initiative, de dynamisme et de combativité, et toujours dans le respect des règles du jeu. Je pris à la légère, peut-être à tort, les accusations de mes adversaires. Je n'attachais pas une grande importance à la férocité des attaques de mes adversaires, même si elles me blessaient parfois profondément. Je m'y étais habitué et, avec le temps, toutes leurs insinuations sans fondement m'avaient quelque peu endurci, surtout depuis le début de la bataille des fusions.

Cependant, aussi bien sur le plan physique que moral, je commençais à ressentir une certaine fatigue. L'année 1965 avait été épuisante, et toutes ces attaques gratuites et souvent malicieuses finissaient à la longue par être éprouvantes.

En fait, les élections du 7 novembre 1965 furent surtout un vote de clocher : c'était l'Est contre l'Ouest. Je me rappelle très bien ce que me disait mon vieil ami Raymond Fortin, un fin politicien doté d'un flair remarquable, en revenant de chez son coiffeur à Pont-Viau, château fort de mes adversaires de l'Est. On sait que Jacques Tétreault en avait été le dernier maire. « Notre campagne ne va pas trop bien », me dit-il alors qu'il me faisait une sorte de rapport. « Comment ça, Raymond ? » « Eh bien, j'ai rencontré une dizaine de personnes chez le coiffeur. La majorité de ces gens te sont favorables. C'est sûr, disait l'un deux, Lavoie, c'est le meilleur homme. Tétreault ne peut pas rivaliser avec lui. Mais je vais voter contre Lavoie parce qu'il est trop fort. » Une autre personne déclarait sans ambages qu'elle était pour Lavoie, mais qu'elle n'allait pas voter pour moi parce qu'elle craignait que je n'aille favoriser le développement de Chomedey au détriment de l'est de la ville.

Cette idée, selon laquelle je favoriserais Chomedey si j'étais victorieux, était fortement répandue dans l'est de la ville. Il est intéressant de noter ici que tous les investissements importants qui ont été réalisés dans Laval après novembre 1965 se sont tous implantés dans Chomedey. Pourquoi ? Simplement parce que Chomedey est le cœur géographique de l'île. Voici des exemples : le grand centre commercial Le Carrefour, le Centre Laval, le Palais de justice, de nombreux édifices de 10 à 15 étages près du Carrefour ou sur le boulevard Chomedey, le cégep Montmorency, la Maison des arts, sans compter des centaines d'industries. La seule exception est la Cité de la santé située dans l'Est.

Déjà à cette époque j'avais lancé l'idée d'un projet qui aurait fait connaître Laval dans le monde entier. À Rio, c'est le carnaval, à Cannes, c'est le festival du cinéma, Indianapolis a ses courses d'automobiles, Nice son festival de fleurs, Québec son carnaval d'hiver, Séville sa corrida, Hollywood son cinéma. Le projet auquel j'avais songé pour faire connaître Laval était un Festival de la gastronomie.

Voici ce dont il s'agissait : dans un parc d'une superficie d'une cinquantaine d'acres, que la ville acquérerait le long de la rivière des Prairies à un endroit pittoresque, serait aménagé le Palais de la gastronomie où se tiendrait annuellement la Foire internationale de l'alimentation, avec de nombreux prix ou médailles pour les meilleurs produits alimentaires, les bières, les vins, etc. Il y aurait également une école d'hôtellerie, qui n'existait pas au Québec à l'époque. Enfin, une marina serait construite à cet endroit dont l'importance ne pourrait que grandir avec la canalisation de la rivière des Prairies qui permettrait un accès facile aux touristes de l'Ontario et des États-Unis. Je souhaitais que ce projet soit terminé pour Expo 67.

Le ministère du Tourisme avait été saisi du projet, ainsi que le ministère de l'Éducation pour l'École d'hôtellerie. Le ministre de l'Éducation, M. Paul Gérin-Lajoie, avait promis dans une lettre du 10 septembre 1965 d'accorder toute son attention à cette proposition.

C'était, et c'est encore, un beau projet !

Puis ce fut l'incident des enfants inscrits sur la liste électorale. *Montréal-Matin* fit des gorges chaudes à la une, à propos d'erreurs, pourtant compréhensibles, qui s'étaient glissées lors de la confection de la liste. Le président d'élection n'avait eu que 14 jours pour confectionner une liste électorale de près de 66 000 électeurs, soit entre le 16 août et le 1er septembre, tel que l'exigeait la loi. Les seuls instruments pour l'élaboration de la liste étaient les rôles d'évaluation de chacune des villes. On sait que les propriétaires, sur ces documents, sont parfois des enfants mineurs à cause des successions. Il y avait d'autre part possibilité de duplication parce qu'une même personne pouvait être propriétaire d'immeubles dans des quartiers différents.

C'était vraiment curieux. Pendant les deux premiers mois de la campagne électorale dans Laval, M. Tétreault n'avait rien eu à dire contre l'administration de Laval. Et pour cause : depuis le 16 août jusqu'au 7 novembre, date des élections, le Comité exécutif et le Conseil municipal ont travaillé d'arrache-pied, au point de prendre, par résolution ou par règlement, respectivement 915 et 286 décisions. J'en suis venu à la conclusion que, ne pouvant attaquer l'administration même de Laval, Jacques Tétreault, probablement sur les conseils de gens de son entourage comme les Lagarde et les Gros d'Aillon, a alors décidé de reprendre la campagne de salissage contre moi en ressortant les pseudo-scandales de l'affaire Rivard et de l'Île Paton, et il s'est lancé dans de folles accusations en déclarant, par exemple, que la liste électorale était faussée à mon avantage. Le journal *Montréal-Matin* exploita à fond ce nouveau pseudo-scandale. En effet, comment des enfants de 6, 9 ou 12 ans auraient-ils pu se présenter dans un bureau de votation et voter !

L'affaire des enfants inscrits par erreur a amené mon organisation à éplucher de plus près les listes électorales. Surprise ! Nous avons découvert que deux des candidats de M. Tétreault, MM. Henri Vinet et Albert Gagnon, deux vieilles connaissances, apparaissaient chacun deux fois sur la liste de leur quartier. Me Louis Jarry, un adversaire reconnu, apparaissait également deux fois sur la liste. M. Raoul Lagacé, frère de M. Raymond Lagacé, l'un des candidats de M. Tétreault, apparaissait quatre fois et son épouse deux fois sur la liste de leur quartier.

Nous arrivons finalement à ce fatidique dimanche 7 novembre 1965. La compilation du vote fut quelque peu erratique. Elle n'était pas encore terminée à quatre heures du matin le lundi, soit huit heures après la fermeture des bureaux de votation ! On a finalement réussi à savoir les chiffres exacts : le chef de l'Alliance démocratique, M. Jacques Tétreault, était élu maire de Laval avec 18 572 voix ; 14 902 électeurs me faisaient confiance ; enfin, le chef du Parti des citoyens, M. Olier Payette, n'avait l'appui que de 765 personnes.

En revanche, pour ce qui est du nombre d'échevins, ce n'était pas exactement une victoire pour le parti de M. Tétreault : sur 21 sièges à remplir, ma formation politique, le Regroupement municipal, faisait élire 11 échevins, soit la totalité des sept sièges dans le quartier Chomedey, un siège dans Auteuil, deux sièges dans Sainte-Rose et le siège de Laval-sur-le-Lac. L'Alliance démocratique de M. Tétreault ne remportait que 10 sièges d'échevins, soit un siège dans le quartier Auteuil, les sept sièges du quartier Duvernay, un siège dans Sainte-Rose et le siège de Saint-François. Enfin, le parti de M. Payette n'en obtenait aucun.

Que s'était-il passé?

La réponse est claire: ou bien les avantages de la formule du regroupement municipal n'avaient pas été assez expliqués pour être acceptés par une majorité de citoyens de Laval, ou bien la population avait été dupée par les insinuations et les calomnies du groupe Tétreault, notamment dans les derniers jours de la campagne alors que je n'avais plus le temps de répondre.

Je sais que l'on dit *vox populi, vox Dei*. Mais tout de même, le choix du groupe Tétreault par l'électorat apparaît bien peu logique. Le regroupement municipal de Laval était le résultat de mes efforts et, pourtant, les électeurs ont fait confiance pour assurer la bonne marche de cette formule à ceux qui l'avaient combattue avec férocité et en utilisant des moyens souvent infâmes.

Élargissant les données de la situation, certains analystes politiques ont estimé que la victoire de Jacques Tétreault, porté à bout de bras par une Union nationale restructurée, était un signe avant-coureur du changement de régime que le Québec allait connaître quelques mois plus tard, en juin 1966, avec la défaite de l'équipe libérale.

En ce qui me concernait, il ne me restait plus, au niveau municipal, qu'à tirer ma révérence, aller prendre quelque repos et rebâtir mes énergies pour relever les défis que le destin voudrait bien diriger vers moi. Je n'avais après tout que 37 ans.

Ayant toujours considéré que la concision est préférable à l'emphase, j'ai publié, avant de partir, un bref communiqué dont voici le texte:

« J'accepte le verdict de la population et je remercie tous et chacun de ceux qui m'ont appuyé. Je suis toujours convaincu que le regroupement des 14 municipalités de l'Île Jésus est un pas en avant pour notre épanouissement social et économique. Je fais mes meilleurs vœux à la nouvelle administration pour qu'elle continue le travail amorcé dans le plus grand intérêt des résidents de Ville de Laval. »

« COMME DÉPUTÉ DANS LAVAL, TU N'ES PAS BATTABLE »

Nous sommes en novembre 1965. Je viens de subir la défaite contre Jacques Tétreault et c'est une période assez difficile. Je ne suis pas amer, mais plutôt déçu. Gravement blessé moralement, non pas par la défaite électorale — j'avais connu d'autres défaites — mais par les attaques malsaines sur mon intégrité et ma réputation dont j'avais été la cible depuis le début de la bataille des fusions. Je confesse que ces blessures ne se cicatrisent pas facilement, même après 30 ans.

C'est une transition brutale. J'ai déjà dit à quel point les cinq années précédentes, de 1960 à 1965, avaient été des plus intenses : deux élections provinciales de 1960 et de 1962, trois élections municipales (dans Chomedey en 1961 et en mai 1965 et dans Laval en novembre 1965), la fusion de Chomedey, quatre ans de campagne pour la fusion de Laval, les attaques de tous côtés, la guérilla parlementaire, la mise en place de l'administration de la deuxième ville du Québec en moins de trois mois… avec comme résultat que j'avais fini par vivre beaucoup plus à l'hôtel de ville et à Québec que chez moi.

Mais voilà que je suis défait comme maire de la ville que j'ai créée. Il n'est même pas question que je mette les pieds à l'hôtel de ville : je préfère demander à mon fidèle secrétaire Gérard Corbeil d'y aller pour vider mon bureau.

J'ai tiré une conclusion de la fusion. M. Tétreault m'avait battu, mais j'avais conservé la majorité au conseil municipal en faisant élire plus d'échevins que mon adversaire principal, soit onze contre dix. Cela voulait dire en somme que la population n'était pas entièrement antifusionniste. D'abord la participation à l'élection n'avait été que de 52 % ; ensuite, la majorité de M. Tétreault n'était pas écrasante ; de plus, il y avait eu un faible taux de participation aux référendums tenus dans les ex-villes. Et puis, aux élections provinciales de 1966, les deux députés élus dans l'Île Jésus étaient des libéraux, ce que j'ai interprété comme une indication que la population n'était pas radicalement contre la fusion. Il est sûr, par contre, que la campagne indécente et brutale menée contre moi avait eu une incidence considérable sur le résultat du vote.

À la fin de la session parlementaire de 1965, on procède à une réforme de la carte électorale ; la circonscription provinciale de Laval est subdivisée : l'Île Jésus comprend maintenant deux circons-criptions, Laval dans l'ouest et Fabre dans l'est. Puis M. Lesage annonce la tenue d'élections générales pour le 5 juin 1966.

J'annonce que je me présente comme candidat dans le nouveau comté de Laval, et je suis élu le 5 juin. Ce furent, on s'en rappelle des élections assez bizarres : l'Union nationale fait élire 56 députés avec 41 % du vote tandis que le Parti libéral du Québec ne se retrouve qu'avec 50 députés, alors que le vote en sa faveur s'établit à 47 %. Mais c'est le genre de résultats auquel on peut s'attendre avec notre système électoral.

Ma circonscription était ainsi devenue une circonscription que l'on pourrait appeler « normale ». On se rappellera que le comté de Laval, immense à l'époque, avait 135 000 électeurs en 1956, qu'en 1960 il en comptait 115 000 et, en 1962, de nouveau 135 000. Et là, soudainement, je me retrouvais avec seulement 49 000 électeurs. Du coup, certains de mes amis me taquinaient et me parlaient de mon « élection de marguillier ». Fait intéressant, sept mois après ma défaite à la mairie au mois de novembre, j'obtiens quand même 4700 voix de majorité, soit 16 910 pour moi et 12 906 pour Raymond Lagacé, que j'avais déjà défait à l'élection de l'Abord-à-Plouffe en

1958. Il venait d'ailleurs d'être également défait en novembre 1965 comme candidat à l'échevinage dans l'équipe de M. Tétreault.

Ainsi, le chef de l'Union nationale, M. Daniel Johnson, devient premier ministre. De son côté, le Parti libéral du Québec vit une période difficile. À mon avis, M. Lesage n'avait plus le feu sacré. C'était sans doute plus un homme de pouvoir que d'opposition. De plus, on doit se rappeler qu'il y avait à l'époque beaucoup de vedettes libérales qui lorgnaient vers une éventuelle candidature au leadership du parti, d'où la difficulté qu'avait M. Lesage à garder une certaine unité à l'intérieur de sa formation politique. Il y avait les Paul Gérin-Lajoie, Claude Wagner, René Lévesque, Pierre Laporte, Eric Kierans… Par contre, l'Union nationale avait un cabinet plutôt faible : mis à part M. Johnson, les personnages en vue étaient Jean-Jacques Bertrand et Paul Dozois. Les autres étaient pratiquement inconnus du grand public.

À la surprise générale, pour revenir plus précisément à Laval, l'éminence grise du maire Tétreault et vice-président du comité exécutif de la ville de Laval, M. André Lagarde, annonce le 1er avril 1968 sa démission comme conseiller municipal et, donc, comme vice-président du comité exécutif. La rumeur voulait que le premier ministre Daniel Johnson lui aurait demandé d'abandonner ses fonctions à l'Hôtel de Ville de Laval. M. Lagarde jouait un rôle important en tant que premier conseiller de M. Johnson. Il était constamment à ses côtés, autant à Québec que dans ses déplacements. On se rappelle qu'à ce moment-là M. Johnson l'avait fait nommer président de *Montréal-Matin*, fiduciaire de l'Union nationale et administrateur d'importantes compagnies, dont L'Industrielle, Golden Eagle et Dominion Bridge, entre autres.

André Lagarde était effectivement très puissant, à Laval comme à Québec. On raconte, par exemple, qu'un gros entrepreneur en construction, pourtant d'allégeance unioniste avant 1960, était venu rencontrer M. Lagarde à l'Hôtel de Ville de Laval pour se plaindre de la façon dont le nouveau régime le traitait. M. Lagarde l'aurait reçu plutôt froidement, ce qui aurait froissé son visiteur. Le « contracteur » lui aurait alors déclaré que, dans les circonstances, il ne lui restait plus qu'à aller voir le «grand boss» à Québec, M. Johnson, ce qu'il a fait. Lorsqu'il est arrivé au bureau du premier ministre, il a été reçu à nouveau par M. Lagarde et n'a jamais pu rencontrer M. Johnson!

Le 26 septembre 1968, M. Johnson meurt et Jean-Jacques Bertrand est choisi chef intérimaire de l'Union nationale. Un congrès à la chefferie de ce parti se tiendra à Québec le 26 juin 1969. Une campagne féroce commence alors entre Jean-Jacques Bertrand et Jean-Guy Cardinal. M. Bertrand n'a jamais aimé M. Lagarde. Il se souvenait notamment que M. Lagarde, déjà très près de Daniel Johnson en 1961, avait activement contribué à faire élire le député de Bagot chef de l'Union nationale. M. Lagarde n'avait donc pas d'autre choix que de se mettre au service de Jean-Guy Cardinal pour qui il déclencha une publicité tapageuse. On peut dire que la défaite de Jean-Guy Cardinal à ce congrès marque la fin de la carrière politique de M. Lagarde, même s'il est revenu à Laval conseiller M. Tétreault. Lors de la création de la Commission de transport de Laval, il fut nommé commissaire avec Mᵉ Adolphe Prévost et M. Léo Beaulieu. Ce fut sa dernière activité publique. Il est décédé en décembre 1988, à l'âge de 64 ans.

Mais la situation est également difficile pour le Parti libéral du Québec. On se rappelle que René Lévesque quitte cette formation politique le 14 octobre 1967 et, un an jour pour jour plus tard, le 14 octobre 1968, fonde le Parti québécois dont il devient le président.

En tant que député de Laval, je participe aux travaux de la Chambre. Je réfléchis aux scénarios qui se déroulent aussi bien du côté du gouvernement de l'Union nationale, aux prises avec des difficultés budgétaires considérables, que du côté du Parti libéral, qui donnait parfois l'impression de se désagréger.

Vers la fin de 1968, je prends la décision de faire un retour sur la scène municipale à Laval. Cela fait près de dix ans que je suis député à Québec. Voulant éviter les critiques concernant la formule du double mandat, je décide même de démissionner en tant que député de la circonscription de Laval à Québec pour me consacrer uniquement à la scène municipale, ce que je fais officiellement en octobre 1969. Je mettais ainsi fin à 13 ans de vie politique consacrée à la province puisque c'est en 1956 que je fus choisi par le chef du Parti libéral du Québec, M. Georges-Émile Lapalme, comme candidat dans l'immense comté qui s'appelait alors Laval.

Ce sont 13 années que je ne regrette pas, ne serait-ce que parce que la vie politique donne à l'être humain une maturité qu'aucune autre activité, à ma connaissance, ne permet d'acquérir. La vie politique est un puissant révélateur des qualités et des défauts de ses protagonistes, une grande école à elle toute seule, et j'ai pu vérifier par ma propre expérience qu'elle est vraiment l'art des arts, comme disait un philosophe antique. En revanche, c'est une activité très dure : peu avant de prononcer en Chambre mon allocution annonçant ma démission, j'avais estimé que, sur les 106 députés présents alors à l'Assemblée nationale, il n'y en avait que 27 qui étaient déjà là neuf ans plus tôt, après les élections de juin 1960.

« Il est certain, ai-je souligné dans cette intervention, que la création de Laval restera toujours en ce qui me concerne un sujet de fierté. Ma famille est établie dans l'Île Jésus depuis 1776. J'ai toujours aimé profondément mon coin de terre. Or, dès que je me suis éveillé par mes études, par mes voyages et par des contacts personnels aux réalités du monde moderne, je me suis rendu compte que le progrès n'est possible que dans le cadre de grands ensembles. C'est ce que l'on appelle les économies d'échelle.

« Lorsque je me suis fait le promoteur de l'idée du regroupement municipal, au moment de la fusion de trois municipalités de l'Île Jésus, en 1961, lors de la création de la ville de Chomedey, on m'a reproché de procéder à la hâte. Lorsque je me suis fait l'avocat, quatre ans plus tard, du regroupement des municipalités de l'ensemble de l'Île Jésus, on a invoqué à nouveau le caractère soi-disant précipité de mon action. »

C'est alors que j'ai rappelé à mes collègues de la Chambre les raisons justifiant cette célérité.

« En tant que représentant de la population de l'Île Jésus, n'était-il pas nécessaire d'aller vite ? Le progrès, la prospérité allaient-ils nous attendre ? Avant le regroupement, tout était constamment remis en question dans l'Île Jésus : le tracé des autoroutes, l'emplacement des espaces verts, l'implantation des industries, le transport en commun, etc. On en était arrivé au point où les autorités municipales, qui savaient éviter de prendre des décisions, tentaient de se faire passer pour des administrations éclairées et soucieuses du bien public, alors que leur temporisation n'était en réalité qu'un facteur de stagnation. »

J'ai informé alors la Chambre que j'avais décidé d'aller en quelque sorte compléter le travail que j'avais commencé.

« J'ai pris la décision de me consacrer entièrement à la réalisation de l'œuvre que j'ai entamée, à savoir faire dès aujourd'hui de la deuxième ville du Québec ce que certains déclarent ne pouvoir faire que demain. Laval peut en effet devenir très rapidement, avec une administration avertie et convaincue, un ensemble ordonné et moderne comme il n'y en a nulle part ailleurs en Amérique du Nord, parce que le regroupement de 1965 nous permet de planifier et de prévoir 25 ans à l'avance. J'entends continuer ainsi, avec l'appui de la population de Laval, non seulement à travailler au progrès de l'Île Jésus, mais également, par le fait même, à la prospérité de ma province, le Québec, et de mon pays, le Canada. »

Dès la fin de 1968, j'amorce la stratégie de la campagne pour les élections de 1969 dans Laval avec un groupe d'amis, dont Mᵉ Adolphe Prévost, des échevins de mon équipe élus en 1965, ainsi que Jacques McCann, Normand Prescott et d'autres comme le Dʳ Roch Hébert, Robert Plante, Gilles Houde, Michel Bissonnette, Roger Brosseau, Marcel Vaillancourt. Nous tenons des réunions afin de mettre sur pied une organisation que nous baptisons Action Laval. Nous décidons, et cela probablement pour la première fois au Québec au niveau municipal, d'avoir des conventions dans tous les quartiers pour aller chercher les meilleurs candidats. Ces conventions nous ont procuré beaucoup de publicité pendant six mois. D'ailleurs Action Laval a rapidement compté plusieurs milliers de membres.

Chez nos adversaires, nous avons rapidement constaté que, écarté par le premier ministre Bertrand, André Lagarde avait beaucoup plus de temps libre. Il est revenu s'occuper de son ancien poulain, le maire Jacques Tétreault, prenant en fait en charge sa campagne électorale. De plus, il y a eu un troisième candidat, M. Jules A. Ménard ; beaucoup pensaient qu'il avait été purement et simplement invité à se présenter afin de diviser l'opposition, ce qui est une stratégie habile.

J'avais moi-même, de mon ancienne équipe du Regroupement municipal, trois conseillers municipaux qui siégeaient à l'Hôtel de Ville, soit Y. M. Kaplanski, Jean Giosi et Lorne Bernard avec qui j'étais en froid, à la suite d'un différend survenu dans le cadre d'une assemblée d'investiture libérale fédérale. Ces trois échevins se sont ralliés à M. Ménard pour former le troisième parti. Cela ne leur a d'ailleurs pas porté bonheur, car tous les trois ont été battus.

Les résultats de ces élections furent encore favorables à M. Tétreault, mais ce qui a été renversant fut le taux de participation : nous étions au début de novembre, il pleuvait à boire debout et, pourtant, la participation fut 67,5 %... Ce pourcentage est invraisemblable. Le quotidien *La Presse* signalait que 4143 bulletins de vote pour la mairie avaient été rejetés. Je n'ai pas réclamé d'enquête lorsque j'ai vu le résultat : M. Tétreault obtenait 35 665 voix, 25 768 électeurs me faisaient confiance tandis que M. Ménard était le choix de 7713 personnes.

Mais il reste que cette participation est aberrante : j'ai fait une recherche concernant les neuf élections qui ont eu lieu à Laval depuis 1965. À chaque élection, la moyenne de la participation se situe à environ 50 %, ce qui est normal pour des élections municipales. Il y a eu une exception en 1973, lorsque Lucien Paiement a battu Jacques Tétreault : la participation fut alors en effet de 62 % probablement parce que c'étaient deux puissantes machines électorales qui s'affrontaient.

Monsieur Tétreault fut donc réélu, mais cette fois-là avec une majorité au conseil alors qu'Action Laval ne faisait élire que huit conseillers municipaux sur 21, soit mon ami de toujours Raymond

Fortin ainsi que Claude Collin et Jacques Renaud dans le quartier Saint-Martin ; dans le quartier Chomedey, Richard Lagroix, Raymond Clément et Hyman Bigman ; dans le quartier Laval-sur-le-Lac, Yvon Lambert, et dans le quartier Sainte-Rose, le Dr Roch Hébert. Ce sont d'ailleurs ces huit conseillers qui contribuèrent en définitive à la défaite de Jacques Tétreault en 1973 lorsqu'ils se rallièrent au putsch organisé par le Dr Lucien Paiement.

Avec le recul, on peut penser que ce fut une erreur de me présenter à ces élections. Ce que je peux dire, c'est que j'avais tellement été impliqué dans la création de la ville de Laval que j'étais hautement désireux de faire la démonstration de tout le potentiel que comportait la formule du regroupement, ce qui à mon avis n'avait pas été fait. C'est pourquoi je n'ai pas hésité à démissionner de mon poste de député à Québec. Je reprochais fondamentalement à l'équipe Tétreault son manque de dynamisme, d'imagination et de leadership, surtout depuis le départ d'André Lagarde en avril 1968. En fait, c'étaient les fonctionnaires qui menaient la nouvelle ville, notamment le gérant, M. Marc Perron. Mais je dois reconnaître que l'administration Tétreault, même si elle ne fut pas dynamique, a su mettre de l'ordre dans les finances municipales durant cette période difficile d'organisation de la nouvelle ville.

Je souhaite également souligner que c'est à cette époque que l'Assemblée nationale a procédé à l'abolition du Conseil législatif. La loi à cet effet a été pilotée en Chambre par le premier ministre Jean-Jacques Bertrand et a été adoptée le 18 décembre 1968. On se souvient des difficultés que j'avais eues deux fois avec le Conseil législatif lors des débats précédant l'adoption des lois créant Chomedey et Laval. Je n'ai certainement pas versé de larmes sur la disparition de cet organisme.

Donc, nouvelle défaite le 2 novembre 1969. Me voilà ainsi plongé malgré moi dans une période de sérieuse réflexion accompagnée d'une légère déprime. Je prends quelques jours de vacances à l'étranger, d'autant plus facilement que je ne suis plus député.

À mon retour au pays, c'est l'effervescence entourant le congrès qui doit se tenir le 17 janvier 1970 à Québec, pour le choix du successeur de Jean Lesage à la direction du Parti libéral. La campagne bat son plein. Mes bons amis Paul Desrochers et Charles Denis tentent de me persuader de me joindre au camp de Robert Bourassa, qui était l'un des trois candidats, les deux autres étant, on s'en souvient, Pierre Laporte et Claude Wagner. Je réponds à MM. Desrochers et Denis que je ne vois pas quel rôle je peux jouer : je ne suis plus député, je suis un simple membre du parti, les délégués dans Laval ont été choisis pendant mes vacances, je n'ai pas de contrôle sur eux, je ne représente personne, je n'ai pas un gros poids politique après ma défaite à la mairie de Laval il y a quelques semaines. Je refuse donc de donner suite à leur invitation.

C'est alors que Pierre Laporte me téléphone et demande à me rencontrer d'urgence. « Je serai demain matin chez toi à huit heures », me dit-il. Le lendemain matin il arrive à l'heure dite, et là il se lance dans un de ses plaidoyers dont il avait le secret, avec une force de persuasion considérable. « J'ai absolument besoin de toi au congrès. Je compte sur toi. D'ailleurs, au congrès à Québec, tu seras whip ! » Je lui réponds la même chose qu'à MM. Desrochers et Denis, à savoir que je ne voyais pas quel poids je pouvais avoir, etc. Il me dit : « Quand tu désirais ta fusion dans Laval, j'étais là. Nous avons toujours travaillé ensemble, et tu me dois bien ça. J'insiste vraiment. »

Je n'ai pu faire autrement qu'accepter...

L'Union nationale n'avait pas déclenché d'élections partielles dans Laval après ma démission du mois d'octobre 1969, et ce pour plusieurs raisons. J'avais prévenu M. Lesage bien à l'avance de ma démission : je ne voulais pas causer de tort à mon parti. J'avais dit à M. Lesage que les quatre années de pouvoir de l'Union nationale tiraient à leur fin et que je serais surpris qu'elle déclenche des élections partielles dans Laval parce qu'elle n'avait aucune chance de gagner et parce que les élections générales ne pouvaient pas être bien loin. Effectivement, après ma démission en octobre 1969, le comté est resté sans député. Les événements se sont ensuite quelque peu précipités : Robert Bourassa a été choisi chef du Parti libéral le 17 janvier 1970 et le premier ministre Jean-Jacques Bertrand a annoncé le 12 mars que des élections générales allaient être tenues au Québec le 29 avril.

J'ai réfléchi : j'avais 42 ans, ma déprime était chose du passé et j'étais en pleine forme. Je me suis demandé pourquoi je ne retournerais pas à Québec comme député de Laval pour que mon expérience puisse servir à quelque chose. Je suis donc allé voir Paul Desrochers au secrétariat du Parti. Paul m'a déclaré : « Il est exact que les autres députés n'ont pas de convention, mais ils sont en place, ce qui n'est plus ton cas. Tu vas être obligé de subir une convention. » Je lui ai répondu que je n'avais aucune objection quant à une convention parce que, malgré mes déboires à la mairie de Laval, beaucoup de gens m'appuyaient encore, notamment dans la partie ouest de l'Île Jésus, c'est-à-dire dans ce qui était la nouvelle circonscription provinciale de Laval.

Quelques jours avant cette convention, il est arrivé un incident assez cocasse. L'un des principaux organisateurs du Parti libéral, M. Claude Rouleau, me téléphone du Château Frontenac à Québec et me déclare que le chef lui a confié un mandat assez délicat. Il m'explique que M. Bourassa avait promis des figures nouvelles pour l'équipe libérale, que les élections approchaient et c'était difficile de trouver des comtés sûrs pour les candidats vedettes. M. Rouleau, après avoir souligné le caractère pénible de la démarche qu'il faisait auprès de moi, me demande si j'accepterais de me retirer comme candidat dans la circonscription de Laval pour laisser la place à une vedette montante. Je réponds à M. Rouleau que cette figure nouvelle devrait être acceptée par les militants du comté, parmi lesquels je comptais une foule de supporters. Je demande à M. Rouleau qui sont ces vedettes. C'est alors qu'il me mentionne Dr François Cloutier, un psychiatre, et M. Guy Rocher, un sociologue qui enseigne à l'Université de Montréal. J'ai simplement dit à M. Rouleau de demander à M. Bourassa de me téléphoner.

Le lendemain, M. Bourassa m'appelle. Il me répète à peu près ce qu'avait dit Claude Rouleau, qu'il était dans une position difficile, qu'il lui fallait des candidats vedettes, que j'avais un comté idéal pour faire élire un candidat de l'extérieur, etc. Je souligne à M. Bourassa que la convention dans le comté a lieu la semaine suivante, qu'il y a trois candidats sur les rangs, qu'il va être obligé de faire auprès d'eux la même démarche qu'il faisait auprès de moi parce qu'eux aussi devraient se retirer. C'est alors que j'ai dit à M. Bourassa : « Laissez donc passer la convention. Je suis sûr de la gagner. Après la convention, vous n'aurez qu'à négocier avec moi… »

La convention a lieu. Malgré le mauvais temps, au moins 400 membres du comté de Laval se rendent à l'assemblée. Il y avait trois candidats : MM. Moisan, O'Brien et moi-même. Ce fut un balayage, avec 80 % des votes en ma faveur. Cette majorité incroyable a dû calmer bien des appétits. Ni M. Bourassa ni M. Rouleau ne m'ont jamais rappelé à ce sujet.

L'attitude de M. Bourassa et des dirigeants du Parti libéral ne pouvait s'expliquer que par le fait qu'ils avaient été ébranlés par la campagne de calomnies menée pendant des années par mes adversaires au sujet de mon intégrité, alors que mon éligibilité comme maire de l'Abord-à-Plouffe, de Chomedey et de Laval ainsi que comme député n'a jamais été contestée par des adversaires pourtant toujours aux aguets. Paul Desrochers, par exemple, avait beaucoup de respect pour moi. Il savait que je connaissais ses antécédents, alors que j'étais député dans les années 1960 et que lui militait dans l'Union nationale, époque durant laquelle il était président de la Fédération des commissions scolaires. J'ai toujours eu de très bonnes relations avec lui, et je dois dire qu'il a toujours été d'une parfaite correction avec moi.

Quelques jours après l'appel que j'avais eu de Robert Bourassa, je reçois un coup de fil inattendu de Me Jean Bruneau. C'est un vieil ami, un confrère d'université, sauf qu'il a toujours été unioniste alors que j'ai toujours été libéral. Jean était devenu le bras droit du premier ministre Jean-Jacques Bertrand : il en était le premier conseiller, comme André Lagarde l'avait été pour Daniel Johnson. « Jean-Noël, me dit-il, il faut absolument que je te voie demain matin à huit heures chez moi à Ville Mont-Royal. » Il refuse d'en dire plus au téléphone.

Je me rends chez lui à l'heure dite. En entrant, je croise le ministre des Transports, M. Fernand Lafontaine, qui avait la réputation d'être un organisateur rusé. Tout de go, Jean Bruneau me dit : « D'après mes informations, tu n'es pas tellement désiré dans ton parti », et il me fait une proposition des plus surprenantes. « On s'attend à ce que les élections soient assez serrées avec quatre partis. Tu te présentes en tant qu'indépendant dans ton comté. Je te fournis 25 000 $ pour ta campagne électorale. On a des sondages dans Laval et on est sûr que tu vas être élu dans le nouveau comté. On verra après les élections : si c'est chaud, peut-être pourras-tu nous appuyer ; tu décideras alors. » Il voulait que je joue le rôle de Frank Hanley dans les années Duplessis. Ma réflexion n'a pas été longue : je lui ai dit qu'il se trompait s'il pensait un seul instant que j'allais participer à ce genre de manigance. « Je suis libéral et je vais aller au combat et vaincre comme candidat libéral. » Et ce fut la fin de la rencontre.

Cependant, j'étais intrigué. Personne n'était au courant de la conversation que j'avais eue avec MM. Bourassa et Rouleau. Je fais rapport immédiatement à Paul Desrochers, qui était à l'époque l'organisateur en chef de la campagne libérale, et je lui fais part de ma conviction que leurs lignes sont sur table d'écoute, qu'elles sont « tapées » comme on dit. « Vous devriez faire vérifier vos lignes téléphoniques », lui ai-je dit. Ce n'est pas tombé dans l'oreille d'un sourd. Une semaine plus tard, M. Desrochers me confirmait que la ligne de Claude Rouleau au Château Frontenac à Québec et la ligne de Robert Bourassa, avenue Brittanny à Ville Mont-Royal, avaient toutes les deux été placées sur table d'écoute par l'Union nationale.

Il paraît que c'était courant à l'époque. J'ai appris par la suite qu'il y avait effectivement des techniciens qui étaient à la solde de l'Union nationale pour ce genre de travail. Watergate n'a rien inventé !

Ces élections suscitèrent vraiment beaucoup d'incidents, notamment dans Laval. Je ne pense pas que le stratagème dont je vais parler maintenant a été concocté par la direction de l'Union nationale, ni par mon adversaire Réal Gariépy, qui était le commissaire industriel de la Ville de Laval et que j'avais engagé à l'époque de Chomedey. Il avait en effet accepté, en 1970, de porter la bannière de l'Union nationale contre moi. On connaît la loi électorale : on dresse des listes électorales qui sont envoyées ensuite au Bureau de révision, organisme qui a le mandat de réviser les listes afin d'enlever les noms de ceux qui ne se qualifient pas comme électeurs et d'ajouter les noms d'électeurs qui auraient été omis.

Cette commission est formée de trois membres dont l'un est nommé par l'opposition et deux par le parti au pouvoir. J'avais des informations selon lesquelles il se passait des irrégularités, et plus précisément que l'on rayait tous les noms à consonance non francophone. Or l'on savait que je bénéficiais de l'appui massif, à chaque élection, des milieux cosmopolites de Chomedey, qui votaient pour moi.

Cette tentative de fraude électorale était le fait personnel d'un certain Berthiaume, que je considérais comme un fanatique et un fou, et que l'Union nationale avait désigné comme organisateur en chef dans le comté de Laval. Ceux dont les noms étaient rayés n'en étaient pas avisés, comme la loi le prévoit pourtant, afin qu'ils puissent aller au Bureau de révision dans les 48 heures faire la démonstration de leur droit de voter.

On avait rayé ainsi 7383 électeurs. Mes informations étant de source sûre, j'ai fait des démarches à Québec auprès du président général des élections, le juge François Drouin. Je l'ai averti que la situation pouvait vraiment dégénérer le jour du scrutin et que je ne serais pas étonné qu'il y ait du sang dans les rues. On sait l'importance que la population d'origine juive accorde au droit de vote. À la suite de mes pressions, le juge Drouin a délégué son adjoint, le notaire Paul-René Lavoie qui, nommé par l'Union nationale, avait agi comme président d'élection dans Laval en 1956 et en 1960.

Le notaire Lavoie, avec qui je n'ai aucun lien de parenté, a fait enquête et a fait sauter immédiatement le Bureau de révision. Ils ont remplacé les commissaires à onze heures du soir le 21 avril. Il n'y avait pas de temps à perdre puisque les élections avaient lieu huit jours plus tard. Les trois nouveaux commissaires ont dû siéger jour et nuit pendant 48 heures pour remettre les dossiers en ordre et réinscrire plus de 7000 électeurs.

Les trois nouveaux commissaires publièrent un rapport dont les conclusions étaient accablantes pour ceux qu'ils avaient remplacés au pied levé. « Nous, réviseurs, concluons que les ex-réviseurs étaient d'une incompétence notoire, qu'ils ont usurpé leur charge d'une façon flagrante, qu'ils ont enfreint la Loi électorale[…] » Les nouveaux commissaires recommandaient que les sanctions prévues par les articles 128 et 129 de la loi soient appliquées et que, vu l'énormité des irrégularités commises, les ex-réviseurs ne reçoivent pas les honoraires prévus par la Loi électorale.

« LA VIRGINITÉ RETROUVÉE »

C OMME PRÉVU, je suis élu le 29 avril 1970 avec plus de 14 000 voix de majorité dans le nouveau comté de Laval tandis que Robert Bourassa est porté au pouvoir à Québec.

Cependant, je me pose évidemment des questions quant à mon avenir au sein du nouveau parlement. Tous les députés attendent fébrilement un « coup de téléphone » après des élections. Je me souviens avoir envoyé une lettre à M. Bourassa afin de lui offrir mes services. J'avais des arguments en ma faveur : je possédais une expérience de dix ans comme député, je connaissais bien le domaine des affaires municipales, je m'étais toujours activement impliqué dans le développement économique de ma région. En un mot, j'étais polyvalent. Allais-je me retrouver comme député d'arrière-banc à Québec ? Ne m'étant pas joint à l'équipe de Robert Bourassa pendant la campagne à la chefferie, me rappelant la démarche qu'il avait faite afin que je me retire de la liste de ses candidats, j'étais en droit de m'interroger quant à mon avenir.

N'ayant aucune nouvelle, je décide d'appeler mon ami Pierre Laporte, qui avait été réélu dans le comté de Chambly. Nous décidons de nous rencontrer au restaurant Sambo, dans l'est de Montréal. J'expose mes appréhensions et mes arguments à Pierre qui me déclare finalement, la gorge serrée, qu'il n'a aucun poids auprès de Robert Bourassa. Il m'apprend qu'il avait tenté, en vain, d'obtenir le portefeuille des Affaires municipales pour compléter le programme de modernisation des structures municipales qu'il avait amorcé avant 1966, mais qu'il allait plutôt hériter du ministère du Travail et de l'Immigration.

C'était un secret de polichinelle qu'il avait des difficultés financières à cause des dépenses encourues lors du congrès à la chefferie de janvier 1970, trois mois plus tôt. C'est le parti qui avait dû assumer en définitive le paiement du reliquat de ses dettes. Il n'était certainement pas en mesure de faire la fine bouche. Finalement, Pierre m'a dit qu'il regrettait vivement, mais qu'il ne voyait pas ce qu'il pouvait faire en ma faveur parce qu'il n'était certainement pas en position de force.

Je retourne donc chez moi, quelque peu inquiet. Le 10 mai, soit deux jours avant l'annonce de la composition du Cabinet, je reçois un coup de téléphone de Pierre Laporte qui m'appelait de Québec. «J'ai une proposition à te faire, me dit-il, mais tu vas me dire oui avant que je ne te la dévoile.» «Voyons, Pierre, nous ne sommes quand même pas des enfants, de quoi s'agit-il?» — «Eh bien, tu vas être proposé comme président de l'Assemblée nationale. Je sors d'une réunion avec Robert Bourassa et il va t'offrir le poste.»

Je reste un peu surpris, n'ayant jamais été un procédurier de toute ma vie, mais surtout un «exécutif». Je n'étais pas un expert en droit parlementaire même si j'avais siégé 10 ans au Parlement. Cependant, dans les circonstances, je n'avais pas le choix: c'était ça, ou être «back-bencher». J'ai donc accepté.

Cependant, j'ai formulé une exigence, peut-être par amour-propre. Je voulais que le premier ministre annonce qu'il proposait que je devienne président de l'Assemblée nationale en même temps qu'il ferait connaître la composition de son cabinet, ce que M. Bourassa a accepté de faire.

Comme l'ouverture de la session n'est prévue que pour le 9 juin 1970, cela me donne à peu près un mois pour approfondir ma connaissance des 800 articles du code parlementaire, ce que l'on appelait alors le règlement Geoffrion. Je me souviens être parti me reposer sur une plage, et tous les jours je lisais et relisais studieusement le règlement ainsi que des ouvrages traitant du droit parlementaire britannique, qui est le nôtre. L'un de ces ouvrages était un livre vraiment extraordinaire rédigé par un spécialiste attaché à la bibliothèque de la Chambre des communes à Ottawa, M. Philip Laundy. Ce livre était intitulé *The Office of Speaker* et décrivait avec brio l'évolution de cette fonction depuis qu'elle existe, c'est-à-dire depuis le XIIIe siècle! Quant à mon vieil exemplaire du règlement Geoffrion, il laisse encore tomber, chaque fois que je le montre à des amis, un peu de sable de la plage où je l'ai épluché…

À mon retour, je me sentais fin prêt pour m'attaquer à ma nouvelle tâche dès l'ouverture de la session le 9 juin 1970. Dans sa proposition au sujet de mon élection à la présidence, le premier ministre Bourassa avait signalé le caractère quelque peu ardu de ma nouvelle fonction du fait de la présence, désormais, de quatre partis: 72 libéraux, 17 unionistes, 12 créditistes et sept péquistes.

« Mais, déclarait M. Bourassa, étant convaincu que les membres de l'Assemblée nationale accordent au président leur appui entier, ce dernier saura faire progresser nos travaux avec célérité et efficacité, tout en garantissant à tous la liberté d'expression nécessaire pour bien représenter nos électeurs. »

Dans son appui à la motion concernant mon élection à la présidence, le chef de l'Union nationale, M. Jean-Jacques Bertrand, soulignait que j'avais « une bonne expérience parlementaire » et que j'étais « un homme charmant, intelligent et travailleur, capable d'objectivité et d'impartialité ». C'était bien la première fois que j'entendais l'Union nationale vanter mes qualités. C'était manifestement un cas de virginité retrouvée!

Puis ce fut à mon tour de parler. Je n'ai pas perdu de temps et j'ai annoncé immédiatement mes couleurs. « Depuis les toutes dernières sessions, nos règlements ont fait l'objet d'amendements sessionnels qui ont accéléré la législation en général et l'adoption des crédits. Nous devons songer à prévoir la permanence de ces amendements par une refonte complète des 812 articles de notre règlement. Ainsi, je proposerai, en collaboration avec les chefs des partis, que le comité de refonte des règlements puisse siéger avec diligence afin d'accélérer et de compléter son travail dans un temps déterminé. »

Dès que j'ai pris en main l'administration de l'Assemblée nationale, je me suis aperçu que le poste existait, mais que l'institution n'existait pas. Je n'ai trouvé aucun dossier au bureau du président. Il y avait la secrétaire de M. Raynald Fréchette qui, élu président le 24 février 1970, avait été en poste moins de trois mois. Elle n'avait rien dans ses classeurs, et m'a d'ailleurs immédiatement donné sa démission. Je l'ai remplacée par une collaboratrice exceptionnelle, Mme Murielle Deblois, qui resta fidèlement à mon service pendant 11 ans, jusqu'à mon départ de la politique en 1981. Hormis ma secrétaire, le personnel du cabinet de la présidence se limitait au chef des pages, M. Claude Drolet, et à un commissionnaire, M. Bill McCauley.

J'apprends par hasard que le congrès de l'Association internationale des parlementaires de langue française (AIPLF) doit se tenir à l'automne au Canada, soit quelques jours à Ottawa et, à ma grande surprise, quelques jours à Québec. Je ne savais rien sur ce congrès, et c'est le président de la Chambre des communes, M. Lucien Lamoureux, qui m'a fourni une copie du dossier. Je me suis mis immédiatement à la tâche avec lui pour organiser cette visite de plusieurs centaines de parlementaires de langue française en provenance de tous les continents.

L'institution n'existait pas parce que, malheureusement, comme l'expérience le prouve, ceux qui devenaient président de l'Assemblée considéraient cette fonction plutôt comme un tremplin leur permettant d'accéder au Cabinet. C'est la raison pour laquelle il y avait beaucoup de changements, les présidents ne restant pas longtemps en poste. De 1960 à 1970, les présidents ont été successivement MM. Lucien Cliche, J. Richard Hyde, Guy Lechasseur, Rémi Paul, Gérard Lebel et Raynald Fréchette. Tous, sauf M. Lechasseur et M. Fréchette, ont quitté la présidence pour accéder au Cabinet.

Mon approche a été différente. J'ai voulu dès le départ revaloriser l'institution. Conformément à l'engagement que j'avais pris le

9 juin dans mon allocution d'acceptation, j'ai formé un comité avec un représentant de chacun des quatre partis. Je me disais qu'il était urgent de modifier le règlement. Je me rappelais l'opposition dite « circonstantielle » du mois d'octobre 1969 au projet de loi 63 présenté par le premier ministre Jean-Jacques Bertrand. C'était en fait le premier débat linguistique du Québec moderne. Cinq députés avaient réussi effectivement à bloquer les travaux de la Chambre pendant plusieurs semaines : il s'agissait de MM. Antonio Flamand et Jérôme Proulx, de MM. René Lévesque et Yves Michaud, et de Gaston Tremblay. J'avais également en mémoire l'obstruction systématique pratiquée par le Parti irlandais, dirigé par Charles Parnell, qui avait bloqué les travaux de la Chambre des communes de Londres dans les années 1880.

Observant l'équipe péquiste de 1970, qui n'avait peut-être que sept députés mais qui faisait preuve d'une grande combativité, beaucoup plus en tous les cas que l'Union nationale ou les créditistes, je me suis dit qu'il était évident que, dès qu'ils allaient se rendre compte des traquenards potentiels que comportait le règlement Geoffrion, ils allaient constituer une opposition féroce. Je me rendais compte que, bien conseillés par M. Louis Bernard et bien entourés comme ils l'étaient par des recherchistes fervents, ils pourraient facilement alors bloquer l'activité du Parlement et empêcher, s'ils le désiraient, l'adoption des lois et même du budget.

Il était donc urgent que, en tant que président de l'Assemblée nationale, je fasse apporter à son règlement les modifications qui allaient permettre à l'institution de fonctionner dans le nouveau contexte quadripartite, et activiste, qui était maintenant le sien.

Ma position était qu'un gouvernement doit pouvoir administrer et passer ses lois. C'est un droit incontournable, qui appartient à un gouvernement démocratiquement élu dans le cadre d'une élection libre, quitte à ce que l'opposition ait tout le temps et toute la latitude nécessaires pour critiquer le parti et l'administration en place, et pour que les médias, de leur côté, aient le temps d'informer la population avant l'adoption d'une loi. Une obstruction permanente est impensable, inacceptable et injustifiable dans notre système politique.

C'est pourquoi le nouveau règlement limitait les droits de parole. De plus, c'était la première fois qu'un parlement donnait la possibilité aux citoyens de venir s'exprimer en commission parlementaire avant la première lecture d'une loi pour participer à son élaboration. En fait, c'était vraiment du droit parlementaire nouveau, qui prévoyait notamment l'imposition de la clôture, également appelée «bâillon», la fameuse «guillotine», qui met fin aux débats permettant l'adoption d'une loi. Lors d'une rencontre avec les leaders des quatre partis, nous avons formé un comité de la refonte du règlement. Étaient présents MM. Gérard D. Lévesque pour le Parti libéral, Rémi Paul pour l'Union nationale, Bernard Dumont, puis Fabien Roy pour le Ralliement créditiste et Robert Burns pour le Parti québécois. Nous nous sommes entendus pour siéger toutes les semaines, sauf qu'il manquait toujours une ou deux de ces personnes pour la simple raison que les leaders parlementaires sont des gens très occupés. Je leur ai donc proposé que les experts puissent continuer à se réunir pour travailler. Dès qu'un projet de chapitre serait terminé, je le ferais parvenir à chacun des leaders parlementaires pour qu'ils puissent nous transmettre leurs observations. Ils ont accepté ma suggestion.

C'était en quelque sorte un blanc-seing de travail que les leaders avaient accordé au comité de rédaction du nouveau règlement. Ce comité était composé de MM. Jean-Charles Bonenfant, juriste de grande culture, de René Blondin, secrétaire de l'Assemblée nationale, de ses adjoints Jean Côté et Jacques Lessard, du vice-président Denis Hardy, du vice-président adjoint Harry Blank et de moi-même. De plus, le secrétaire général du Conseil exécutif, M. Julien Chouinard, et son adjoint, M. Benoît Morin, nous ont fourni un certain nombre de conseils juridiques.

Lorsque nous avons fait parvenir aux leaders le projet de chapitre où il était question d'imposer la guillotine, le sang irlandais de M. Burns n'a fait qu'un tour. « Jamais, s'est-il mis à piaffer, tu nous feras accepter la clôture dans ton règlement ! » Je me souviens d'avoir eu avec lui au moins quatre ou cinq bonnes discussions. Mais je n'arrivais pas à trouver le bon argument pour lui faire accepter cette formule, pourtant nécessaire.

Un beau jour, j'ai tenté l'approche suivante : « Le rôle de l'opposition est d'essayer de prendre le pouvoir dans un contexte d'alternance. Pour cela, il faut que le gouvernement puisse passer des lois que vous pourrez attaquer pendant la prochaine campagne électorale. Si vous avez le privilège, grâce à une possibilité d'obstruction sans limite, d'empêcher le gouvernement de passer ce que vous pensez être, pour une raison ou pour une autre, de mauvaises lois, vous ne prendrez jamais le pouvoir aux prochaines élections. Si tel ou tel projet de loi est d'après vous vraiment nuisible, faites une bonne bataille à l'Assemblée et forcez le gouvernement à imposer la clôture, ce qui vous permettra ensuite de taper, aux élections suivantes, sur l'équipe gouvernementale et d'avoir ainsi une chance de les battre. Si vous pouvez bloquer ce que vous pensez être des lois néfastes par un "filibuster" sans limite, vous ne pourrez jamais ensuite accuser le gouvernement d'avoir passé de "mauvaises" lois… »

Ce raisonnement, un peu byzantin, a fini par ébranler Robert Burns, et c'est ainsi que j'ai réussi finalement à lui faire accepter le principe de la clôture. C'est grâce à la clôture que M. Bourassa a pu faire adopter en 1975 la loi 22 faisant du français la langue officielle du Québec. Après 1976, le Parti québécois à son tour a également utilisé la clôture à plusieurs reprises pour faire passer certaines de ses lois vivement contestées par les libéraux.

Le travail du comité de refonte a duré environ deux ans. Cela m'a permis de fouiller à fond le droit parlementaire et de me familiariser notamment avec les grands auteurs de tradition britannique comme Beauchesne, May, Bourinot et Campion. La rédaction du nouveau code de l'Assemblée nationale fut pour moi l'équivalent d'une thèse de doctorat post-universitaire en droit parlementaire et constitutionnel. En fait, l'établissement de ce nouveau règlement m'a vraiment captivé. L'objectif de l'opération était vraiment exaltant : il fallait faire en sorte que des adversaires politiques, démocratiquement choisis, soient amenés à travailler ensemble sereinement pour que le Parlement soit fonctionnel et efficace.

C'est à l'unanimité des quatre partis que le nouveau code a été adopté à l'essai le 27 mai 1972 pour la session en cours et d'une manière permanente le 13 mars 1973, de nouveau avec l'accord des quatre partis. Le code de l'Assemblée nationale du Québec passait ainsi de 812 articles à seulement 179. Il avait comme principale caractéristique d'être clair et concis : les gens les moins initiés à la vie parlementaire pouvaient se familiariser rapidement avec ses procédures.

Par ailleurs, comme je le signalais le 13 mars lors de l'adoption définitive du nouveau code, nous avons voulu que ce soit le code qui s'adapte aux besoins modernes du Parlement et non l'inverse. « L'une des grandes caractéristiques de ce règlement est que le comité de travail et les leaders qui y ont travaillé n'ont pas voulu assujettir l'Assemblée nationale à un règlement. C'est exactement le contraire que nous avons voulu faire. Nous avons voulu assujettir le règlement à la réalité de l'Assemblée, à ce qu'elle est devenue depuis quelques années. »

Lors de ma réélection comme président de la Chambre, en 1973, après trois ans à cette fonction, j'ai eu l'occasion de préciser ma philosophie quant au rôle du président.

« Je chercherai constamment, soulignais-je, à y maintenir l'ordre et le décorum dans le respect de notre règlement, avec objectivité et impartialité, sans perdre de vue toutefois que notre Assemblée nationale est un forum populaire. Pour atteindre ce but, je n'entends pas jouer constamment au policier à la recherche de coupables. J'ai réalisé qu'un président se devait d'être toujours peu loquace, parfois sourd et aveugle. Je l'ai été souvent pendant près de quatre ans, et je le serai sans doute encore à l'occasion... Notre système veut que le président émane de la majorité tout en lui imposant l'obligation de se porter à la défense des groupes minoritaires. Même si je sais que les membres de ces groupes minoritaires sauront fort bien se défendre et faire valoir leurs droits, j'entends que cette tradition soit scrupuleusement respectée. »

Le code Lavoie, comme mes collègues eurent la gentillesse d'appeler ces nouvelles dispositions, permettait d'effectuer avec efficacité une triple démarche : la majorité pouvait faire adopter sa législation en imposant des limites aux débats et aux discours ; par ailleurs, l'opposition avait la possibilité de s'exprimer en toute liberté et d'éveiller l'opinion publique ; enfin, tous les députés, par leur participation à une ou plusieurs commissions parlementaires, avaient l'occasion de remplir pleinement leur rôle de législateurs. L'accent était mis en effet sur le travail en commission parlementaire, ce qui correspondait à une tendance universelle du parlementarisme moderne. L'absence de formalisme, qui caractérise le travail des séances tenues par les commissions, favorise la participation aussi bien des députés que des individus ou des groupes concernés par l'élaboration d'une loi.

Dès la session de printemps de 1972, on a pu constater que les crédits des différents ministères ont été adoptés entièrement, et en quelques semaines, en grande partie grâce à une disposition du nouveau règlement qui permettait d'ajourner les travaux de la Chambre et de confier l'étude des crédits à plusieurs commissions parlementaires siégeant simultanément. Le nouveau règlement s'est ainsi rapidement révélé être un instrument remarquable pour accroître l'efficacité de l'Assemblée nationale du Québec.

C'est le 29 octobre 1973 qu'eurent lieu les élections qui accordèrent un deuxième mandat à M. Bourassa. Le Parti libéral fit élire 102 députés tandis que le Parti québécois se retrouva avec six députés, au lieu de sept auparavant. On aurait pu croire qu'il allait être facile d'arbitrer un tel parlement, mais il n'en fut rien puisqu'il y avait une énorme disproportion entre les votes exprimés et les sièges obtenus. Les députés du Parti québécois redoublèrent d'ardeur, ce qui amena à plusieurs reprises des moments de grande tension en Chambre que j'essayais de gérer avec équité et sérénité.

J'ai consacré toutes mes énergies jusqu'en 1976 à la revalorisation de l'institution parlementaire, dont le bon fonctionnement garantit l'équité de notre système démocratique. C'est également à cette époque que le Québec est devenu membre à part entière de l'Association internationale des parlementaires de langue française (AIPLF) alors que nous étions chapeautés auparavant par Ottawa.

Nous avons également joué un rôle assez important au sein de la Commonwealth Parliamentary Association. J'ai fait des recommandations afin que les ministres accordent un rôle accru aux députés, entre autres dans les missions à l'étranger. Un service d'accueil aux visiteurs a été institué à l'Assemblée nationale, ainsi qu'un système de stagiaires parlementaires. Un film documentaire a été réalisé sur le Parlement et sur le rôle du député; j'ai également jeté les bases d'un musée de l'Assemblée nationale.

En 1976, eut lieu une grande réunion des anciens parlementaires du Québec : ce furent des retrouvailles marquées de beaucoup d'émotion puisque, parmi les centaines d'anciens parlementaires qui répondirent à mon invitation, on notait la présence d'hommes politiques qui avaient vraiment marqué notre histoire, comme, par exemple, l'un des fondateurs, en 1934, de l'Action libérale nationale, M. Paul Gouin.

En fait, c'est depuis cette époque que la présidence de l'Assemblée nationale est devenue une institution vraiment reconnue, avec un rôle dont l'importance n'a pas cessé de s'affirmer toujours davantage.

J'étais appelé à intervenir dans toutes sortes de situations. Il y a eu, par exemple, une crise au sein du Ralliement créditiste. M. Samson était contesté par ses 11 députés. Un groupe était favorable à M. Armand Bois, député de Saint-Sauveur, tandis qu'un autre appuyait M. Samson. J'ai dû trancher, comme président, afin de déterminer qui serait le chef du Ralliement créditiste en Chambre. Je leur ai dit d'aller voter et de me rapporter le résultat. M. Samson a été écarté et M. Bois l'a remplacé comme chef des créditistes. Cette décision avait des conséquences importantes : priorité quant au droit de parole en Chambre, émoluments différents, traitement différent dans toutes sortes d'événements, etc.

J'ai mis fin à une tradition un peu bizarre qui, paraît-il, existait depuis toujours, à savoir qu'un président de l'Assemblée nationale partait en emportant son fauteuil chez lui lorsqu'il quittait son poste. Il y avait trois de ces fauteuils en fabrication lorsque j'ai commencé à assumer la présidence en 1970. C'est d'ailleurs pourquoi on trouve ces fauteuils un peu partout à travers le Québec, dont un au presbytère de la paroisse Saint-Martin à Laval. Ce fauteuil appartenait à Sir Évariste Leblanc, député de Laval et « orateur » de la Chambre de 1892 à 1897. J'ai mis fin à cette coutume ridicule. Mon prédécesseur immédiat, M. Raynald Fréchette, fut la première victime de mon esprit d'économie. Il m'en a d'ailleurs toujours voulu un peu, même si je lui ai fait parvenir une plaque souvenir de sa présidence…

Le rôle d'arbitre qui incombe au président s'exerce de bien des façons. C'est ainsi que le lendemain des élections de 1973, qui ont donné 102 députés aux libéraux et seulement six aux péquistes, je reçois un appel d'urgence de Louis Bernard, du Parti québécois. Il était dans tous ses états.

M. Bernard me rapporte que le député des Îles-de-la-Madeleine, Louis-Philippe Lacroix, venait de se rendre au Parlement. Ignorant sans doute que la Loi de la Législature prévoit qu'un président demeure en fonction tant qu'il n'est pas remplacé, et cela même s'il est défait comme député, M. Lacroix avait décidé d'informer M. Bernard qu'il n'était pas question que les députés du Parti québécois occupent les bureaux spacieux du deuxième étage, traditionnellement réservés à l'opposition officielle. Les six députés péquistes devaient, d'après M. Lacroix, s'installer au troisième étage dans de petits bureaux, en fait dans le grenier du Parlement. Il n'était pas question non plus qu'ils disposent, comme avant, d'un salon privé au café du Parlement. Enfin, le chef de l'opposition ne pouvait plus disposer, toujours selon M. Lacroix, d'une voiture et d'un chauffeur.

J'ai pris l'avion immédiatement pour Québec. Dès mon arrivée, j'ai rejoint M. Lacroix et je lui ai souligné que selon la Loi de la Législature, j'étais toujours président tant que je n'étais pas remplacé, que j'étais donc toujours en fonction, que c'était donc moi qui étais toujours responsable de l'administration du Parlement et que, par conséquent, je renversais tous les ordres qu'il avait donnés. Comme notre ami Louis-Philippe n'avait pas la langue dans sa poche, vous pouvez imaginer sa réaction.

C'est également dans les jours qui ont suivi les élections de 1973 que j'ai reçu la visite à mon bureau de MM. Louis Bernard, Robert Burns et Jacques-Yvan Morin. Ils voulaient me parler des sièges que leurs six députés allaient occuper en Chambre. On sait en effet qu'il y a trois rangées de fauteuils de chaque côté de l'Assemblée nationale. Ils souhaitaient avoir quatre députés assis à la première rangée et deux à la deuxième. Mais ils étaient prêts à considérer une autre formule, soit trois députés à la première rangée et trois à la deuxième. Mais ils me déclarent que ça va être l'une de ces deux formules, ou bien ils ne se présenteront pas à l'Assemblée nationale !

Je leur ai dit que ma décision ne tarderait pas et que je communiquerais avec eux dans le courant de la matinée du lendemain. J'ai immédiatement fait un peu de recherche, et j'ai constaté qu'aux élections de 1948 le Parti libéral n'avait eu que huit députés. Effectivement, ils occupaient leur place aux trois fameuses rangées. Je tenais ainsi mon précédent, ce qui est important pour les traditions d'un parlement de type britannique comme le nôtre. Je téléphone donc à M. Burns le lendemain matin et je lui signale le précédent de 1948. Je l'informe que ma décision est prise et que je leur attribuerai des places dans les trois rangées. Il n'a eu d'autre choix que d'accepter, bien à contrecœur. J'étais cependant intrigué par son insistance et par son ultimatum. Je pensais qu'il y avait anguille sous roche.

Quelques jours plus tard, au cours d'une conversation, j'ai demandé à M. Burns s'il avait bien digéré ma décision quant à l'affectation des sièges. Il m'a répondu que j'avais eu de la chance de trouver le précédent de 1948 parce que, sinon, ils auraient exigé d'occuper les deux premières rangées. Je lui ai répliqué que moi aussi j'étais heureux d'avoir trouvé ce précédent parce que, en accédant à leurs demandes, j'aurais craint que, pendant quatre ans, les péquistes ne rabâchent en Chambre qu'ils n'étaient peut-être pas 102, mais qu'eux au moins n'avaient pas de « back-benchers » ! Robert Burns a éclaté de rire : le chat était sorti du sac. J'avais visé juste : les trois compères m'avaient tendu un piège dans lequel je n'étais heureusement pas tombé.

En six ans et demi, j'ai été amené à utiliser à trois ou quatre reprises le recours ultime, c'est-à-dire l'expulsion. Dans un cas, il s'agissait du député libéral de Rosemont, M. Gilles Bellemare. Ce dernier s'amusait constamment à éplucher le règlement au point de se comporter presque comme s'il était leader parlementaire, ce que M. Gérard D. Levesque ne prisait pas tellement. M. Bellemare intervenait constamment sur des questions de règlement et me demandait sans arrêt des directives. Après l'avoir rappelé à l'ordre trois fois de suite, je l'ai finalement expulsé de la Chambre comme le prévoit le règlement. Je me rappelle qu'il était furieux de ma décision et qu'en passant près de mon fauteuil, il m'avait lancé : « Sommes-nous dans un parlement ici ou bien dans une arène de lutte ? Un, deux, trois, *out* ! »

Éteindre les feux faisait un peu partie de mes fonctions. Ainsi, MM. Rémi Paul et Jean-Noël Tremblay, deux parlementaires expérimentés de l'Union nationale, se mirent à contester certaines décisions du vice-président de l'Assemblée nationale, qui était à cette époque M. Denis Hardy. Le secrétaire de l'Assemblée m'avise qu'une motion de blâme a été déposée au sujet de M. Hardy. Certains parlementaires trouvaient qu'il manquait de souplesse comme vice-président. Entre eux, ils l'appelaient « le petit caporal ».

Je me suis alors permis d'appeler M. Rémi Paul, puisqu'il était le leader parlementaire de l'Union nationale, et je lui ai proposé de passer me voir à mon bureau, ce qu'il a accepté de faire. Je lui ai souligné le caractère grave de cette motion et je lui ai fait comprendre qu'ils étaient en train de créer une situation délicate. Puis je lui ai demandé de retirer sa motion. M. Rémi Paul, qui avait beaucoup de respect pour la présidence, qu'il avait assumée auparavant, a accepté de retirer cette motion. Enfin, je l'ai assuré que je mettrais le premier ministre Bourassa au courant de l'esprit de coopération dont il faisait preuve, ce que j'ai fait.

Quelque temps plus tard, M. Bourassa me signale que le caucus suggérait Mᵉ Robert Lamontagne, député de Roberval, comme vice-président. M. Harry Blank, qui était vice-président adjoint, est alors intervenu pour signaler qu'avec ses états de service depuis 1960, cette fonction devrait lui revenir. J'ai alors suggéré à M. Bourassa qu'avec l'importance nouvelle des travaux en commission, il serait justifié d'avoir deux vice-présidents, formule que M. Bourassa a acceptée. La Loi de la législature a donc été changée, MM. Blank et Lamontagne sont devenus tous les deux vice-présidents et M. Hardy est devenu peu de temps après ministre des Affaires culturelles.

Assumer la fonction de président de l'Assemblée nationale a été pour moi une expérience humaine inoubliable sur le plan de l'étude des comportements. Il faut avoir siégé des deux côtés de la Chambre pour vraiment savoir, et comprendre, l'intensité des frustrations, que ce soit du côté ministériel ou du côté de l'opposition. Je pense que la meilleure façon de faire dans cette fonction, afin de calmer des adversaires survoltés et de détendre l'atmosphère, consiste à faire preuve d'humour, de souplesse et même de jovialité. C'est d'autant plus important que ceux qui sont au pouvoir ont tendance à se prendre au sérieux. Le président, dans une certaine mesure, est là pour défendre la minorité en Chambre, le gouvernement ayant tellement d'outils à sa disposition.

Il est également intéressant de constater qu'en Angleterre, devenir « speaker » constitue l'apogée de la carrière d'un homme ou d'une femme politique, à qui l'on confie cette fonction du fait de son expérience et de ses qualités humaines exceptionnelles. Et il est bien qu'il en soit ainsi parce que cette fonction devrait être un couronnement de carrière plutôt qu'un simple tremplin.

Certains ont souhaité que la présidence devienne un poste permanent. J'ai moi-même, à une certaine époque, partagé cette opinion. Cependant, avec l'expérience que j'ai acquise comme président, mon opinion a évolué et je ne suis plus en faveur de la permanence de la présidence pour les raisons suivantes : du point de vue historique, depuis le xiii\e siècle en Angleterre, le système de la permanence n'a jamais été établi, et cela a toujours bien fonctionné ainsi. Par ailleurs, un président permanent deviendrait une sorte de fonctionnaire ou, comme l'on dit, de « mandarin ». Or, pour pouvoir gérer efficacement les relations entre députés, il faut être soi-même député afin de ne pas se faire dire, lors d'une décision contestée : « Allez donc vous faire élire ! » En définitive, à mon avis, le président, pour être vraiment efficace, doit être le premier entre ses égaux, le *primus inter pares* comme disaient les Romains.

L'importance et le respect que je porte aux institutions parlementaires sont sans doute reliés à l'intérêt que j'accorde à notre histoire. Or il est remarquable de noter que l'histoire moderne du Québec et du Canada depuis deux siècles ne s'est pas façonnée sur les champs de bataille, comme en Europe et même aux États-Unis. Notre histoire a eu presque uniquement comme théâtre l'enceinte de nos différents parlements, que ce soit à Québec, à Kingston, à Montréal, à Toronto ou à Bytown, maintenant appelée Ottawa. Celui qui connaît bien l'histoire des débats parlementaires depuis l'Acte constitutionnel de 1791 qui accordait au Canada un régime électoral et parlementaire — régime rarissime dans le monde à cette époque —, celui-là connaît bien l'histoire du Canada et du Québec.

Je le répète, les grands moments de notre histoire nationale moderne se sont joués dans les parlements de Québec et d'Ottawa : les 92 résolutions et l'insurrection de 1837, le Rapport Durham, l'Acte d'Union et le gouvernement responsable, l'Acte de l'Amérique britannique du Nord, l'affaire Louis Riel, les débats sur la conscription lors des conflits mondiaux de 1914 et de 1939, la Révolution tranquille, la nationalisation de l'électricité, la Crise d'octobre 1970, les débats linguistiques (loi 63, 22 et 101), le rapatriement de la constitution, l'accord du lac Meech, ainsi que les référendums de 1980, de 1992 et de 1995.

J'ai d'ailleurs eu l'occasion à plusieurs reprises de manifester mes convictions quant à l'importance que j'attache à la fonction de président de l'Assemblée nationale. C'est ainsi que M. Yves Michaud, qui faisait partie du bureau de M. Bourassa en 1971, lui avait suggéré mon nom pour la fonction de délégué général du Québec à Paris, poste que M. Jean Chapdelaine s'apprêtait à libérer. M. Bourassa s'informa de mon intérêt pour ce poste. Après quelques jours de réflexion, je l'ai remercié de ce témoignage d'estime, mais lui ai dit que, tout bien considéré, je préférais continuer mon mandat de président de la Chambre à Québec.

Par la suite, j'ai refusé deux fois de devenir ministre. Lorsque Mme Marie-Claire Kirkland-Casgrain a été nommée juge, M. Bourassa m'a offert le portefeuille des Affaires culturelles. Il m'a déclaré : « Avec ta culture personnelle et ta femme qui est peintre, tu aurais un préjugé favorable de la part du milieu culturel. » Puis, après sa réélection en 1973, le premier ministre m'a proposé à nouveau d'entrer dans le Cabinet. Il m'a même demandé ce qui m'intéresserait. Je lui ai dit que le tourisme, où il y avait tant à faire, serait un secteur dont j'aimerais m'occuper, mais que ce choix poserait peut-être problème puisque son beau-frère, M. Claude Simard, y faisait déjà un excellent travail. Finalement, après quelques jours de réflexion, j'ai dit à M. Bourassa que je préférais continuer comme président de la Chambre.

J'étais certainement sensible à ces marques de confiance de la part du premier ministre à mon égard, mais en définitive la présidence de la Chambre comportait, avec toute sa dimension humaine, des défis vraiment stimulants qui me convenaient. Si j'étais devenu ministre, j'aurais pu reprendre la déclaration qu'avait faite T. D. Bouchard le 14 avril 1936 : « Lorsque j'ai accepté le portefeuille de ministre, j'ai laissé la plus belle position qu'il y ait à l'Assemblée législative, celle de Président. »

L'intérêt que je portais à mon travail de président de la Chambre était tel que j'ai eu droit le 2 juin 1972, lors de l'examen des crédits de la Présidence et de l'Assemblée nationale, à un rare témoignage d'estime de la part des trois porte-parole des partis d'opposition. MM. Rémi Paul, Fabien Roy et Camille Laurin furent unanimes à souligner ce qu'ils appelèrent l'objectivité, l'indépendance, le jugement et la « dépolitisation » avec laquelle, d'après eux, je présidais les débats de l'Assemblée nationale. Le Dr Laurin, qui a toujours su tourner un compliment au pied levé, fut particulièrement éloquent. Je le cite, même si ma modestie doit en souffrir : « Le président se dépolitise lui-même. Il en est arrivé à concevoir son rôle comme étant au-dessus des partis. On sent très bien qu'il devient de plus en plus conscient de ses responsabilités en tant que représentant, à l'occasion de sorties officielles, de la dimension internationale du Québec. Il le fait toujours avec doigté, avec le sang-froid, avec la délicatesse et, surtout, avec cet aspect racé que lui ont donné toutes ses fonctions antérieures et qu'il sait maintenant mettre à la disposition de la population du Québec. »

Mais le plus bel hommage que j'aie jamais reçu est l'offre que m'a faite le Parti québécois, après avoir pris le pouvoir en novembre 1976, afin que je continue d'assumer la présidence de l'Assemblée nationale « avec impartialité et doigté », comme l'ont déclaré des dirigeants péquistes au journaliste Normand Girard, lequel rapportait leurs propos, le 19 novembre 1976, dans le *Journal de Québec* sous l'énorme manchette suivante : « Large d'esprit, Lévesque donnerait à l'Assemblée nationale un président... libéral ».

Les élections de 1973 avaient confirmé la solidité de mes appuis dans la circonscription de Laval puisque ma majorité était restée très élevée (11 000 voix) même si mon comté ne comprenait plus que l'extrême partie ouest de l'île, la partie centrale étant devenue le comté de Fabre et l'extrême est de l'île constituant le comté de Mille-Îles.

Par contre, en 1976, cette belle majorité a fondu à seulement 2300 voix. On se souvient que M. Rodrigue Biron, qui était devenu le chef de l'Union nationale, avait promis aux anglophones l'égalité linguistique. Le candidat de l'Union nationale dans la circonscription de Laval n'y a jamais mis les pieds, sauf quand il est venu porter son dépôt de 200 $. Ensuite, on ne l'a jamais revu. Il n'a pas dépensé un sou pour se faire connaître dans le comté. Or j'ai tout de même perdu plus de 7000 votes, simplement à cause de la loi 22. Tous mes anglophones ont voté pour le candidat de l'Union nationale, même s'ils ne l'avaient jamais vu ni connu.

Finalement, j'ai refusé l'offre du Parti québécois de continuer à présider l'Assemblée nationale. Après la victoire éclatante des péquistes, j'étais inquiet du nouveau contexte politique dans lequel nous plongions. M. Bourassa avait été battu dans son propre comté et j'ai préféré ne pas quitter le navire. Je suis allé au combat et me suis retrouvé leader parlementaire de l'opposition, jusqu'à ce que M. Claude Ryan se fasse élire le 9 mai 1979. J'ai alors cédé mon poste à Gérard D. Levesque. Je voulais à ce moment-là me consacrer pleinement à la bataille référendaire qui s'annonçait.

J'ai bien aimé mon rôle dans l'opposition. J'ai participé aux travaux de la Chambre, en faisant face à Robert Burns qui était leader parlementaire du côté péquiste. Des législations importantes furent alors discutées comme les lois sur le financement des partis politiques, sur la consultation populaire, sur la question référendaire, sur la fiscalité municipale ou sur le zonage agricole.

Je me suis notamment impliqué avec vigueur en 1978 dans le débat sur le projet de loi sur la consultation populaire parce que ce projet de loi mettait en cause un principe fondamental, pour lequel je me suis battu toute ma vie: la liberté d'expression. À l'Assemblée nationale, c'est à boulets rouges que j'ai tiré sur le gouvernement du Parti québécois: «Nous ne pouvons, ai-je déclaré, que nous élever contre les limites absolument injustifiées que les dispositions relatives au financement du référendum imposent à la liberté d'association et d'expression des Québécois. Il n'y a aucun exemple au monde d'une pareille violation de la liberté d'expression.» Je considérais comme absolument détestable et totalement antidémocratique le regroupement forcé au sein des comités nationaux, et je ne me suis pas gêné pour le faire savoir haut et clair.

Cette époque fut également marquée par l'âpre lutte que j'ai menée en 1979 contre les chambardements que le ministre des Finances Jacques Parizeau imposait à la fiscalité des municipalités. Il voulait faire main basse sur leurs différentes sources de revenus et réduire en fait leur financement au produit de la taxe foncière... et aux subventions de Québec, souvent discrétionnaires et aléatoires. Ce fut une belle bataille!

Et finalement, lorsque les élections ont été annoncées pour le 13 avril 1981, j'ai décidé de quitter la politique. M. Ryan m'a fait de fortes pressions pour que je me représente, mais je lui ai expliqué qu'après plus de 25 ans de vie politique, après 14 élections provinciales ou municipales, et après avoir été maire de trois municipalités différentes sans jamais changer de domicile (!), je voulais m'occu-per maintenant de mes affaires personnelles qui commençaient vraiment à souffrir de mes trop nombreuses absences. Je souhaitais également un retour à une vie plus normale avec ma famille.

C'est ainsi que, lors du déclenchement des élections, j'ai annoncé le 17 mars 1981 par communiqué ma décision de ne pas me repré-senter dans la circonscription de Laval. Toutefois, je signalais que j'avais l'intention de m'impliquer activement dans la campagne électorale en cours « pour promouvoir la politique libérale à laquelle je demeure foncièrement attaché » parce que, comme le disait le sociologue André Siegfried, « en politique, seuls savent s'arrêter ceux qui ne seraient pas partis ». Le comté de Laval devenu la cir-conscription électorale de Chomedey en 1981, fut brillamment représenté par madame Lise Bacon, ministre et vice-premier ministre du Québec de 1985 à 1994, et par monsieur Thomas Mulcair depuis la dernière élection.

De toute façon, je n'ai jamais cessé de m'occuper de la ville de Laval durant mes 21 ans comme député. Même si je ne pouvais pas faire preuve de partisanerie politique en tant que président, j'étais quand même député de Laval et je m'occupais de mon comté. J'étais l'intermédiaire entre la population et le gouvernement du Québec alors que Jacques Tétreault ou Lucien Paiement étaient maires. J'ai travaillé avec eux pour la prospérité de Laval, prospérité catalysée par la fusion de 1965.

Les résultats sont évidents: création de la Société de transport de Laval; collaboration avec le Dr Paiement pour que le projet de la Cité de la santé se concrétise; implantation du cégep Montmo-rency au début des années soixante-dix; doublement du pont de Cartierville; influence auprès du premier ministre pour la cons-truction de l'autoroute 13. Avec le sous-ministre Claude Rouleau et le Dr Paiement, j'ai travaillé à la réalisation de l'autoroute 440, qui traverse Laval d'est en ouest, ainsi qu'à la construction des autoroutes 19 et 25; j'ai aussi participé à la construction de résidences pour personnes âgées et du Centre d'accueil de Sainte-Dorothée.

En 1975, j'ai obtenu du ministre des Finances, M. Raymond Garneau, une subvention de 45 millions $ à la Ville de Laval pour clore le dossier de la fusion de 1965 de façon à faire disparaître les taxes des ex-villes. Le paiement de cette subvention devait s'étaler sur une période de vingt-cinq ans. Les gouvernements libéral et péquiste versèrent 13,5 millions $ à même leurs budgets de 1975 à 1979, puis le ministre des Finances Jacques Parizeau mit fin brusquement et unilatéralement à cette subvention en 1979, lors de sa réforme de la fiscalité municipale. Je me suis levé en Chambre à plusieurs reprises pour contester et dénoncer avec vigueur cette décision.

À l'élection de 1976, mon adversaire péquiste malheureux, un garçon courageux du nom de Michel Leduc, ignorant sans doute son histoire, faisait campagne en s'interrogeant à haute voix: «Qu'est-ce qu'il a fait pour Laval, Lavoie?»

La réponse est simple, M. Leduc. J'ai créé Laval.

« LA SOLUTION POUR MONTRÉAL »

En 1964, pour la première fois, un ministre des Affaires municipales annonce qu'il a l'intention d'appliquer une politique de
regroupement municipal. En effet, le 16 janvier, M. Pierre Laporte
annonce la création d'une commission d'étude pour l'île de Montréal — ce sera la Commission Blier —, pour l'Île Jésus — ce sera
la Commission Sylvestre —, et pour la Rive-Sud — ce sera la Commission Lemay. Cette dernière est créée en mai 1966. M. Laporte
était en grande forme lors de cette annonce, faite au Reine Elisabeth
devant les membres du Club Richelieu de Montréal. Il présenta lui-
même la table d'honneur dans les termes suivants:

« Ce n'est pas par hasard, messieurs, que vous voyez réunis à
cette table d'honneur les gens très importants qui s'y trouvent : le
président du Comité exécutif de la cité de Montréal (Lucien
Saulnier), que d'aucuns, *horresco referens*, accusent de menées un
tantinet centralisatrices ; le maire de la cité de Saint-Laurent
(Marcel Laurin), porte-parole d'un grand nombre de municipalités
de la banlieue de Montréal, municipalités qui, prétendent certaines
mauvaises langues, offrent beaucoup de coopération à la cité de
Montréal, mais peu d'argent ; le président de la Corporation de
Montréal métropolitain (Hector Langevin), organisme connu pour
deux choses en particulier : son nom affreux et le peu de pouvoirs
que la Législature lui a octroyés ; le député du comté de Laval (eh

oui, j'y étais), qui serait, me dit-on, une sorte de Lucien Saulnier de l'Île Jésus ; le président de la Corporation interurbaine de l'Île Jésus (le maire Olier Payette, de Sainte-Rose), père spirituel d'un organisme qui semblait né pour un petit pain, mais qui veut maintenant sa place au soleil ; et, enfin le président de la Corporation inter-municipale de la Rive-Sud (le maire Lawrence Galletti, de Green-field Park) où tout, pour le moment, est très harmonieux, probablement parce que l'on n'en est encore qu'au stade des études. »

La salle se tordait de rire. Pierre Laporte, orateur remarquable, venait de faire encore une fois la démonstration de son talent.

Le ministre passa en revue les données du problème : tout d'abord la concentration de la population dans la région de Montréal, puis l'extrême mobilité de cette population, notamment vers les banlieues grâce à l'automobile, ce qui donne, troisièmement, une agglomération qui est une seule entité à bien des points de vue, mais qui n'a pas d'unité politique. Donc, en fait, deux problèmes : celui des services, qui ne sont pas les mêmes d'une municipalité de la région montréalaise à l'autre, et celui de la taxation, qui n'est pas répartie de façon équitable. Après avoir passé en revue les quatre solutions proposées, soit le maintien de l'autonomie totale (qu'il considère d'ores et déjà comme dépassée), l'amalgamation (qui créerait une seule grande ville), une fédération de municipalités, et la création d'une autorité supramunicipale, M. Laporte a alors annoncé la création de trois commissions sur Montréal et sa banlieue, sur l'Île Jésus et sur la Rive-Sud. Finalement, le ministre a souligné que son ministère allait consacrer l'année 1964 à l'étude des problèmes de la région de Montréal « afin de les régler le mieux possible et au meilleur coût possible pour les citoyens. Nous sommes au début d'un travail qui ne s'arrêtera que le jour où des solutions auront été trouvées et mises en vigueur. »

Cette déclaration concernait surtout la région métropolitaine de Montréal. Par la suite, le 25 septembre 1964, devant l'Union des municipalités du Québec au Château Frontenac à Québec, M. Laporte annonçait une politique globale de regroupement municipal à l'échelle de l'ensemble du Québec.

« Plus de la moitié de nos 1400 municipalités seraient directement intéressées. Plus de 300 d'entre elles seraient rattachées à une autre municipalité », déclarait M. Laporte.

Abordant la question de la métropole, il rappelait : « Qui voudra prétendre que la région de Montréal n'a pas des problèmes graves à régler ? Et qui osera affirmer que nous pourrons les résoudre si personne ne consent à laisser tomber du lest ? S'il est un endroit où ce regroupement dont vous vous êtes entretenus au cours de ce congrès doit être étudié en profondeur, c'est bien l'île de Montréal. »

En somme, à partir de 1964, le débat sur le regroupement municipal est fortement engagé. Tous les journaux de l'époque en traitent de façon positive. *La Presse* publiait, par exemple, en mars 1964, un grand reportage d'une page sur l'île de Montréal sous le titre : « Un énorme et bizarre territoire — 200 milles carrés — 31 municipalités — une île de Babel ».

À Montréal, il y a à cette époque une grande bataille entre la métropole — car Montréal était alors encore la métropole du Canada — et les municipalités de banlieue situées sur l'île. MM. Drapeau et Saulnier bataillaient sous le slogan « une île, une ville ». La Commission Blier remet son rapport en décembre 1964 : elle propose de regrouper les pouvoirs régionaux des municipalités de l'île par le biais d'un « Conseil général de Montréal », dont la juridiction s'étendrait à toutes les municipalités de l'île qui ne pourraient prendre aucune initiative dans les matières dites « régionales » sans l'approbation dudit Conseil. En fait, Montréal contrôlerait tout puisque le Comité exécutif du Conseil général serait composé de dix membres, dont sept proviendraient du comité exécutif de la Ville de Montréal et trois représenteraient les 29 villes de banlieue.

La classe politique, notamment à Québec, s'inquiéta de l'appétit du tandem Drapeau-Saulnier, et le rapport de la Commission Blier se retrouva sur les tablettes. Il faut rappeler qu'à la suite du rapport du juge Carl Goldenberg, le gouvernement ontarien avait modifié en 1961 les structures municipales de la région de Toronto qui étaient passées de 13 villes à six villes. Ce nouvel ensemble avait reçu le nom de Communauté urbaine de Toronto, ou, en anglais, de Metropolitan Toronto. L'effet d'entraînement sur les autres grands centres du Canada fut considérable.

Si le Rapport Blier est écarté au début de 1965, l'appui du ministre Laporte, mes pressions constantes concernant la nécessité du regroupement municipal dans l'Île Jésus et la publication du Rapport Sylvestre recommandant « une île, une ville » amènent en août 1965 l'adoption de la loi créant la ville de Laval. Cinq ans plus tard, en partie grâce à la réflexion provoquée par le Rapport Blier quelques années plus tôt, le ministre unioniste des Affaires municipales, Robert Lussier, pilote avec succès en décembre 1969 la loi créant la Communauté urbaine de Montréal (CUM) afin d'offrir des services à caractère régional à ses 31 municipalités. Sans remonter au déluge, rappelons que la CUM succédait à la Corporation de Montréal métropolitain qui, lors de sa création en 1959, avait elle-même succédé à la Commission métropolitaine de Montréal.

La CUM permet un système de partage des coûts des grands services, notamment la police, les transports en commun, l'évaluation municipale à l'échelle de l'île et l'épuration des eaux. En somme, on pourrait dire que la création de la CUM constitue une sorte de minifusion par le biais d'un partage des coûts des grands services. Les conseils municipaux des 29 municipalités de l'île de Montréal n'ont aucun contrôle sur 35 % de leur budget en moyenne, cette portion de leur budget étant automatiquement versée à la CUM. Ce système, par contre, garde les vieilles frontières et conserve les entités municipales traditionnelles. Il semble que cet arrangement ait satisfait à l'époque MM. Drapeau et Saulnier, notamment du point de vue de la réduction du fardeau fiscal de la Ville de Montréal.

Quant à la Rive-Sud, l'étude de la Commission Lemay concernait 12 municipalités. Le rapport de cette commission a été remis au ministre des Affaires municipales, M. Paul Dozois, en janvier 1967. Même si la chambre de commerce de Longueuil préconisait à l'époque la création d'une seule ville d'environ 185 000 habitants par le regroupement des 12 villes, les conclusions du Rapport Lemay proposaient la création de trois villes, soit une première qui comprendrait Ville Jacques-Cartier, Longueuil, Boucherville et une partie de Saint-Hubert, une deuxième ville regroupant Saint-Lambert, Préville, Greenfield Park, Brossard, Notre-Dame, Le Moyne, La Flèche ainsi qu'une autre partie de Saint-Hubert, et enfin une troisième ville, moins importante, regroupant Saint-Bruno-de-Montarville et Saint-Basile-le-Grand. Il y aurait de plus, évidemment, la création d'un gouvernement supramunicipal pour ces trois nouvelles villes.

Concrètement, ce n'est qu'en 1969 que les conclusions de la Commission Lemay ont donné des résultats mitigés sous la forme d'une fusion volontaire entre Longueuil et Ville Jacques-Cartier.

On connaît les événements: la grande politique de regroupement municipal lancée par Pierre Laporte en 1964 n'a pas eu de suite du fait de la défaite du gouvernement Lesage en juin 1966 et du fait de la décision de M. Bourassa en mai 1970 de ne pas redonner le portefeuille des Affaires municipales à M. Laporte. J'ai toujours regretté, comme je l'ai déjà dit, que M. Laporte n'ait pas pu continuer le travail qu'il avait amorcé dès 1964. Évidemment, on sait ce qui est arrivé par la suite, avec la Crise d'octobre 1970 au cours de laquelle M. Laporte a été assassiné.

Il y a eu cependant dès le début des années soixante ce que je pourrais appeler quelques pas dans la bonne direction: un certain nombre de fusions se sont faites, dont celle de Chomedey en 1961, Ville d'Alma en 1962, suivie d'une deuxième pour la même ville en 1976; en 1975 à Jonquière; également en 1975 à Gatineau alors que sept municipalités se sont regroupées; en 1982 Baie-Comeau et Hauterive; enfin, tout dernièrement (septembre 1997) Dolbeau et Mistassini.

Cependant, dans tous ces cas-là, il ne s'agissait pas de l'application d'une politique globale, mais plutôt de fusions isolées. On doit enfin signaler la création, à partir de 1980, des municipalités de comté, les MRC, par le ministre Jacques Léonard qui a transposé au Québec, en l'adaptant nécessairement, la formule française des Conseils régionaux.

Il faut souligner que chaque fois que des résultats valables ont été obtenus dans le domaine du regroupement municipal, c'est parce que les élus municipaux ont joué à fond leur rôle de leaders. En ce qui concerne le nouveau Longueuil, par exemple, les deux maires, MM. Marcel Robidas, de Longueuil, et Roland Therrien, de Ville Jacques-Cartier, étaient sensibilisés aux avantages du regroupement. Dans le cas de Laval, la fusion des 14 municipalités s'est jouée en grande partie sur le terrain; ma force à l'Assemblée nationale venait en bonne partie du fait que j'avais derrière moi un appui important d'élus locaux. La même remarque est certainement valable pour la fusion de Baie-Comeau et de Hauterive. Le rôle des élus locaux est en effet fondamental: ce sont eux qui lancent le débat, font la lutte et animent le milieu local. On ne peut pas demander à Québec seul d'imposer *proprio motu* des mesures de regroupement parce que, de loin, elles ne sont pas faciles à concevoir et à mettre en application: seuls les élus locaux peuvent vraiment donner l'élan nécessaire.

En fait, à l'heure actuelle (fin 1997), la conclusion que l'on peut tirer est que, à quelques exceptions près, rien n'a tellement bougé au Québec depuis 33 ans dans le domaine du regroupement municipal. Il y existe toujours 1360 municipalités pour une population d'environ sept millions d'habitants, alors que l'on ne retrouve que 650 municipalités en Ontario pour une population de dix millions d'habitants.

Force est de constater que la situation à Montréal est désastreuse au point de friser la catastrophe. Il semble bien que la comparaison entre Montréal et la tour de Babel, que faisait *La Presse* en mars 1964, est toujours valable, et même que notre tour de Babel a gagné quelques étages de plus!

Les partenaires de la grande région de Montréal parlent de moins en moins le même langage.

Comment est-il possible de coordonner le travail en fonction d'objectifs de progrès et de développement, avec la multitude et l'éparpillement des structures actuelles: les villes-centres, les municipalités régionales de comté de la Rive-sud, la Conférence des maires de banlieue de l'île de Montréal, l'Union des municipalités du Québec, l'Union des municipalités régionales de comté, la Communauté urbaine de Montréal, 107 municipalités comportant des centaines de postes électifs dans la grande région de Montréal, la table des préfets et maires des couronnes nord et sud, les Conseils régionaux de développement, les organismes dans le domaine du transport avec des sociétés de transport sur la Rive-Sud, à Laval, à Montréal, le tout en principe chapeauté par la nouvelle Commission de développement de Montréal, dont le ministre vient d'être muté avant même qu'il ne puisse exercer effectivement la fonction de président dudit organisme!

De plus, tout ce « taponnage » se situe dans un contexte de coup de force fiscal du fait de la nécessité, selon le gouvernement du Québec, de transférer aux municipalités des responsabilités se chiffrant à plus de 375 millions $ alors que la taxe foncière des municipalités, selon l'article 960 du Code municipal, ne doit servir qu'à donner des services à la population et non à éponger le déficit du Québec.

Certes, le ministre actuel des Affaires municipales, M. Rémy Trudel, a laissé entendre qu'il était en faveur d'une politique plus structurée que celle menée par ses prédécesseurs : M. Trudel déclare en effet qu'il souhaite changer et moderniser les structures municipales. Je me pose des questions : ira-t-il jusqu'au bout ? L'expérience que j'ai acquise dans l'Île Jésus m'a appris que ce sont les élus municipaux qui sont les plus grands défenseurs des institutions locales et non la population. Comment peut-on les blâmer : ils n'ont pas été élus pour faire disparaître leur municipalité ! Peut-on vraiment s'attendre à des solutions dans un avenir rapproché alors que le gouvernement Bouchard est en fin de mandat ? Le premier ministre Mike Harris a certainement procédé en Ontario à des chambardements considérables, mais on notera qu'il les a annoncés et réalisés en début de mandat.

L'enjeu majeur dans le domaine de l'administration municipale est la fiscalité. On ne peut pas faire quoi que ce soit si l'on n'a pas réglé tout d'abord la question du partage des ressources entre

Québec et les municipalités, et en particulier avec la ville de Montréal, cette question étant encore plus cruciale que les changements de frontières municipales lorsqu'il y a fusion. De toute façon, ces changements de frontières sont reliés indirectement à la question des ressources fiscales.

On constate fréquemment qu'il y a dans certaines municipalités un manque de ressources financières et une déficience dans la qualité des services. Cette situation est due, dans la plupart des cas, à l'exiguïté de leur territoire, ce qui ne leur permet pas d'atteindre un équilibre normal entre dépenses et revenus provenant des développements résidentiel, commercial et industriel. La majeure partie des ressources financières de beaucoup de municipalités provient surtout du secteur résidentiel. Par contre, il existe de petites municipalités qui profitent parfois d'investissements importants, industriels ou commerciaux, et ceci un peu au détriment de la région : il s'agit là d'un autre type de déséquilibre. De plus, à cause de la petitesse de leur territoire, certaines municipalités ne peuvent fournir à leurs citoyens des services complets à des coûts raisonnables ; de même, fréquemment, elles ne peuvent pas non plus fournir à ces citoyens une protection adéquate de la personne et de la propriété ; leurs cadres administratifs ne disposent que d'une expertise limitée ; les installations publiques, sportives, culturelles, et autres sont peu ou pas disponibles, tout cela à cause de leurs sources réduites de revenus.

Un autre problème majeur est dû au « pelletage » qui se produit du gouvernement fédéral vers le gouvernement provincial, et du gouvernement provincial vers les commissions scolaires et les municipalités, et de ces deux dernières vers le contribuable. Prenons l'exemple d'une commission scolaire de Laval : les taux de la taxe scolaire, qui étaient de 15 cents du 100 $ d'évaluation en 1987, sont passés en 1997 à 35 cents, soit une augmentation de 135 %.

En somme, le fardeau des taxes foncières dépasse le niveau acceptable, surtout à cause d'une surévaluation des immeubles et de l'augmentation des taxes scolaires. Dans ces conditions, nous sommes vraiment en droit de nous demander ce que nous réserve la politique de compression en vue du déficit zéro.

Les municipalités, et par contrecoup les contribuables, ont été frappés durement en 1979 lors de l'adoption de la Loi sur la fiscalité municipale présentée officiellement par le ministre Guy Tardif, mais dont le véritable auteur était le ministre des Finances Jacques Parizeau. Par cette loi, on a enlevé aux municipalités les impôts progressifs, qui augmentent en fonction des progrès de l'économie, et notamment la part de 2 % de la taxe de vente qui leur était versée. Cette loi prévoyait également l'abolition de certains revenus pour certaines grandes villes, soit les taxes d'hôtellerie et de restauration, les revenus de ces taxes étant remplacés par des en-lieu de taxe sur l'équipement dans les domaines de l'éducation, de la santé et des affaires sociales. À l'époque, le gouvernement avait même promis que les montants des en-lieu de taxe seraient augmentés graduellement. En fait, depuis ce temps-là, on a assisté à une réduction, et non à une augmentation, des paiements d'en-lieu de taxe.

En somme, la plus grande partie des revenus des municipalités provient aujourd'hui de l'assiette foncière qui, loin de prendre de la valeur, est en régression. Les immeubles se déprécient, ainsi que les installations sociales là où il y a des en-lieu de taxe. On ne peut certainement pas prévoir une plus-value quelconque dans un avenir prévisible, du moins à court terme. Des municipalités se retrouvent avec des réductions de 20 à 25 % sur leur valeur foncière, que ce soit pour les résidences, les commerces, les établissements industriels ou les terrains en développement. Et nous vivons cette récession depuis déjà plusieurs années.

Si l'on compare l'évolution des revenus du gouvernement du Québec depuis quelques années avec l'évolution des revenus des municipalités, on constatera qu'il existe à Québec une politique concertée pour amoindrir le pouvoir local. Le tableau suivant illustre cette dégradation (les chiffres ont été fournis par le ministère des Affaires municipales).

Années	Revenus du Québec	Revenus des municipalités	%
1940	56 000 000 $	77 000 000 $	138
1950	207 000 000 $	123 000 000 $	59
1960	851 400 000 $	436 000 000 $	51
1970	3 993 000 000 $	962 000 000 $	24
1980	17 150 000 000 $	3 221 000 000 $	19
1993	41 087 000 000 $	8 057 000 000 $	20

Certes, il était normal qu'à l'ère du Québec moderne son gouvernement finance les grandes politiques de la santé, de l'éducation, de la sécurité sociale et des travaux publics comme la Transcanadienne ou la baie James. Néanmoins, il est incontestable que l'on assiste à la dégradation des ressources du niveau municipal et à un accroissement énorme des moyens financiers entre les mains du gouvernement du Québec.

Cet accroissement correspond en fait à une centralisation accrue du pouvoir provincial. Cette centralisation implique une tutelle croissante sur le pouvoir local, alors que ce pouvoir local est pourtant celui le plus près de la population et, donc, le plus sensibilisé à ses besoins et à ses aspirations. C'est pourquoi il est contre nature, si je puis dire, que ce pouvoir local ne joue pas un rôle plus important que celui auquel il est réduit à l'heure actuelle.

Cette situation m'amène à penser qu'il serait temps d'entreprendre une étude sérieuse du partage des responsabilités, donc de la fiscalité, entre Québec et les municipalités, ne serait-ce qu'afin d'actualiser les conclusions du Rapport Bélanger sur la fiscalité qui datent tout de même maintenant de plus de 25 ans.

Je pense notamment à tout le domaine du bien-être social où les municipalités devraient à mon avis jouer un rôle accru pour subvenir aux besoins des plus démunis de la société. Le gouvernement local connaît certainement mieux ces situations, pénibles et parfois complexes, que les fonctionnaires les plus dévoués et les mieux intentionnés vivant à Québec. Les municipalités devraient également jouer un rôle accru dans l'administration du réseau scolaire et de santé, comme les CLSC et les hôpitaux, et même dans la promotion de l'emploi, tout en laissant à Québec la responsabilité de la définition des politiques ainsi que, conjointement avec le gouvernement fédéral, la responsabilité de l'élaboration des normes.

D'ailleurs, je me demande de plus en plus si l'argumentation que fait valoir Québec auprès d'Ottawa, afin que certains pouvoirs soient décentralisés, n'est pas tout aussi valable dans le cas des relations entre Québec et les municipalités, lesquelles sont encore plus près de la population. Le gouvernement du Québec, à qui reviendrait l'établissement des grandes politiques, procéderait à son tour, comme le fait Ottawa à l'égard des provinces, à la péréquation des ressources dont les municipalités ont besoin. L'étude que je demande sur la fiscalité pourrait proposer d'affecter aux municipalités les ressources réellement nécessaires, ce qui mettrait fin à la pratique paternaliste actuelle qui fait que Québec intervient sous la forme de subventions-paniques discrétionnaires, comme le pacte fiscal de Montréal, qui impliquent toujours plus de contrôle et moins de liberté.

De plus, il s'ensuit souvent un désintérêt de la population envers des administrateurs qui sont souvent valables, mais qui sont handicapés par l'absence de défis à relever à cause de l'hypercentralisation de l'État et de l'absence totale de marge de manœuvre. Ce désintérêt est un phénomène grave, car il contribue à éliminer chez les citoyens le sens des responsabilités et le désir de les assumer.

Le regroupement des villes au Québec va exiger une volonté politique vigoureuse : il s'agit de réduire sensiblement le nombre des 1360 municipalités actuelles pour obtenir une meilleure planification du territoire, des services améliorés à la disposition des citoyens, une équité fiscale accrue, la réalisation d'économies d'échelle, des administrateurs vraiment bien formés et compétents et, d'une façon générale, un dynamisme nouveau dans le cadre d'ensembles municipaux dont l'importance est suffisante pour susciter intérêt et motivation. Pour donner un exemple que je connais bien, des villes aux frontières arbitraires de la couronne nord faisant partie de l'ancienne paroisse cadastrale de Sainte-Thérèse, comme Blainville, Rosemère, Sainte-Thérèse et Boisbriand, pourraient fort bien ne constituer qu'une seule ville dont le territoire serait bien délimité. La même situation existe dans de nombreuses régions du Québec.

Quant à la métropole du Québec, puisque, à mon grand regret, elle n'est plus celle du Canada, la situation est vraiment attristante : selon Statistique Canada, alors qu'en 1961 la population de la région de Montréal était de 2 100 000 âmes et celle de Toronto de 1 800 000, on se retrouvait, en 1996, avec 3 300 000 personnes dans le Grand Montréal et plus de 4 300 000 dans la grande région de Toronto.

Ce dépérissement de Montréal me consterne. J'estime que des mesures exceptionnelles s'imposent pour mettre fin à cette dérive.

Si, d'une part, je ne suis pas prêt à affirmer que ce dépérissement est dû à l'éparpillement du pouvoir municipal sur l'île de Montréal, avec sa trentaine de villes, bien que ledit éparpillement y a certainement contribué, je ne peux pas non plus garder sous silence l'exode, depuis 1970 et surtout entre 1977 et 1982, de quelque 400 000 Québécois provenant en grande partie de la région de Montréal. Surtout anglophones, ils sont partis et sont maintenant actifs principalement dans la région de Toronto qu'ils enrichissent de leur esprit d'initiative, de leurs compétences... et de leurs taxes. La raison de leur départ est évidemment l'escalade du nationalisme, encouragé d'ailleurs par tous les grands partis politiques au Québec, l'Union nationale, le Parti libéral et en particulier le Parti québécois.

Si nous n'avions pas connu un tel exode, est-ce que l'économie de la région montréalaise serait dans le marasme que nous connaissons aujourd'hui ? Est-ce que le déficit du Québec serait aussi important ? Je pense que l'on est en droit de se poser ces questions. Les gens qui ont quitté étaient souvent parmi les mieux nantis du Québec. Ils créaient des emplois, investissaient, consommaient des biens et services et payaient des impôts, tout ça au Québec. Nous n'aurions peut-être pas de déficit si cet exode ne s'était pas produit. Je ne rêve pas du tout : si l'on prend les 38 milliards de revenus en 1997 du gouvernement du Québec et si l'on divise ce montant par 7,1 millions, ce qui est la population du Québec en ce moment, on obtient une contribution fiscale moyenne per capita d'un peu plus de 5000 $. Or 400 000 personnes qui verseraient chacune en moyenne 5000 $ d'impôts divers, cela ferait deux milliards $ par an, ce qui représente à quelques millions près le déficit en 1997 du gouvernement du Québec. Comment se fait-il que c'est un sujet dont on ne parle jamais ? Y a-t-il une conspiration du silence sur cette saignée irréparable, définitive et irréversible ?

Qu'est devenu le Montréal de Terre des hommes, qui avait atteint à ce moment-là un statut de ville internationale ? Montréal aujourd'hui n'est qu'une ville de province, où règnent la stagnation et la morosité.

Y a-t-il des solutions ? À mon avis, il y a au moins une solution, ce serait d'appliquer à l'administration de la grande région de Montréal une formule à la fois rationnelle, équitable et efficace.

La ville de Montréal se maintient difficilement autour d'un million de population depuis plusieurs années. Il existe toujours sur l'île 28 villes de banlieue, avec en tout une population de près de 800 000 habitants. Sur la Rive-Sud, il y a toujours une vingtaine de municipalités qui représentent en tout une population d'environ 400 000 âmes. La grande région de Montréal comprend également les 350 000 habitants de Laval, la couronne nord qui compte environ 400 000 personnes et la couronne sud avec à peu près 300 000 de population. Cette grande région de Montréal comporte 107 municipalités et une population dont le chiffre global s'élève à environ 3 300 000 personnes.

C'est cette grande région de Montréal qui est concernée par la Loi sur la Commission de développement de la métropole (CDM), laquelle a été pilotée par le ministre d'État à la Métropole Serge Ménard. M. Ménard a été remplacé le 25 août 1997 par M. Robert Perreault, député du comté de Mercier. Le projet de loi sur la CDM a été sanctionné le 19 juin 1997. Son démarrage est loin d'être chose faite : la Conférence des maires de banlieue de Montréal (CMBM) a en effet avisé le ministre le 20 août 1997 qu'elle refusait « jusqu'à nouvel ordre » de désigner ses cinq représentants au conseil de la Commission, dont les travaux devaient en principe commencer à l'automne 1997, tant que n'aura pas été mené à terme le débat sur les transferts de 375 millions $ et sur les autres aspects de la réforme parrainée par son collègue des Affaires municipales, M. Rémy Trudel.

« De toute façon, a déclaré aimablement M. Peter Trent, président de la CMBM et maire de Westmount, il n'y a pas d'urgence à créer une instance inutile. »

Le bébé de M. Ménard n'a pas l'air très fort...

Mais alors, quelle pourrait être cette formule rationnelle, équitable et efficace que j'évoquais plus haut ? Ce pourrait être la formule que j'ai proposée il y a très longtemps, soit en 1964, à la Commission Sylvestre dans le mémoire du Regroupement municipal de l'Île Jésus. On se souviendra en effet qu'autant nous étions défavorables à la création d'un gouvernement supramunicipal dans l'Île Jésus, autant nous étions favorables à la création d'un gouvernement supramunicipal pour la grande région de Montréal.

« Nous sommes d'avis, disions-nous alors à la Commission Sylvestre, qu'un gouvernement métropolitain trouverait pleinement sa justification pourvu qu'il englobe une réalité physique, sociale et économique qui corresponde à ce qui est, en fait, la métropole du Canada, c'est-à-dire un gouvernement dont la juridiction s'étendrait non seulement à toute l'île de Montréal mais aussi à l'Île Jésus et à l'agglomération de la Rive-Sud. »

Je voudrais maintenant élaborer davantage sur cette recommandation.

La Rive-sud pourrait former une ville d'une étendue comparable à celle de Laval ; le cas de Laval est déjà réglé ; quant à l'île de Montréal, elle pourrait être regroupée en cinq villes : une première, que j'appellerai le Bloc Ouest et qui serait constituée des 13 villes du West Island ; une deuxième, que j'appellerai le Bloc Nord, et qui pourrait comprendre Saint-Laurent et toute la partie de Montréal se trouvant au nord du boulevard Métropolitain en incluant

Cartierville, Bordeaux et Ahuntsic; une troisième ville, soit le Bloc Est, qui pourrait être formée de Montréal-Nord, Saint-Léonard, Anjou, Montréal-Est et de ces quartiers qui font maintenant partie de la ville de Montréal, soit Pointe-aux-Trembles, Rivière-des-Prairies et la partie de Montréal située à l'est du boulevard Pie IX. Ensuite, il y aurait une quatrième ville, que l'on pourrait appeler le Bloc Sud et qui serait formée des villes de Lachine, Saint-Pierre, LaSalle, Verdun, Hampstead et Côte-Saint-Luc. Enfin, il y aurait une cinquième ville, soit le Bloc Centre, allant du fleuve au boulevard Métropolitain avec, de plus, Outremont, Westmount et Ville Mont-Royal. Les grandes artères comme le boulevard Métropolitain et l'autoroute Décarie remplaceraient ainsi les frontières arbitraires actuelles.

Ainsi, nous aurions sept partenaires, soit cinq sur l'île de Montréal, un à Laval et un sur la Rive-Sud. Il y aurait un certain équilibre entre ces sept partenaires, avec une population et une richesse plus équilibrées qu'actuellement.

Cependant il faudrait procéder d'une part au regroupement des villes et, d'autre part, à l'établissement d'un pacte fiscal entre le gouvernement du Québec et les sept villes partenaires.

En toute justice, les anciennes villes et la CUM actuelle doivent en effet demeurer responsables des obligations et dettes encourues avant la mise en place de la CURM, comme ce fut d'ailleurs le cas en 1965 lors de la création de Laval du fait de la fusion des 14 municipalités de l'Île Jésus.

J'en arrive en somme à la solution que Toronto avait adoptée au début des années soixante. Cette solution a tout de même porté des fruits et s'est avérée valable pendant une quarantaine d'années. La preuve en est que Toronto a connu un développement remarquable. La prochaine génération aura à son tour à évaluer les résultats de la réforme que le premier ministre Mike Harris vient d'imposer en créant la mégapole Toronto, ou Méga-Toronto comme disent les journalistes.

Chapeautant les sept partenaires de la grande région de Montréal, il y aurait un gouvernement supramunicipal, qui pourrait d'ailleurs s'appeler la Communauté urbaine de la région de

Montréal (CURM). Cet organisme supramunicipal serait administré par un Conseil où siégeraient les sept maires et un nombre
restreint de délégués des sept conseils municipaux. Viendraient
s'ajouter à ces personnes un représentant des maires de la couronne
nord et un autre de la couronne sud, lorsque des décisions
devraient être prises sur les grands équipements régionaux.

En créant la CURM, il faudrait bien délimiter ses pouvoirs et
tenir compte de l'existence des sept grandes villes nouvellement
formées. Ces nouvelles villes devraient conserver une autonomie
administrative importante en ne déléguant à la CURM que des
pouvoirs nécessaires au mieux-être de la population et au développement économique de la grande agglomération urbaine.

Ces pouvoirs délégués couvriraient le transport en commun, le
réseau des voies rapides, l'évaluation, l'assainissement de l'air, la
promotion économique et touristique, le Conseil des arts, Montréal
International et les grands équipements régionaux. Les services de
la police et des incendies resteraient de juridiction locale, quitte à
conférer la responsabilité des enquêtes criminelles et des cas spé-
ciaux d'intervention à la CURM.

Cette CURM serait un organisme décisionnel, et non pas
consultatif comme la Commission de développement de Montréal.
Elle serait formée uniquement d'élus, ce qui n'est pas le cas de la
CDM où le gouvernement du Québec nomme à sa discrétion
13 représentants socio-économiques, ce que je considère en fait
comme une tentative d'ingérence inacceptable de Québec dans le
processus démocratique municipal.

Le nouvel organisme devrait avoir des ressources autonomes, et
non uniquement discrétionnaires comme il est prévu dans la loi de
la CDM qui stipule (article 79) que : « Le gouvernement peut, aux
conditions et selon les modalités qu'il détermine, accorder à la
Commission une subvention pour pourvoir à ses obligations. » En
ce qui concerne les ressources qu'on devrait procurer aux sept villes
composant la CURM, il faudrait revenir à la situation antérieure à
1979 en leur accordant, par exemple, une partie du produit des
taxes progressives comme la taxe de vente, la taxe sur la restau-

ration, la taxe sur l'hôtellerie et la taxe d'amusement. Laisser aux municipalités uniquement l'assiette fiscale foncière est à mon avis synonyme de stagnation, et même de marasme à cause des difficultés que peut traverser le secteur immobilier, comme c'est le cas en ce moment.

Entre autres avantages, ma proposition mettrait fin à un certain nombre d'aberrations comme les quartiers de Pointe-aux-Trembles et Rivière-des-Prairies qui ne sont même pas limitrophes avec Montréal, les villes d'Outremont et de Westmount qui sont enclavées dans les limites de Montréal, des municipalités comme Montréal-Est avec 3815 habitants, Montréal-Ouest avec 5248 habitants, Saint-Pierre avec 5035 habitants, Sainte-Anne-de-Bellevue avec 4083 habitants ou Senneville avec ses 973 habitants. Ces entités municipales siègent à la CUM actuellement au même titre que des villes comme Montréal avec son million d'habitants ou Montréal-Nord avec ses 87 000 habitants, ou même des villes comme Lasalle, Saint-Laurent ou Saint-Léonard avec chacune des populations d'environ 75 000 habitants. Il est pourtant évident que ces grandes villes n'ont pas les mêmes préoccupations, les mêmes objectifs et les mêmes priorités que toutes ces minivilles qui occupent pourtant chacune un siège au Conseil de la CUM.

Ma proposition est audacieuse. La barre est haute. Elle va exiger une volonté gouvernementale et un courage politique exceptionnels. Par contre, elle est plus accessible, plus facile à mettre en application que la formule appliquée à Toronto par le premier ministre Mike Harris qui ne pourrait que difficilement s'appliquer à la région de Montréal parce qu'il faudrait alors, pour ne faire qu'une ville, pour créer le même genre de mégaville qu'à Toronto, regrouper Laval, l'île de Montréal et la Rive-Sud, ces trois entités formant le Grand Montréal.

On voit ici comment Toronto, qui n'est pas un archipel comme l'est la grande région de Montréal, peut être géographiquement avantagée : d'Etobicoke à Scarborough, c'est la terre ferme. Par ailleurs, il faut être réaliste : je ne vois pas le gouvernement du Québec partir en croisade pour créer à Montréal une telle mégaville dont la population serait de deux millions et demi d'habitants, soit 40 % de la population du Québec, et où l'on trouverait 75 % de l'activité économique du Québec. On doit en effet noter que la création de Méga-Toronto concernait environ 25 % de la population de l'Ontario tandis que Méga-Montréal, si elle voyait le jour, regrouperait, comme je viens de le dire, près de 40 % de la population du Québec. Enfin, n'oublions pas que le parlement de l'Ontario siège à Toronto, capitale de la province, alors qu'au Québec le parlement siège dans la Vieille Capitale, et non à Montréal. Cette situation, sur le plan politique, est un facteur que l'on aurait tort de sous-estimer.

Mais plus encore, pour qu'une formule comme celle que je propose puisse se concrétiser, il faudra du leadership au niveau local. Si on compte uniquement sur Québec, mon expérience m'indique que ma proposition n'aura pas beaucoup de succès. Il va falloir que des administrateurs locaux, convaincus de l'impasse dans laquelle nous sommes, se lèvent et prennent leurs responsabilités. Dans chacun des cinq blocs urbains que je propose pour l'île de Montréal, je pense qu'il y a des leaders énergiques dotés d'un pouvoir de persuasion et d'une vision audacieuse de l'avenir qui pourraient se dresser et décider qu'il est grand temps de briser le cercle vicieux du gaspillage, du marasme et de la déprime, et de mettre en place une formule, comme je l'ai déjà dit, rationnelle, équitable et efficace.

Les avantages de la formule que je propose sont nombreux. Tout d'abord, elle réglerait en grande partie la question de l'équité fiscale qui est, il faut le reconnaître, un élément essentiel du débat actuel. Ensuite, cette formule permettrait de procéder à une planification qui a bien souvent manqué au cours des années. Par ailleurs, sur le plan financier, il y aurait des économies d'échelle considérables au niveau de l'administration et des immobilisations. Il y aurait de bien meilleurs services à la population, un partage plus juste des dépenses de fonctionnement des grandes installations. Les grands travaux, comme par exemple le métro de surface, seraient facilités, que ce soit au moment de leur préparation ou de leur réalisation. On noterait certainement un dynamisme accru du secteur économique et touristique, grâce à l'efficacité d'un organisme qui ferait la promotion en toute équité d'une région où vivent près de deux millions et demi de personnes.

Un autre avantage non négligeable de cette formule est qu'elle permettrait l'abolition d'un nombre important d'organismes gouvernementaux, tels que des MRC, des conseils régionaux de développement, des régies régionales de la santé et des services sociaux, des conseils régionaux de la culture ou des loisirs. Un bel exemple serait l'intégration en un seul organisme des trois sociétés de transport en commun de la CUM, de la Rive-Sud et de Laval, ainsi que de l'Agence métropolitaine de transport.

Car, enfin, est-il concevable, alors que Méga-Toronto n'a plus maintenant que 56 conseillers municipaux, de conserver sur l'île de Montréal 267 élus municipaux, maires et échevins, dans les 29 municipalités qui se partagent inégalement le territoire? Ajoutons à cela la Rive-Sud où l'on retrouve 150 élus municipaux. Sans vouloir tourner le fer dans la plaie, souvenons-nous que si le regroupement n'avait pas eu lieu dans l'Île Jésus, il y aurait 125 élus municipaux à ajouter aux chiffres ci-dessus, et non 22 comme c'est le cas dans Laval depuis 1965.

Je ne tiens pas compte des autres organismes de la CUM, où l'on retrouve un conseil et un comité exécutif composés respectivement de 80 et de 13 membres. On atteint alors le chiffre 360 postes d'administrateurs uniquement sur l'île de Montréal. Peut-on vraiment justifier le fait que, pour une population de 2,5 millions sur le territoire de la CURM que je propose, on trouve actuellement environ 530 postes d'administrateurs municipaux élus alors que le nouveau Méga-Toronto, d'une population de 2,4 millions n'est administré que par un conseil de 56 membres! Enfin, je n'insisterai pas sur les postes occupés par les 75 employés qui relèvent du ministre d'État à la Métropole, au coût de 8 millions de dollars par an, alors que l'on a déjà un ministère des Affaires municipales…

La formule que je préconise comporte une dimension supplémentaire qui retiendra certainement l'attention: la CURM aurait une population de plus de deux millions et demi de personnes, ce qui ferait que cette nouvelle entité deviendrait la métropole du Canada puisque l'on estime que la population de Méga-Toronto s'établit à 2 400 000 personnes. Ce serait certainement une situation avantageuse puisque la CURM contribuerait à redonner à Montréal et à sa région un statut de grande ville internationale.

Laval, décembre 1997.